신채식 저작집 Ⅲ

宋代對外關係史研究

신채식 저작집 Ⅲ

宋代對外關係史硏究

申採湜 著

KSI 한국학술정보㈜

|책머리에|

　중국 역사상 宋代는 對外關係史에서 생각할 때 독특한 시대 성격을 갖는다.

　唐帝國이 멸망하고((907) 宋이 건국되는(960) 10세기의 初·中期는 中國 뿐만이 아니고 동아시아의 국제질서에서 그 이전 시대에서 볼 수 없는 국제관계가 나타나고 그것이 宋의 중국통일과 함께 새로운 국제관계를 가져오고 있다.

　宋 이전의 통일제국은 秦과 漢, 그리고 隋와 唐이 있다. 秦·漢과 隋·唐시대의 국제관계는 漢族이 때로는 北方民族의 압박에 시달리기는 하였으나 漢族의 민족적 우월성을 유지하면서 中華主義가 對外 關係에서 그대로 유지되었다. 다만 위진남북조시대에는 中原의 혼란으로 五胡의 華北 진출이 진행되어 漢族이 江南으로 내려가 南朝를 건국하였으나 이 시대는 분열시대에 의한 華·夷의 대립관계로 중국의 통일제국시대의 대외관계와는 그 성격이 다르다.

　그런데 宋이 중국을 통일하면서 대외관계는 종래와는 전혀 다른 면을 나타내고 있다.

　우선 지금까지 만리장성의 북방에서 유목생활을 하고 있던 북방민족이 민족적인 자각을 하고 唐제국의 붕괴를 기회로 부족국가에서 정복왕조로 발전하였다. 거란족의 遼나라와 女眞族의 金나라 그리고 몽골족의 元나라가 그것이다. 宋의 국제관계는 이들 정복왕조의 군사적 압박과 이를 방어하기 위한 漢族의 항쟁이 반복되면서 전개되었다. 北宋代의 東아시아 국제질서는 宋과 遼를 기본 축으로 하는 南·北 관계 위에 다시 東쪽의 高麗와 서쪽의 西夏와의 東·西의 四角 관계가 형성되었다. 그런데 宋·遼의 관계가 전쟁상태로 접어들면 東·西의 고려와 西夏의 宋과 遼에 대한 四角 관계도 변화되고 그것이 동아시아 국제질서를 총체적으로 돌변시켰다. 高麗의 宋과 거란(遼)에 대한 외교적 관계는 항상 거란의 군사적 압박으로 宋과의 관계가 변화되었다.

　宋은 五代의 武人지배체제를 극복하고 특히 唐末 이후의 절도사의 횡포를 종식시키기 위하여 文治主義를 채택한 결과 군사력의 약화를 초래하였다. 군사력 약화는 자연히 북방의 거란(遼), 여진(金), 西夏, 그리고 몽골(元)의 압박을 받고 중국 역사상 처음으로 中原의 절반을 金에게, 그리고 전중국을 몽골의 元에게 내어주었다. 따라서 宋代 대외관계의 특징적 현상은 이 시대에 와서 처음으로 中華와 夷狄의 위치가 뒤바뀌는 대외 관계가 설정되었다. 이와 함께 군사력의 약화로 인한 대외관계의 守勢的 현상은 북방민족에게 그 이전시대에서는 볼 수 없던 막대한 歲幣(朝貢)을 바치고 있다. 中國正史에서는 이를 歲幣·歲賜로 기록하고 있으나 실제로 이는 군사력이 약한 나라가 강대국에게 바치는 朝貢的 성격이 강하였다.

이 책에서는 10-13세기의 국제관계가 唐·宋의 변혁과 함께 어떻게 전개되어 나갔고, 高麗와 宋의 관계가 정치·문화적 측면에서 변화된 성격을 검토하였다. 특히 宋 나라의 국가위상이 종래와는 판이하게 달라진 면을 朝貢문제와 결부시켜 검토하여 보았다. 宋代의 歲幣·歲賜가 華夷論을 바탕으로 하는 宋代의 역사기록에 歲幣·歲賜로 서술되고 있으나 이는 거란, 서하, 金에게 바친 조공적 성격이 강하기 때문에 이에 대한 구체적인 실상을 살펴보았다.

다음으로 高麗와 宋의 文化交流 그리고 宋代 官人의 高麗觀을 검토하였다. 이는 당시의 국제관계에서 고려의 文化的 位相을 살피는데 宋의 官人이 고려문화를 어느 수준으로 인식하였는 가는 바로 고려문화 수준을 채점하는데 중요한 尺度가 될 수 있다.

宋代는 비록 정치·군사적인 면에서는 북방민족의 끊임없는 압박에 시달렸으나 대외무역에서는 비약적 발전을 이룬 시대이다. 이를 배경으로 東南지역의 해상활동과 海路를 통한 대외무역이 더욱 번창하였음을 찾아 볼 수 있다.

끝으로 東아시아역사상 처음이자 마지막인 黨項族에 의한 西夏건국(1038)이 北宋의 정치·군사에 미친 영향과 함께 宋·西夏간의 경제교류의 일환으로 전개된 무역관계를 살펴보았다.

|목 차

제2부 宋·麗文化交流論

제3부 宋朝의 西夏政策

제 1 부
宋代 對外 關係論

Ⅰ. 征服王朝의 출현과 宋代 대외관계의 변화

1. 유목사회의 발전과 유목국가의 성립

① 유목사회의 발전유형

만리장성을 경계로 하여 그 남과 북쪽은 서로 다른 자연환경에 따라 역사의 전개도 달리하고 있다. 南方에는 농경민인 한족이 세운 왕조가 일찍부터 발전하여왔고, 北方에는 유목민족에 의한 유목국가가 성립되어 남북으로 대립하면서 동아시아 세계의 역사를 이끌어왔다. 북아시아에서 흥망한 북방국가를 다시 유형별로 구분하면 遊牧國家와 征服國家로 크게 나눌 수 있다. 유목국가는 고대로부터 匈奴, 鮮卑, 柔然, 突厥, 回鶻(回紇:위구르)이 세운 국가이고, 정복왕조는 遼·金·元·淸 등을 말한다. 그런데 유목민족이 부족사회로부터 부족국가나 민족국가를 건설하고 다시 정복왕조로 발전하기까지에는 여러 가지 발전형태가 있다.[1]

유목사회의 발전에 있어서는 유목민의 基本生業에 제2차 생업이 절대적 조건이 되었다. 유목민의 기본생업은 가축에 경제생활을 전적으로 의존하였다. 즉, 가축에서 나오는 고기와 젖은 식용으로, 털과 가죽은 의류와 기타 일용품으로, 심지어 가축의 분뇨까지도 연료로 충당하였으니 가축이 생활필수품을 거의 제공하여 주는 형편이었다.

---

1) 金浩東 譯, A. M. Khazanov 著, 『遊牧社會의 構造: 역사인류학적 접근』, 지식산업사, 1990.
  金浩東, 「北아시아 遊牧國家의 君主權(북아시아 유목국가의 군주권)」, 『東亞史上의 王權』, 東洋史學會편, 한울, 1993. 118~120쪽, 참조.

가축의 사육은 방목에 의하지만 거기에 소요되는 노동력은 결코 적은 것이 아니다. 1戶[천막가옥]가 단독으로 방목하는 경우는 드물고 이웃과의 협력에 의하여 4~6戶가 하나의 屯營[이동 취락]을 형성하며 생활하여 나갔다. 가축의 사육을 위해서는 放牧地[草地]가 있어야 하고 1戶가 2~300마리의 羊을 기르는 데는 상당히 넓은 방목지를 필요로 하였다. 그러므로 유목사회에서 둔영과 둔영 사이의 거리는 농경사회의 촌락간의 거리와는 비교도 안될 만큼 멀다. 이리하여 인구밀도는 적고 그 위에 유목생활에서 나타나는 강한 自給性 때문에 유목민의 고립화현상은 심화될 수밖에 없었다.

이러한 고립된 유목사회가 그 내부의 결속을 다지고 부족으로 발전하고 다시 부족들이 연합된 部族聯合體(부족연합체)(tribal confederacy)를 형성하면서 유목국가로 발전하는 데는 몇 가지 요인이 있다.[2] 유목민이 부족적 단결을 이루어 유목부족을 탄생하게 만든 요인은 다름 아닌 내부적 분쟁의 조정과 외부세계에 대한 대응이었고, 이를 위해 유목국가의 출현은 불가피한 것이었다. 특히 자연의 재해에 의한 가축의 떼죽음이 가져다 주는 식량의 위기를 극복하기 위하여 식량약탈에 나서기 위한 부족적 단결과 타부족으로부터 그들 자신이 약탈을 당하는 경우 이에 맞서 싸우기 위한 공동방어의 필요에서 단결이 이루어졌다. 이러한 유목사회의 단결은 초기에는 씨족을 중심으로 시작되었으며 유목사회의 내외적 위기가 장기화하면서 유목민의 단결력도 강화되고 이어 부족사회로

---

2) 유목민족의 발전에 대해서는 ① 지리·풍토적 決定論(결정론)에 근거를 둔 반복적 순환론, ② 유목사회도 氏族(씨족)→部族(부족)→封建(봉건)→帝國(제국)으로 곧바로 발전했다는 수직발전론, ③ 발전이 나선형으로 이루어진다는 螺旋(나선)발전론이 있다.
하자노프 지음, 金浩東 역, 『遊牧社會의 構造』, 지식산업사 1990. 314~317쪽, 참조.
孫賢淑, 「遊牧社會 封建制論」, 『釜山女大論文集』15, 1986.

발전하였다. 이 과정에서 군사 · 정치적 능력이 있는 부족장이 나타나 여러 부족을 통합하게 되고 유목국가의 출현을 가져오게 된 것이다.

유라시아 초원지대에는 신석기시대 혹은 청동기시대에는 농경사회에 비유할 만한 목축민의 문화가 보편화되고 있다. 그러나 이 시기까지의 유목민은 고립, 분산적인 씨족적 집단에 의한 원시사회 단계에 있었으며, 기원전 2천년 중반에 오리엔트 문명의 영향에 의해 금속기의 사용이 시작되자 소위 遊牧騎馬民族으로 발전하였다. 이들은 활, 단검, 骨甲 등의 무기, 운반용의 마차, 그리고 승용말을 사용하기 시작하였다. 이것은 씨족적 사회에서 부족형성이 진행된 것과 밀접한 관련이 있다.

이 단계에서 부족 상호간에 농경정착지를 차지하기 위한 전투와 약탈적 행동을 시작하게 되고 부족은 군사적 체제를 근간으로 하여 통합되어 나아가기 시작하였다. 보통 유목국가라고 부르는 원형은 여기에 있고, 이것을 군사적 연합 혹은 고대국가의 한 유형으로 분류한다. 이와 아울러 그 우두머리의 성격은 단순한 군사적 통솔자, 또는 군사 · 정치적 군주, 그리고 부족통합을 완성한 행정통치의 권능을 가진 王으로 분류되기도 한다.

② 유목국가의 역사적 변천

북아시아의 유목국가에서는 突厥(552~744)에 의하여 처음으로 돌궐문자가 사용되었고, 그 이전에는 문자가 없었으므로 자연히 중국측 史書를 통하여 유목국가의 사실을 살필 수밖에 없다. 그런데 이들 유목국가에 대한 중국측 기록은 華夷思想을 바탕으로 극단적인 배타주의로 일관하고 있기 때문에 객관성이 결여되어 있어 유목국가의 역사적 사실을 이해하는데는 상당한 주의를 필요로 한다.[3]

고대의 유목국가로 주목되는 것은 서남아시아의 초원을 석권하면서

활약한 스키타이 민족이다. 북아시아에 역사시대가 성립되는 것은 기원
전 3세기말에 東胡族을 타도하고 匈奴유목국가를 건설한 흉노왕국에서
시작된다. 흉노왕국은 그 이전의 분산적인 유목부족의 상태에서 비약적
발전을 이룩하여 單于를 권력의 정점으로 하면서 정치적 통일체를 조
직하고 기원 전 3세기말 冒頓 선우 때 전성시대를 맞이하였다.[4] 이리
하여 남방의 漢帝國과 팽팽하게 맞설 수 있을 정도로 성장하였다.

그러나 기원전 1세기 중엽에 흉노왕국은 전한 무제의 대토벌에 의
하여 동서로 분열되었고 西匈奴는 郅支單于에 이끌려 서방의 이리지
방으로 이동한 후 다시 중앙아시아의 탈라스(Talas) 지역으로 갔으나,
漢의 西域都護인 甘延壽 장군의 공격을 받아 붕괴되었다(B.C. 36). 한
편 東匈奴는 呼韓邪 單于의 지도 하에 漢과 긴밀한 교섭을 유지하였
는데 王昭君의 일화는 바로 이때의 일이다. 후한시대에 들어와 班超의
서역정벌로 흉노는 다시 남북으로 분열되었다. 흉노의 남북분열은 이
후의 역사에 많은 영향을 주었다. 즉, 동아시아 세계에 있어서는 4세
기 초에 南匈奴를 비롯한 5胡의 남침에 의해 5胡 16國의 분열시대를
가져오게 되었고, 서방세계에 있어서는 북흉노의 흑해·카스피해 연안
진출로 인하여 4세기 후기부터 시작된 게르만민족 대이동의 계기를
열어준 훈족(Huns)의 활약이 그것이다.

---

3) 중국인의 주변국가에 대한 華夷觀은 이미 周代에 비롯되었고 東夷·西戎·
南蠻·北狄이라고 하는 華夷觀은 五胡[匈奴, 鮮卑, 氐, 羯, 羌를 비롯하여
突厥·回鶻의 명칭에서 쉽게 알 수 있다. 또 부족장의 이름도 한자의 뜻으
로 볼 때 卑下的 用語가 많다. 이로 볼 때 중국측 기록은 유목국가나 유목
사회를 근원적으로 천시하는 관점이 강하다.
4) 冒頓이란 투르크語의 勇者, 몽골어의 聖者란 뜻이다. 그는 한나라 초에 부
친 頭曼선우를 살해하고 2代 선우가 되어 東胡를 격파하고 大月氏를 서쪽
으로 몰아내었으며 漢나라 高祖를 平城에서 대파하였다(B.C. 200). 그 후
고조의 황후인 呂后에게 결혼을 청하면서 한왕조를 능멸하였다.

흉노왕국의 쇠망 후 이에 대신하여 북아시아 지역을 제패한 것은 동방에서 일어난 鮮卑族이다. 선비족은 2세기 중엽에 부족장 檀石槐가 여러 부족을 통일하여 선비왕국을 건설하고 다시 화북의 5胡 16國을 통일하여 北魏로 발전하였다. 5胡의 중원 진출은 마치 유럽에서 게르만족의 대이동과 비교되는 동아시아 역사의 큰 사건이다. 이후 선비족에 이어 柔然族이 발흥하여 5세기 초에 유목국가를 건설하였다.

6세기 중기에는 새로 돌궐족이 세력을 확장하면서 돌궐유목국가를 건설하였다. 돌궐족이 처음으로 일어난 지역은 옛날 匈奴의 북쪽에 있었던 丁零부족의 근거지이다. 5세기의 柔然시대에는 丁零을 勅勒이라 하였는데, 이들은 유연의 지배 하에서 주로 무기제작에 종사하였다. 특히 高輪車를 잘 만들었으므로 중국에서는 이들을 高車라 하였다. 이들 일부가 중앙아시아로 이주하여 독립하자 중국에서는 이를 高車國이라 하였다. 고차국은 柔然可汗의 침공으로 멸망하였으나(541), 중국인이 鐵勒이라고 부르던 또 다른 돌궐족은 북몽골에서 발전의 기틀을 마련하였다. 돌궐유목국가의 출현은 동아시아 세계는 물론 서아시아와 유럽의 역사에 획기적인 변화를 가져오게 되었다. 突厥은 투르크에서 나온 말로 오늘날의 터키민족의 기원이 여기에서 유래한다.

6세기 중기에 돌궐의 군주 伊利可汗과 그 아들 木杆可汗은 2代에 걸쳐 북아시아 세계를 제패하던 유연을 멸하고(522), 고대의 흉노왕국에 비할 정도의 대제국으로 발전하였다. 이때는 남북조의 말기로 北周와 北齊는 돌궐의 진출에 위압을 느꼈고, 수양제의 고구려 원정은 고구려·돌궐의 연합을 견제하기 위한 군사행동으로 이해되고 있다. 돌궐제국은 건국 후 불과 30년 만에 동서로 분열되었고(583),[5] 7세기

---

5) 돌궐제국은 伊利可汗이 제국의 근거지를 외몽골 오르콘강가의 都斤山근처에 두었고 그 동생 室点密은 天山山中에 王都를 설치하여 天山南路로부터

중기 이후 수·당제국의 출현과 수양제·당태종의 적극적인 경략으로
점차 그 세력이 약화되면서 당의 지배를 받게 되었다. 돌궐은 북아시
아 유목민족 가운데는 처음으로 돌궐문자를 만들어 썼으며 당나라 玄
宗 때(732) 만든 돌궐비문이 에니세이江가에서 발견되었다. 돌궐문자
는 서아시아의 시리아문자를 변형한 것으로 한자와는 전혀 관계없는
표음문자이다. 이는 중국문화와 밀접한 관계를 가지고 있던 돌궐이 서
아시아 문화를 받아들이고 중국문화를 배격한 것으로서 북방민족의
강한 민족의식에서 나온 것으로 해석된다.

　돌궐의 약화와 당제국의 내분을 틈타 8세기 중기에는 몽골지역에
回鶻部族이 출현하여 나라를 세웠다. 위구르왕국(744~840)은 약 1세
기동안 계속되었으며 안사의 난(755) 때는 군대를 파견하여 당 왕조
를 도와 난을 진압하는데 공을 세우고 그 세력을 중국으로 확대하였
다.6) 위구르족은 상업 활동에 뛰어나 동서교통로를 이용하여 중계무
역을 활발히 추진하였다. 문화적으로도 북아시아 역사상 처음으로 유
목민족의 샤머니즘이 아닌 마니교를 국교로 정하고, 마니교의 승려와
소그트인, 그리고 중국인을 그들의 정치 문화의 고문으로 받아들였다.

　그 서쪽으로 페르시아 국경에까지 미쳤다. 이 광대한 영토는 그 후 이들 형
제의 자손대에 이르러 동·서 돌궐로 분열되었다.
　丁載勳, 「突厥第二帝國時期(682~745) 톤유쿠크의 役割과 그 位相-『톤유우
크 碑文』의 분석을 중심으로-」,『東洋史學研究』47, 1994.
　丁載勳, 「唐朝의 突厥 降戶 羈縻와 安祿山의 亂-突厥 第二帝國(682~745)崩
壞 以後 遊牧世界의 再編과 關聯하여-」,『分裂과 統合-中國中世의 諸相-』
(지식산업사), 1998.
6) 丁載勳, 「위구르의 北庭地域 進出과 에디즈 위구르(795~840)의 成立」,『東
洋史學研究』64,1998.
　丁載勳, 「야글라카르 위구르(744~795) 初期 葛勒可汗(747~759)의 世界觀-
突厥第二帝國 빌케카간(716~734)과의 比較ffm 中心으로-」,『中央아시아研
究』3, 1998.

그들은 首都와 군사적 요충지, 그리고 무역로의 요지에 도성을 세우고 이곳을 중심으로 遊牧都市文化라고 할 수 있는 새로운 형태의 문화를 탄생시켰다. 이러한 도시 문화는 농경민족과 농경민의 기술자집단을 유목지대로 강제 이주시켜 만든 취락의 발전형태로 볼 수 있다.[7]

9세기 중기에 이르러 위구르가 멸망한 후 북아시아세계에는 유목국가가 더 이상 나타나지 않고 있다. 그러므로 북아시아 유목민족의 역사는 위구르왕국시대(744~840)를 끝으로 유목국가는 자취를 감추고 이후 10세기 초에 거란족에 의한 遼(916~1125)의 출현과 女眞族의 金(1115~1234), 몽골족에 의한 元(1206~1368), 만주족의 淸(1616~1912) 등 정복왕조가 등장하게 되었다.

③ 유목국가의 정치·군사적 특성

유목국가는 국가권력의 형성과 국가의 발전과정에서 나타나고 있는 군사조직상에서 몇가지 공통점을 발견할 수가 있다.

먼저 이들 유목국가는 部族制的 國家 혹은 부족연합체적 국가의 성격을 띠고 있는데, 그 대표적인 예를 匈奴王國에서 쉽게 찾을 수 있다. 흉노왕국의 정치조직은 單于를 권력의 정점으로 하고 그 아래 특정한 씨족이 독점하는 24大官職이 있다. 선우는 君長으로서 국내의 전 부족을 통치함과 동시에 국가의 제사를 주재하였다. 흉노사회에서는 正月과 春[5月], 秋[9月]에 걸쳐 연중 세번의 국가적 큰 제사가 집행되었다. 이때 부족장과 귀족이 모여 선우의 주도로 天地鬼神에 대해 제를 올리고 부족민의 안전과 가축의 번식을 기원하며 국가의 중대한 문제도 아울러 협의하였다.

---

7) 丁載勳, 「위구르의 初期(744-755)'九姓回紇'의 部族 構成-'토쿠즈 오구즈 (Toquz O?uz)'問題의 再檢討-」, 『東洋史學研究』68, 1999.

이와 같은 큰 제사를 통하여 부족의 단합을 꾀함과 동시에 선우의 주재 하에 부족장 회의를 개최하고 국가의 정치를 원활히 집행해 갔다. 따라서 흉노의 선우는 제사를 관장함으로써 유목국가의 정치적 지도자[君長]의 위치와 아울러 제사장의 지위도 갖게 되었고, 이를 통하여 절대권을 행사하였다. 흉노의 선우가 漢의 황제에게 보낸 글 가운데 '하늘[天]이 세워준 匈奴大單于', 『史記』 匈奴傳, '天地가 낳은 日月이 미치는 흉노대선우'(『漢書』 匈奴傳)라고 한 것은 유목민이 신봉하는 天·地·日·月神의 도움 속에 선우가 군림하고 있다는 사실을 과시하려 한 것이다. 선우는 部族民에게도 이러한 사실을 믿게 함으로써 그의 통치 권력을 정신적으로 전부족에게 확산시켜 선우의 권위를 유지하였다. 선우는 부족장과 귀족의 협의에 의해 선출되고 왕권이 강화되면 세습되기도 하였다. 이러한 汗의 權力은 유목국가에서는 물론 정복왕조의 출현 이후에도 계속되었다.[8]

그런데 이러한 單于權의 구조는 유목국가의 지배계급과 부락조직에서도 이와 유사한 형태를 찾아 볼 수 있다. 즉, 흉노부족사회에는 왕족을 배출한 부족 이외에 몇 개의 다른 씨족이 있다. 이들은 선우씨족과 결혼을 맺어 인척관계를 형성하고 그 밖에 여러 가지 특수 관계를 유지하면서 특권계급이 되고 정치권과 군사권을 독점하였다. 흉노왕국에 있는 24大官은 바로 이들 특권적 氏族에 의해 세습된 관직이다.

이리하여 북아시아의 유목민족 내부에서도 씨족공동체적 사회로부터 계급사회로 발전되어 갔다. 이들 24大官은 1만명의 騎兵을 징집할 수 있는 部民과 牧地를 소유하고 있으며, 部民은 다시 군사적으로 千

---

8) 遼王朝(요왕조)의 王位(왕위)는 太祖[阿保機(아보기)]가 나온 耶律氏(야율씨)가, 金은 太祖[阿骨打(아골타)]를 배출한 完顔氏(완안씨), 그리고 元은 太祖[鐵木鎭(철목진)]가 속해있던 部族이 汗位(한위)를 세습하고 있다.

長, 百長, 十長의 우두머리에 의해 각기 통제되었다. 이러한 군사체제
는 평화시에는 유목민의 사회집단으로 유지되었다. 또 군사편제에 들
어가지 않은 일반 部民은 부락단위로 조직되고, 1落은 보통 3~5帳幕
[장막:1장은 약 5~7人]으로 이루어지며, 이 落이 수개 내지 십수개
모여 邑落을 이루고 생활하였다. 邑落에는 小邑長이 있고, 읍락이 모
여 部를 이루고 있었던 것으로 추정된다. 거란의 北面·南面官制나 여
진의 猛安·謀克制 그리고 몽골의 千戶·百戶制, 청의 八旗兵制는 모
두 이러한 북방민족사회의 군사·사회제도이다. 이렇게 볼 때에 흉노
왕국의 성격은 부족제적 국가 혹은 부족연합체적 국가라고 볼 수 있
다. 흉노왕국이 전성시대에 그 영토를 東·中·西의 3大部로 분할통치
한 것도 바로 이러한 부족제적 국가의 성격을 반영한 것이다.

흉노 이후의 유목국가[선비, 유연, 돌궐, 회골(위구르)]의 사회구조
를 볼 때 이와 같은 흉노의 사회와 그다지 큰 차가 없다. 鮮卑는 흉노
의 잔류부족을 흡수하여 유목국가로 발전하였는데, 檀石槐 때(2세기)
영토를 東·西·中部의 3大部로 나누어 각각 部族大人[部長]으로 하
여금 통치하게 하였다.[9] 단석괴 자신은 이들 위에 군림하여 諸大人을
통치하고 그 수도는 高柳[河北省 陽高縣]에 두고 있다. 따라서 선비왕
국도 부족연합체의 성격을 띠고 있다.

유연왕국의 汗位도 건국자[社崙]의 부족에 의해 세습되었다. 이들도
흉노와 같이 제사를 국가의 중대행사로 받들고 매년 정기적으로 거행하
였으며, 이때 部民을 모아 정치·군사적 국가대사를 협의하였다. 특히
유연의 군사제도는 百人을 1幢으로 편성하여 당에는 幢帥를 두고 10당

---

9) 東部는 右北平에서 요동까지의 20餘邑을 3大人이 통솔하였고, 中部는 右北
平에서 上谷까지 10餘邑을 3大人이 통솔하였다. 西部는 上谷에서 敦煌과 그
서쪽 烏孫접경까지 20餘邑을 5大人에 의해 통솔시켰다.

으로 구성된 千人을 1軍으로 편성하고 軍에는 將을 두었다. 이는 흉노의
十長, 百長, 千長, 萬騎의 군사조직과 매우 유사하다. 이와 같은 十進法
的 군사편제는 이후의 돌궐·회골·몽골제국에 그대로 계승되고 있다.

돌궐왕국의 국가조직도 흉노·선비와 같이 건국초부터 동·서돌궐로
나누어 각기 可汗이 통치하고 있다. 이 중에 동돌궐이 종가적 성격을 갖
고 있었기 때문에 동돌궐 可汗의 형제와 자손에게도 가한의 칭호를 주
었다. 可汗의 세습은 先可汗의 유언과 부족장들의 찬성에 의해 결정되
는데, 이는 돌궐의 汗位분쟁의 불씨가 되었다. 可汗의 아래에는 7大官과
다시 그 밑에 28等官이 직할영토를 가지고 있었고, 관직은 세습되었다.
그리고 서돌궐의 可汗은 수도를 처음에 天山山中[후에는 탈라스강가의
千泉]에 두고 가한 아래 다시 小可汗을 두어 10部(姓)를 통치하였다.

回鶻(위구르)王國은 九姓鐵勒部 가운데 회골부가 중심이 되어 건국
한 유목국가이다. 이들도 月·天神으로부터 힘을 얻은 용맹한 賢君이
바로 九姓回鶻이라 생각하였으며 부족연합체 국가의 성격을 지니고
있다. 그러나 위구르 유목국가는 그 이전의 유목국가와는 다른 성격을
띠고 있다. 즉, 그들은 도성을 건설하고 이곳에 중국인, 소그트인을 이
주시켰기 때문에 중국과 서아시아 문화가 흘러들어 왔다. 또 安史의
난 때 당을 도와준 것을 계기로 경제적 도움을 요구하고 조공무역을
통해 경제력을 키워나갔으나 정치·사회적으로 변화를 가져오게 되었
다. 특히 제3대 牟羽可汗(759~779) 때에는 중국의 宰相, 平章事, 尚
書, 刺史, 司馬 등의 관명을 사용하기 시작하였고, 또한 君臣의 차별을
엄격하게 하여 국가체제를 점차로 중국풍의 군주독재적인 관료체제로
전환하였다. 이것은 유목민족의 사회구조로서는 그들의 발전이 한계점
에 도달하였음을 의미하며, 결국 위구르 유목왕국을 마지막으로 이후
에는 정복왕조가 출현하게 된 역사적 사실과 깊은 관계가 있다.

2. 정복왕조의 출현과 그 성격

① 빗트포겔의 정복왕조론

정복왕조란 용어는 독일의 역사학자 빗트포겔에 의해 사용되면서 일반화되었다.[10] 빗트포겔에 의하면 秦의 중국통일에서부터 淸의 멸망까지의 中國帝國의 역사는 전형적 中國王朝[秦·漢·南朝·隋·唐·宋·明]와 征服王朝[北朝·遼·金·元·淸]로 크게 구분된다고 보았다. 이 가운데 위진남북조시대의 北魏를 비롯한 北朝의 여러 왕조는 浸透王朝라 하여 정복왕조와 구분하고 있다.[11] 그는 종래 중국을 정복한 정복민족은 결국 수세대가 지나면 중국문명에 흡수되어 동화해 버린다는 흡수이론에 반대하면서 문화인류학자가 제창하고 있는 文化變容論을 가지고 정복왕조를 설명하고 있다.

문화변용이란 서로 다른 문화를 지니고 있는 여러 민족 집단이 계속해서 그리고 직접적으로 접촉할 때에 나타나는 여러 가지 현상을 포괄하여 표현하는 것이며, 그 결과 어느 한쪽 또는 양자에게서 문화적 유형에 변화가 생긴다는 것이다. 그리하여 빗트포겔은 흡수이론 대신 문화변용론을 근거로 하여 遼왕조의 사회·경제·정치·문화 전반에 걸친 二元性을 밝히고, 遼에 이어 일어난 金·元·淸에서도 이와

---

10) 高柄翊,「遼代의 社會(빗트포켈 :「中國社會史 遼代」)」,『東亞史의 傳統』, 一潮閣, 1976, 283~288쪽, 참조.
   征服王朝(Conquest Dynasty)는 빗트포겔이 1949년 중국인 학자 馮家昇과 함께 지은 『中國社會史-遼(907~1125) [History of Chinese Society Liao (907~1125)』, New York,1949의 序論에서 사용한 역사용어이다.

11) 정복왕조가 갑자기 출현한데 비해 침투왕조(Infiltration Dynasty)는 5胡처럼 장기간에 걸쳐 서서히 이주한 북방민족의 왕조이다. 이주형태도 중국 농경지에 강제로 이주한 경우, 招致한 客民 혹은 부분적인 침략자가 정착한 경우로 구분되며 半平和的으로 침투하여 정권을 획득한 왕조이다.

유사한 여러 경향이 나타났다고 보았다. 그는 중국왕조의 역사를 통하여 문화의 전면적인 융합은 정치·사회적 분열이 끝난 후에 진행되는 것으로 파악하였다. 다시 말하면 정복시대의 종지부를 찍은 후에 비로소 문화의 변용이 시작된다는 것이다. 요왕조 이후의 정복왕조[金·元·淸] 문화변용은 바로 이러한 관점에서 검토되어야 한다는 것이 그의 주장이다.

그러나 빗트포겔의 정복왕조론은 중국사를 이해하는 데 있어 새로운 문제 제기를 하였으나, 이에 대한 비판도 다각적으로 제기되고 있다. 遼朝의 성격에서 정복왕조의 특성을 지나치게 강조하고 있고, 또 전형적 중국왕조로 요와 같은 시대의 송왕조를 제외시키고 있다는 점과 특히 기본적 정복왕조에서 元을 제외시킨 점, 또한 遼朝 이전의 유목국가[匈奴, 突厥, 回鶻]를 요왕조와 동일시하면서도 이들 유목국가의 역사적 발전을 인정하지 않고 있다는 비판을 받고 있다.

② 중국사회의 변혁과 정복왕조의 출현

흉노왕국에서 시작된 북아시아의 유목국가가 9세기 중기의 위구르왕국을 마지막으로 막을 내리고 遼가 건국(916)되는 10세기 초부터 새로이 정복국가가 동아시아의 역사 무대에 등장하였다는 사실은 매우 중요한 의미를 갖는다. 그것은 위진 남북조 시대에 5호의 남침에 의한 침투왕조적 성격을 갖는 북조의 출현이 없지는 않았으나 북방민족이 중국의 일부 또는 전부를 정복하여 정복왕조를 건국한 것은 확실히 10세기 이후에 비롯되기 때문이다. 특히 이들 정복왕조가 당이 멸망(907)하는 10세기 초에 등장하고 있다는 사실도 중요한 역사적 의미를 가지고 있다. 그것은 10세기 초에 이르러 동아시아세계의 중심축을 이루고 있던 당제국이 붕괴되고, 이에 따라 아시아세계의 국제판도가 새로 형성되면서 정복왕조가 출현할 수 있는 정치·군사적 요건이 마련되었다고 보여지기 때문이다.

10세기 초는 중국뿐만이 아니라 동아시아 세계[만주·한반도·일본·월남] 전체에 커다란 변화가 일어나고 있고 정복왕조의 출현도 이와 같은 변화와 밀접한 관계가 있다. 또한 정복왕조의 등장으로 종래의 중국역사에서는 볼 수 없던 여러 가지 특이한 현상이 나타나고 있다. 즉, 5代의 後晉은 중국왕조로서는 처음으로 遼에게 臣事를 하였고 南宋은 金에 대해 君臣[군신 후에 叔姪] 禮를 올렸다. 북방민족이 처음으로 황제 칭호를 사용한 것도 10세기 이후의 일이다.

10세기 중기(960)에 출현한 송조는 문치주의에 치우쳐 군사력의 약화를 가져왔고, 그것은 결과적으로 북방민족으로 하여금 군사력을 확충함으로써 정복왕조의 건국을 가능케 하였다. 실제로 북방민족의 정복왕조는 淸을 제외하고는 요·금·원 모두 宋[북송·남송]을 그들의 정복대상으로 하면서 중국정복을 완성하였다. 이렇게 볼 때에 唐末 五代의 군벌체제를 종식시키기 위한 송의 문치주의정책은 결과적으로 정복왕조 출현의 계기를 마련해 주었다.

③ 정복왕조의 황제(可汗)와 국가의 성격

정복왕조의 원동력은 군사력에 있고 이를 통해 주변의 농경사회를 정복하여 나갔다. 그런데 정복왕조의 군사력은 유목국가의 그것과는 많은 차이를 보이고 있다. 따라서 可汗의 성격을 이해하는데 있어서도 그들의 힘의 배경이 되고 있는 군사력의 구조적 내용과 특성을 살펴볼 필요가 있다.

먼저 정복왕조[요·금·원·청]는 유목국가에 비하면 중국의 북변, 그리고 한반도와 가까운 위치[요하유역·만주·몽골]에서 국가를 일으켰다는 사실이 주목된다. 그것은 이들이 아직 정복국가로 웅비하기 전의 초기 부족국가 상태에서 중국과 한반도 변경을 끊임없이 침입하여 식량을 약탈하거나 농민을 집단적으로 강제 이주시키는데 편리한 위치에 놓여 있었기 때문이다. 또 반복되는 약탈전쟁을 통하여 그들의 유목사회를 農牧的 二重社會로 전환시키면서 유목적 부족체제를 해체하고 정복국가의 사회·경제적 기반을 마련해 갔다. 따라서 중국의 북변이나 한반도에 대한 약탈적 침략전쟁은 유목국가의 경제력을 농목사회로 발전시켜나가는 원동력이 되었고, 이 과정에서 유목적 씨족공동체의 부족체제는 해체되고, 可汗의 지위는 전제군주화하였다. 그리하여 지금까지 可汗과 봉건적 관계에 있던 유목국가적 봉건제는 개편되어 갔는데, 여기에 정복왕조의 可汗과 유목국가의 單于와의 성격적 차이를 엿볼 수 있다. 정복왕조의 可汗은 중국적 전제군주의 성격을 띠면서 그의 권력을 강화하였고, 부족장과의 관계도 점차로 중국적 군신관계로 변화시켜갔다.

이러한 可汗의 성격변화를 遼·金·元·淸의 정복왕조에서 구체적으로 살펴볼 수 있다. 최초의 정복왕조인 遼王朝의 국가체제를 보면 太祖[耶律阿保機]때 옛 부족을 개편한 18部[太祖十八部]와 聖宗이 피정복부족을 재편성하여 정비한 34部[聖宗三十四部]로 구성되어 있다. 이는 다같이 요왕조의 중앙집권체제를 강화하기 위하여 종래의 씨족공동체적 성격을 띠고 있던 여러 부족을 해체하여 可汗(皇帝)과의 군신관계로 재편성한 것이다. 이러한 현상은 金에서도 비슷하였다. 金朝의 女眞부족사회는 猛安·謀克制에 의해 조직되었다. 이 제도는 金이 건국하기 이전에 이미 여진족 사회에 존재하고 있던 부족조직으로 金의 太祖[阿骨打]는 자신의 권력을 강화하기 위해 맹안·모극제도를 개편하여 황제지배하에 행정과 군사기능을 발휘할 수 있도록 재편성하였고(1114), 이를 기반으로 金朝 건국을 달성하였다(1115).

몽골제국도 千戶制를 기반으로 발전하고 있다. 成吉思汗[징기스칸]은 돌궐족의 군사제인 千戶制를 모방하여 부족을 재편성하였다. 즉, 그는 千戶를 기본단위로 부족을 조직하고 그 상위는 万戶, 그 하위는 百戶·十戶로 편성하였다. 징기스칸이 즉위한(1206) 후 부하들을 그 공로에 따라 각기 千戶·百戶로 임명하고, 封地와 함께 部民의 領有를 허락하였다. 이들은 領民 중에서 兵士를 징집하여 汗에 봉사할 의무를 부과하였는데 몽골제국은 바로 이 千戶制를 중심으로 한 유목적 봉건제를 기반으로 발전한 정복왕조이다.

끝으로 淸朝의 경우를 보면 淸朝의 군사 기반은 八旗制에 있다. 이 팔기제도도 여진족의 부족제를 태조가 재조직한 군사·행정제도이다. 태조는 後金을 세우기 이전(1582)에 만주부족을 黃·藍·紅·白의 4 旗로 조직하고 다시 4旗를 증설하여 八旗制를 확립하였다(1614). 만주 8기는 이후 淸의 군사기반인 동시에 행정체제로 발전하였고, 이후 몽골 8기, 한인 8기가 추가되면서 청조권력의 중핵을 이루게 되었다.

이상과 같은 정복왕조의 부족제 개편에 의한 군사력의 강화로 可汗의 정치군사력은 유목국가에 비교가 안 될 정도로 강화되었다. 이리하여 정복왕조의 대외침략전도 종래의 약탈적 성격에서 벗어나 정복전쟁으로 전환되었다. 또 그들의 정복전쟁도 종래의 유목국가에서 진행되던 일시적, 보복적인 것이 아니고 일정한 방향을 따라서 반복적이고도 조직적으로 추진되어 갔다. 즉, 遼 太祖시대의 燕雲16州 정복, 金朝 太宗·熙宗시대 北宋의 정벌, 그리고 몽골의 중앙아시아 및 중국정복, 그리고 淸의 조선 및 내몽골정복과 중국의 통일이라는 순서로 이어졌다. 이와 같은 정복전쟁은 일차적으로 영토를 정복하고, 이어 그곳에 사는 민족을 지배함으로써 정복왕조로서의 확고한 위치를 다져갔다.

이상과 같이 정복국가에 있어 可汗의 정치·군사적 성격과 밀접히 관계되는 것은 통치구조의 이중체제이다. 유목왕국과는 달리 정복왕조는 중국을 통치하는 방법으로 그들의 부족을 중국 내지로 이주시키고 수도를 北京[金·元·淸] 혹은 開封[金]으로 옮겨 직접 중국 경영에 나섰다. 단지 遼는 수도를 그들의 본거지에 그대로 두고 그 대신 그들의 영내에 한인을 집단으로 이주시켜 통치하였다.

정복왕조는 북아시아와 중국의 일부[遼·金] 혹은 전부[元·淸]를 지배하였기 때문에 그들의 영토는 유목사회와 농경사회의 두 지역에 걸쳐있는 복합적 사회구조일 수밖에 없다. 따라서 이들 국가의 경제구조도 유목경제와 농업경제로 구성되어 있다. 그러나 정복왕조가 그들의 권력 중심를 중국이나 그 근방의 농경사회로 옮겨 오면서 유목체제는 오히려 농경체제에 침식당하고 점차 유목사회의 기반이 무너지면서 결국 정복왕조를 변화시켜 파멸로 몰아넣었다.

한편 정복왕조는 유목민과 농경민이 혼재되어 있는 이중적 복합사회이기 때문에 자연히 이들을 통치하는 정치체제도 이중성을 갖지 않을 수 없었다. 이들 중에서 이중체제를 확립한 것은 遼이다. 요왕조는 유목민인 거란족과 북방제부족에 대해서는 거란 고유의 부락제인 北面官制를, 그리고 중국인이나 발해인 등의 농경민을 지배하는 통치조직으로는 중국식 州縣制[南面官制]를 적용하였다. 이러한 이원적 통치형태는 다소의 차이는 있으나, 그 후의 금·원·청에도 비슷하게 나타나고 있다. 이와 함께 정복왕조의 可汗은 중국식 체제를 도입하여 年號를 정하고 國號도 중국식으로 정하였다. 이는 이전의 유목국가에서는 없던 일이다. 다만 선비족이 세운 北魏는 그들이 중원에 진출한 훨씬 이후에 국가체제를 정비하였기 때문에 정복국가와는 그 성격이 다르다.

Ⅱ. 宋代 歲幣의 朝貢的 성격

1. 머리말

中國 역사상 宋代처럼 漢民族 왕조가 북방의 征服國家에 대하여 막대한 歲幣를 바친 예는 없다. 그런데 宋에서 契丹이나 金 그리고 西夏에 보낸 물품을 史料에서는 歲幣 또는 歲賜라고 기술하고 있다.

華夷論과 中華主義에 젖어온 중국의 史家들은 타국에서 중국으로 들어오는 모든 물품에 대해서는 무역을 통한 수입품이든 또는 타국 통치자가 보낸 선물이든 간에 이것을 朝貢品이라 기록하였고 이와 반대로 중국이 타국에 보내는 모든 물품은 皇帝의 下賜品이라고 하여 歲幣 또는 歲賜라는 용어로 미화하고 있다.

宋代에 들어와서 중국이 북방민족의 침략을 막기 위하여 해마다 바치던 歲幣는 일종의 뇌물적 성격을 가지고 있는데 이러한 뇌물조차도 중국에게 스스로 복종한 외국의 통치자에게 내리는 下賜品이라는 명칭, 즉 歲賜 또는 歲幣로 합리화하였다. 전통적으로 중국은 他民族과의 관계에 대한 역사서술은 관념적인 우월성에 기초하였고 따라서 그 역사적 의미에 있어서는 중국 측에게 불리한 기록은 왜곡과 삭제를 서슴지 아니하였다.

前近代 東北아시아 대외관계사의 전체적이고 포괄적인 이해는 이러한 中國中心的이며 관념적인 우월성에 기초한 朝貢制度의 틀에서 벗어나야 하며 그 대신 정치적 동기와 상호무역(互市) 그리고 문화교류 등과 같은 실제적인 문제를 구체적으로 검토해야 한다. 이를 위한 구체적인 역사적 사실은 宋代의 歲幣를 빼놓을 수 없다. 왜냐하면 중국

의 대외관계에 대한 역사기록은 中華主義에 입각한 中國中心的 史觀
으로 일관되어 있다. 중국의 역사서술은 당연히 중국의 입장에서 기록
한 것이고 특히 중국의 對外史 서술은 용어의 선택에서 中華主義가
뚜렷이 돋보이고 있는데 객관적이고 과학적인 역사인식을 위해서는
이러한 용어에 현혹되어서는 안 될 것이다.

歲幣란 매년 定額의 재물을 상대국에 바치는 것인데 중국측 사서에
는 貢·賜·幣로 나누어 놓았다.[1] 일반적으로 중국의 史書에서는 양
국 간의 歲贈을 분류하여 종속국으로부터 宗主國에 보내는 것이 貢이
고, 종주국으로부터 종속국에게 보내지는 것이 賜이고, 대등한 국가
간의 贈與가 幣라고 한다.

中華國家와 周邊國家 간의 歲贈을 살펴볼 때 민족적 자존심이 강하
고 또한 경제력이 풍부한 중국 측은 이러한 貢·賜·幣의 형식에 깊
은 관심을 갖고 주변국에 대하여 貢이라는 명칭을 쉽게 받아들이지
않고 있다. 만약 받아들인다 하더라도 그것을 굴욕적인 것으로 생각하
여 가능한 한 賜라는 명칭을 사용하려고 한다. 그것이 불가능할 경우
에는 稅額을 증가하더라도 이를 고집하였다.

이에 대해 주변국은 명분보다는 실리를 취하여 액수의 증가를 원하
는 경우가 있고 또한 周邊國의 민족적인 자각이 높아지면 명분과 실
리를 함께 차지하려고 하였는데 무력에 자신이 있는 경우에는 幣 혹
은 貢의 명칭으로 거액의 歲贈을 중국 측에 요구하며 중국은 이를 하
는 수 없이 받아들이기도 한다.

10세기 이후 국제관계가 복잡해지면서 이 歲幣의 내용도 다양해지
는데 歲幣의 성격을 용어에 얽매이지 않고 그 당시의 국제관계나 군
사력을 바탕으로 살펴보아야 그 실상을 알 수 있고 나아가 각 국가

---

1) 趙翼, 『二十二史箚記』 卷 26 歲幣條

간 힘의 균형관계가 파악되며 歲幣에 담겨있는 조공적 성격도 살필 수가 있다.

2. 10 ~ 13世紀 국제관계의 변화와 宋의 국가위상

東아시아 세계는 고대로부터 북방의 유목민족과 남방 농경민족의 끊임없는 대립과 전쟁의 연속이었고 萬里長城은 북방민족의 침입을 막기 위한 남방민족의 방어전선이기도 하였다. 이러한 남북민족의 대립과정에서 나타나고 있는 하나의 특징은 예외가 있기는 하지만 북방의 유목민족이 남방의 농경민족에 대해 항상 攻勢的인 입장을 취하였고 남방의 농경민족은 이에 대해 守勢的인 자세에서 유목민족의 공격을 방어하여 왔다. 이러한 남북민족의 對立關係史가 근본적으로 그 성격이 달라진 것은 唐이 망하고 宋이 건국되는 10世紀에 들어와서이다.

東아시아의 국제관계에 있어서 唐이 망하고 五代를 거쳐 宋이 건국되는 10세기부터 몽골제국이 세계 대제국을 건설하는 13세기에 걸친 시대는 중국 역사에 있어서뿐만 아니라 東아시아의 전체 역사에 있어서도 그 예를 찾을 수 없는 격변의 시대이다. 10-13世紀에 전개된 東아시아 역사에서 특히 지금까지 전통적으로 유지되어 오던 中華主義와 華夷論은 그 성격이 근본적으로 달라졌고 이러한 국제관계의 변화를 바탕으로 생각해 볼 때 宋代 歲幣는 그 성격이 史書에 나타나고 있는 용어와는 전혀 다른 성격이 있음을 알 수 있다.

10世紀에 들어와 한반도에서는 高麗가 건국되고(918) 이어서 三國의 분립을 통일하였다.(935) 한편 중국 대륙에서는 唐末·五代의 혼란을 극복하여 宋이 건국되었다(960). 이와 함께 중국의 東北方에서는

契丹族이 遼나라를 건국하고(916) 이어 渤海를 멸망시키고(926) 화북 지방의 燕雲16州를 정복하고, 중국 본토를 위협하는 征服王朝로 발전 하였다. 이와 같은 東아시아의 국제질서 변화는 종래의 中國中心, 漢 民族 중심의 외교관계가 상당부분 상실하게 되었으니 先秦時代나 秦·漢, 隋·唐代의 中國中心, 中華思想中心의 국제관계는 그 의미가 퇴색되었다.

중국사에서 宋(北宋·南宋)이 차지하는 국가적 위상이 종래 잘못 평가되어 왔고2) 그러한 오판이 宋代의 歲幣·歲賜 문제를 역사적 사 실과 다르게 왜곡시키고 있다.

먼저 宋은 문치주의정책 결과 국가체제상에서 대단히 취약한 정부 구조를 가지고 출발하였다. 더욱이 군사적인 면에서는 宋 내부에 남아 있던 五代 혼란의 잔재를 처리하는 데 어려울 정도이고 대외관계에서 는 군사적으로 대단히 어려운 국가조직과 군사체제로 인하여 북방민 족의 끊임없는 도전과 압력을 받아왔다.

通史的으로 宋代를 唐·宋 시대로 묶어서 시대성격을 논하는 것이 일반화되어 왔다. 그러나 南北朝時代를 통일하고 대외적으로 漢族이 발전하는 唐代에 宋을 접목시켜 唐·宋 시대로 묶은 것은 宋의 국가 위상을 사실과 다르게 인식시키는 역사적 잘못을 제공한 것이다. 宋이 그를 탄생시켜 준 모태가 되는 五代를 암흑시대로 부정하면서 五代를 뛰어넘어 唐을 계승한 正統王朝로 자처한 것은 宋代史 내지 中國史 전체를 올바르게 이해할 수 없게 만들었다.

이것은 宋代를 역사적 실상과 다르게 미화시킨 歐陽修나 司馬光을 비롯한 당대 역사가의 책임이 크다. 이와 함께 新·舊法黨으로 갈라져

---

2) 申採湜,「五代와 宋代史의 連續性」,『宋代官僚制研究』, 1981. ; 同「宋代史 研究의 問題와 새로운 方向 摸索」,『東洋史學研究』50, 1995.

싸우다가 결국 北宋이 망하고 中華主義와 華夷論을 강조하면서 북방 민족에 대해 철저히 배타적 자세를 가지고 漢民族 優越論을 내세운 儒敎主義(朱子學)에 빠져 있던 宋代 文臣官僚들에 의한 宋代 優越主義 에도 그 책임이 있다. 최근에는 중국의 다른 시대보다 宋代를 사실과 다르게 평가한 학자들의 연구자세에도 문제가 있다.

宋代의 국가위상이 잘못 평가되었다고 하는 또 다른 이유는 10-13 세기의 東아시아의 국제정세에서 宋代의 실상이 정치·군사적 면에서 볼 때 그 취약성이 확실하게 드러난 데서도 충분히 살필 수 있다.

3. 宋代 歲幣의 내용과 朝貢的 의미

① 宋 이전의 조공제도

先秦時代에 시작된, 그것도 중국내부의 중앙과 지방 간의 외교적 관계가 秦·漢의 統一帝國 출현 이후 중국과 그 주변국가의 대외관계에 연장되고 발전되었다는 견해는 여러 가지 문제를 안고 있다. 이념적으로는 中華意識이 周代로부터 발전하여 왔다고 해도 이러한 中華意識을 바탕으로 한 조공제도는 시대의 변천에 따라 변질이 불가피하였다. 더욱이 10-13세기에는 中華의 중심이 되는 漢族은 그 세력을 이민족에게 내어주게 됨에 따라 조공의 이념과 구체적 현실 사이에는 심한 괴리현상이 나타나게 된다.[3]

朝貢冊封體制는 秦·漢 統一帝國 이래 동아시아의 국제관계의 중심 축으로 전개되어 왔다고 말하고 있으나 宋代에 들어오면 이와 같은

---

3) 全海宗, 「漢代 朝貢制度考 —「史記」·「漢書」를 통하여」, 『東亞文化의 比較 史的 硏究』.

논리는 성립되지 않는다. 왜냐하면 10-13세기의 동아시아 국제정세의 변화로 宋은 이미 주변국의 朝貢 대상이 되는 宗主國의 위치를 상실 하였다. 뿐만 아니라 도리어 宋이 막대한 歲幣를 遼와 金 심지어는 西夏에까지 바치는 朝貢國家로 전락하였기 때문이다.

다시 말해 종래 朝貢과 册封을 통한 중국 중심적 전통적 국제질서 관은 대등한 국가 간의 상호관계가 아니라 '中華'와 '夷狄'의 상하관계 를 기축으로 하여 종속적인 주종관계를 그 구조적 특징으로 하고 있 다. 그런데 이러한 中華와 夷狄의 상하관계는 宋代에 들어오면 역전되 어 華가 夷에게 굴복하여 朝貢(歲幣)을 바치는 위치변동을 가져왔다.

② 後晋의 契丹에 대한 歲幣와 華·夷의 위상변화

後晋은 後唐의 太原節度使 石敬瑭이 契丹의 원조를 받아 後唐을 멸 망시키고 중국의 왕조 後晋을 창건한 것이다. 後晋은 契丹의 원조에 답하여 契丹에게 비싼 謝禮를 하였으니, 燕雲16州의 割地와 30萬匹의 歲幣를 바치었으니 宋代歲幣의 朝貢的 성격은 여기에서 시작되었고 이것은 契丹이 後晋 건국원조의 사례로써 요구한 것이다.

燕雲 16州의 割讓은 契丹人의 민족적인 자각을 고양시켰으며 비단 30萬匹의 歲贈 또한 契丹의 강요에 의한 것이기는 하지만 中華가 夷 狄에게 막대한 歲贈을 한 초유의 일이다. 이것이 비록 속국에서 宗主 國으로 보내는 歲貢의 명칭을 사용하지는 않고 단지 '歲輸帛三十萬匹' (資治通鑑)이라고만 되어 있는데 이 歲輸가 貢·賜·幣의 어떤 형식을 취하였는지는 명시하지 않고 三十萬絹의 歲贈을 歲輸라는 표현을 취 하고 있을 뿐이다.

그런데 여기에서 이 歲輸가 朝貢의 의미를 갖는 중요한 기록이 있 다. 그것은 後晋 高祖의 즉위 건국 사실을 기록하기를 '契丹主作册書

命敬瑭爲大晉皇帝'라고 하여 契丹의 皇帝(主)가 册書를 작성하고 (後晉의)石敬瑭을 皇帝로 册命하였다고 있는데 册과 命의 두 글자를 쓴 것은 册과 命은 다같이 종주국이 속국의 군주를 책봉하는 형식이다. 따라서 이 두 말에 담겨 있는 것은 契丹을 宗主國, 後晉을 屬國으로 하는 외교적 주종관계의 성립을 의미하며 이러한 사실로 미루어 볼 때 契丹에게 준 30萬 歲輸는 바로 朝貢이라 하겠다.

특히 舊五代史에서는 '割地歲輸帛'을 기록한 내용에서 양국의 관계를 契丹을 父, 後晉을 子로 하는 父子關係를 명시하고 있다.

③ 澶淵의 맹약과 東아시아 국제질서의 변화

11세기 초(1004년) 契丹의 聖宗은 宋을 쳐들어 왔다. 이에 대하여 宋에서는 群臣 간에 천도논의가 분분하였으나 眞宗은 재상 寇準의 건의를 받아들여 친정을 단행하고 7년간의 전쟁 끝에 澶淵의 맹약을 체결하였다.[4]

이 화의조건의 내용을 보면 여러 가지 주목되는 사실을 알 수 있는데 그것은 宋이 遼에게 매년 비단 20萬匹, 銀 10萬兩을 歲幣로 보내고 이 歲幣는 雄州까지 宋이 수송을 담당하며 宋의 眞宗 황제는 遼의 承天太后를 叔母로 받들고 이후 兩國은 형제의 맹약을 하며 聖宗은 眞宗을 兄으로 받들고 서로 南(宋), 北(遼)이라고 지칭한다는 내용이다.[5]

澶淵의 맹약이 갖는 역사적 의미는 遼가 宋과의 대등한 國際關係를 유지하였을 뿐만 아니라 宋의 皇帝가 遼의 昇天太后를 叔母로 받들게 된 사실은 遼의 국제적 지위가 높아지고 그 결과 遼의 高麗, 西夏에

---

4) 『二十二史箚記』卷 26 歲幣條에 의하면 澶淵의 맹약 때 銀 10萬兩, 絹 20萬匹을 거란에게 주었고 다시 仁宗 때에 여기에 銀, 絹 각 10兩匹을 증가하였다.
5) 田村實造, 「澶淵の盟約とその史的意義」, 『史林』 20-1, 2.

대한 관계가 대단히 유리하게 바뀌어졌다. 뿐만 아니라 宋이 契丹의 강요에 의하여 막대한 歲幣를 제공하였는데 歲幣의 量과 내용은 後晉의 石敬王珺 때 거란에 제공한 것과 비슷하다. 따라서 澶淵의 맹약의 체결에서 宋이 契丹에 제공한 歲幣는 後晉과 契丹과의 그것과 너무나 비슷한 성격을 띠고 있다.

④ 宋의 西夏에 대한 歲賜

宋은 西夏와의 7년 전쟁(1038-1044) 결과 西夏에 대하여 25萬 5千의 歲賜를 주었다.[6] 그런데 여기에서 歲賜라는 표현을 하였으나 이는 전쟁의 결과로 西夏와의 休戰조건으로 준 것이므로 主從關係와는 그 의미가 다르며 중원의 宋이 서북의 변방국인 西夏에게 이와 같은 막대한 歲賜를 하게 된 것은 宋의 국제적 위신이 추락한 증거이다.

⑤ 南宋初 皇統講和와 宋(南宋) · 金 관계

北宋은 靖康의 變(1126)으로 망하고 강남으로 달아나 南宋으로 연명하게 되었다. 中國 역사상 왕조멸망은 여러 가지 확실한 원인이 있는데 北宋의 멸망처럼 억울하게 망한 예도 드물다. 北宋멸망의 결정적 원인은 對金外交의 실패에 있고, 이러한 외교적 실패는 북방민족을 극단적으로 배척한 華夷論에 있다.

南宋 초기 金과의 皇統講和 내용은 中華의 南宋으로서는 굴욕적인 내용이다. 즉

---

6) 申採湜, 「北宋 仁宗朝의 對西夏政策 變遷에 관하여」, 『歷史教育』8, 1964. ; 同 「宋 · 西夏貿易考」, 『歷史教育』10, 1967.

南宋이 金에게 보낸 誓約文에는 歲貢으로 銀 25萬兩, 絹 25萬匹을
보내고[7]

金의 熙宗은 南宋의 高宗황제를 冊封하며 南宋의 高宗은 金나라의
册封을 받는 것으로 되어 있다.

南宋과 金과의 皇統講和條約내용에서 朝貢册封문제와 관련하여 대
단히 중요한 기사를 찾아볼 수 있으니 南宋에서 金에게 제출한 誓書
에는 '世世子孫謹守臣節'이라는 내용을 담고 있는 것이다.[8]

이것은 南宋이 金에 子孫代代로 臣下의 節義를 지키겠다고 하는 誓
約文으로써 宋의 황제 高宗이 金의 황제 熙宗의 册封을 받는다고 하
는 서약내용이다. 皇統의 강화라고 하는 명칭을 사용한 것도 南宋 高
宗의 紹興 年號를 쓰지 않고 金 熙宗의 皇統 年號를 사용한 것을 보
아도 양국관계가 종속적인 위치로 뒤바뀐 것을 알 수 있다.

이러한 사실은 建炎以來繫年要錄 등 宋측 사료에 있는데 단지 宋측
사료에서는 앞서의 '世世子孫謹守臣節'이라는 기사는 삭제하고 있다.
이것은 아마도 南宋으로서는 당시의 치욕적인 對金강화조약내용을 고
의적으로 빠트린 것으로 보인다. 그러나 金史에는 '三月 丙辰 遣左宣
徽使 劉苦 以充冕圭册宋康王爲帝'라고 있다. 그러나 宋측 기록에서는
이와 같은 封册 사실에 대해서는 일체 언급하지 않고 있다.

우리는 여기에서 당시의 宋과 金과의 국제관계에 있어서 정확한 역

---

7) 『二十二史箚記』 卷 26 歲幣條에 의하면 南宋이 금에게 준 歲幣 이외에 금
  나라 사신이 송에 올 때마다 大使에게 金 二百兩, 銀 二千兩을 받치고, 副
  使에게는 金 一百兩, 銀 一千兩을 주었는데 이것을 幣帛이라고 하였다. 이
  러한 金使에 대한 禮遇는 군사적으로 강한 나라에 대한 弱小國의 저자세로
  볼 수 있다.
8) 寺地 遵, 『南宋初期政治史研究』 제7장 및 제8장 紹興 十年—十二年の政治
  過程 참조.

사적 기사를 金측에서는 사실 그대도 기록하고 있는데 반하여 宋측 기록에는 金으로부터 封册을 받았다는 내용이나 子孫代代로 臣下로서의 節義를 지키겠다고 하는 사실을 삭제하고 있음을 확인할 수 있다. 이것은 중국의 역사기록이 특히 주변민족에 대한 사실을 왜곡하고 있음을 살필 수가 있다.

4. 맺는말

10 ~ 13世紀의 東아시아 국제관계는 그 이전 시대와는 확연히 그 성격을 달리하고 있다. 다시 말해 예외는 있지만 종래 중국의 漢族 王朝가 북방민족을 지배 내지는 그 세력하에 두었으나 이 시대에 들어오면 북방민족이 정복왕조를 수립함으로써 漢族 王朝와 북방민족은 대등한 위치에 서게 되었다.

그런데 宋나라의 군사적 취약성으로 인해 이러한 대등한 국제관계가 근본적으로 무너지게 되었고 그 결과 宋은 끊임없는 정복왕조의 침략과 군사적 압력에 시달리게 되었다. 이러한 군사적 압력을 완화시키기 위한 방편으로 契丹과 金나라 西夏 등에게 막대한 歲幣와 歲賜를 제공할 수밖에 없었다.

宋이 契丹, 金, 西夏에게 준 歲幣와 歲賜는 그 量과 質에 있어서 중국 역사상 그 이전에는 물론 그 이후의 시대에도 그 예는 볼 수 없다. 국제관계에서 한나라가 다른 나라에 물품을 보내는 것은 국제관례상 의례적인 성격을 가지고 행하여졌을 때 우리는 이것을 歲幣 또는 歲賜라고 할 수 있다. 그런데 그 量이 막대하고 그 內容 또한 金, 銀, 絹 등 귀중품에 속하는 경우 이것은 약소국이 강대국에게 바치는 貢納的

의미가 강하다.

宋代 歲幣의 朝貢的 성격은 契丹, 金, 西夏에게 준 歲幣의 量과 質이 宋에서 결정한 것이 아니라 宋과 이들 국가 간의 전쟁 결과에 의한 講和條約으로 결정된 것이다. 따라서 宋나라가 스스로 물품을 결정하고 수량을 정한 것이 아니고 군사적인 우위에 있던 정복왕조의 강제에 의하여 歲幣나 歲賜가 결정되었기 때문에 이것은 타율적인 貢納的 성격을 갖는 것이고 더욱이 그 수량과 물품 내용을 보면 통상적인 의미의 歲幣나 歲賜와는 그 뜻을 달리하고 있다.

다시 강조하거니와 宋代 歲幣의 성격은 중국의 기록에 나타나고 있는 종주국이 속국에 내리는 賜與品의 성격이 아니고 강대국의 군사력에 시달리는 약소국이 强國에게 받치는 貢納品的 성격을 띠고 있다. 실제로 北宋政權은 歲幣를 통하여 契丹과의 친선관계를 유지할 수 있었으나 北宋末에 이르러 徽宗과 蔡京을 비롯한 新法派의 對契丹 强硬策은 契丹에게 주었던 歲幣를 취소하고 宋의 약한 軍事力을 가지고 金에 접근한 것이 北宋 멸망의 중요한 원인이 되었다. 이로 미루어 볼 때 北宋과 契丹과의 관계에서 歲幣가 갖는 역사적 성격은 단순히 국가 대 국가의 의례적 물품 贈與의 성격이 아니라 약소국이 강국에 대한 貢納的 의미를 내포하고 있으며 이러한 貢納的 물품을 주는 한 양국관계는 평화적인 국제관계를 지속시킬 수 있었으며 歲幣는 유목국가 契丹의 경제력을 활성화시켰다.

특히 西夏에게 준 歲賜는 宋과 西夏의 7년 전쟁의 결과 宋은 단지 西夏의 稱臣을 조건으로 한 명분만을 얻고 막대한 歲賜를 제공한 것도 宋의 군사력의 약점을 그대로 드러낸 것이다.

특히 金과 南宋과의 관계는 皇統講和條約에서 南宋이 金에게 제출한 誓書에서 볼 수 있듯이 子孫代代로 신하의 절의를 지킨다는 誓約

은 南宋의 국가적 위신을 반영한 것이고 이것은 바로 10 ～ 13世紀의 宋과 북방민족과의 군사적 관계를 사실적으로 잘 설명하고 있는 것이며 이러한 군사적 관계가 바로 歲幣가 조공적 공납품이라고 하는 점을 반영한 것이다.

前近代 중국왕조에 의해 편찬된 역사자료는 대외관계에서 볼 때 文明民族과 野蠻民族의 이중적 잣대를 가지고 기술하고 있다. 중국의 전통적 역사가들이 다른 민족을 바라보는 태도가 이와 같은 華夷관계의 구조로 도식화한 것이 역사를 왜곡하는 결과를 가져오게 되었고 宋代의 歲賜도 이러한 華夷論을 바탕으로 꾸며진 역사왜곡이라고 하겠다. 그러므로 중국의 역사기록에 보이는 문화적 편견은 너무나 확연하고 이러한 문화적 편견이 가지고 있는 역사용어를 사실 그대로 받아들이기에는 그 용어가 갖는 의미와 역사적 실상과는 메울 수 없는 괴리가 있다고 하겠다.

宋代 歲幣가 갖는 역사적 의미의 중요성이 바로 여기에 있다.

(고구려연구재단, 고구려연구재단 제2차 국내학술회의,
『朝貢册封體制와 韓·中 關係』, 2004년)

Ⅲ. 高麗와 宋의 外交관계
- 朝貢과 册封關係를 중심으로 -

1. 머리말 - 問題의 提起

東아시아 역사상 韓國과 中國의 외교 事案으로 朝貢과 册封 관계처럼 중요한 문제는 없다. 그것은 이 문제가 東아시아의 외교관계에 있어서 古代로부터 近世에 이르기까지 국제관계의 中心軸으로 작용하여 왔고 各 時代의 역사적인 특성에 따라서 朝貢과 册封은 다양하게 그 성격이 변화되어 내려왔기 때문이다.

그럼에도 불구하고 朝貢 · 册封 문제는 중국 중심의 中華主義 입장에서 다루어져 왔고 특히 宋代에 와서는 朱子學의 발달로 華夷論이 여기에 가세하여 지금까지의 朝貢册封 관계를 더욱 중국 중심으로 편향시켜 왜곡하였다.

高麗와 宋과의 외교관계에서 朝貢과 册封문제를 중요시하는 이유는 다음과 같은 역사적 사실을 근거로 하고 있고 따라서 이 문제는 종래와는 다른 새로운 관점에서 연구되어야 할 필요성이 있다.

東아시아의 국제관계가 古代로부터 중국을 중심으로 전개된 것은 사실이다. 그런데 중국과 주변국가의 관계는 중국의 中華思想으로 인해 처음부터 국제관계는 왜곡되어 내려왔다. 漢族은 古代에 스스로를 中華 또는 華夏라 하여 尊大하였는데 이에 반하여 주변의 異民族에 대해서는 夷 또는 夷狄, 蠻夷라고 卑下하였다. 이러한 주변민족에 대한 비하의식은 중국의 역사서에 그대로 반영되었으니 중국 正史의 모범이 된 司馬遷의 『史記』에서 이미 주변 국가의 역사를 중국 皇帝의 신하들의 一代記로 취급한 列傳으로 격하시켜 놓음으로써 이후 주변

국가에 대한 역사 왜곡의 모델이 여기에서부터 시작되었다. 三國志의 魏志 東夷傳은 史記의 列傳體制를 답습한 대표적 예라 하겠다. 이와 같은 中國中心的 中華思想으로 인해 東아시아의 국제관계는 처음부터 정상적인 관계설정이 불가능하였고 이에 따라 史料에 기록된 내용과 역사적 실체와는 괴리현상이 너무나 뚜렷하게 나타나고 있다. 그럼에도 불구하고 중국 중심적 中華思想에 바탕을 두고 있는 역사가들은 오직 형식적으로 나열되어 있는 史料에 집착하여 朝貢册封體制를 古代로부터 近代에 이르기까지 일관된 대외관계로 잘못 인식하고 역사적 실체에 대해서는 이를 외면하여 왔다.

그 구체적인 역사적 실체를 우리는 10~13세기에 전개된 宋代의 국제관계에서 이를 확인할 수 있다. 즉 宋代에 들어오면 漢族의 민족적 우월성은 본질적으로 달라지게 되었으니 그것은 漢族이 야만족으로 취급하고 있던 북방민족이 征服王朝(遼, 金, 元)를 수립하여 중국의 일부 또는 전부를 정복하고 漢族을 지배하게 된 역사적 사실이 이를 증명하고 있다. 실제로 朝貢册封關係란 중국의 우월성을 바탕으로 한 것이고 그 우월성은 정치·경제적 그리고 무엇보다도 군사적 우월성을 바탕으로 한 것이다. 그러나 중국 왕조의 군사적으로 열세에 있을 때 儒敎理念에 기초한 이러한 대외관계는 중국 내부에서 皇帝의 통치권을 정당화하려는 노력이 빚어낸 허구에 지나지 않는다.[1]

우리는 여기에서 10~13世紀에 전개된 東아시아 역사에서 특히 지금까지 전통적으로 유지되어 오던 中華主義와 華夷論은 그 성격이 근본적으로 달라졌고 이에 따라 형식적으로 내려오던 朝貢册封體制에 대한 내용을 역사적 실상에 맞게 분석, 비판해야 할 필요성을 갖게 되었다.

---

1) 피터 윤(윤영인), 「서구학계 조공제도 이론의 중국 중심적 문화론 비판」, 『아세아연구』45권 3호, 2002.

東아시아의 국제관계에서 唐이 망하고(907) 五代(907-960)를 거쳐 宋이 건국되는 10세기부터 몽골제국이 세계 대제국을 건설하는 13세기에 걸친 시대는 중국 역사에 있어서뿐만 아니라 東아시아의 전체 역사에 있어서도 그 예를 찾을 수 없는 격변의 시대이고 이에 따라 지금까지의 국제관계의 중요한 몫을 하고 있던 朝貢册封 체제도 그 성격과 내용이 근본적으로 달라지게 되었으며 唐을 주축으로 유지되어 오던 동아시아의 국제질서가 재편성되었음을 알 수 있다. 다시 말해 10世紀에 들어와 한반도에서는 高麗가 건국되고(918) 이어서 三國의 분립을 통일하였다.(935) 한편 중국 대륙에서는 唐末·五代의 혼란을 극복하여 宋이 건국되었다.(960) 이와 함께 중국의 東北方에서는 契丹族이 遼나라를 건국하고(916) 이어 渤海를 멸망시키고(926) 화북 지방의 燕雲 16州를 정복하고, 중국 본토를 위협하는 정복왕조로 발전하였다.

이와 같은 東아시아의 국제질서 변화는 東아시아의 국제관계의 중요한 몫을 하여 오던 朝貢册封體制도 중국 중심, 漢族 중심의 外交關係가 그 의미를 상당부분 상실하게 되었다. 이러한 국제질서의 변화는 高麗와 宋의 朝貢册封關係에 있어서도 결정적인 변화를 가져오게 되었다. 다시 말해 先秦時代나 秦·漢, 隋·唐代와는 다른 성격으로 변화하였다는 것이다. 그러므로 10세기 이후의 국제관계를 올바르게 정립하고 中國中心, 中華思想中心의 朝貢·册封 문제도 종래의 형식적인 사료중심 연구에서 벗어나 역사적 사실 중심으로 바뀌어야 한다. 본 연구의 문제의식은 바로 이러한 시각에 바탕을 두고 출발하였다.

거듭 강조하거니와 高麗와 宋의 朝貢册封關係는 高麗·宋 양국 간의 문제로 단순화시켜서는 이 문제에 내재하고 있는 실상을 정확히 파악할 수 없다. 高麗·宋 兩國 關係는 宋(北宋)의 北方에서 강력한 군사력을 유지하고 있던 정복왕조 遼의 입김이 항상 강하게 작용하였고 특히 朝貢册封에 있어서는 高麗·宋의 외교관계에 遼나라가 큰 영향을 주고 있다. 이와 같은 대외관계는 金의 南侵으로 遼가 망하고 (1125년) 이어서 宋이 江南으로 쫓겨 가는 국제정세 속에서 더 한층 복잡하게 얽혀나갔다. 그러므로 高麗·宋의 朝貢册封 관계에 있어서는 中國(宋)의 독자적 국제질서 유지가 불가능한 상태가 되었다.

高麗·宋의 朝貢册封 관계 연구를 통하여 중국중심의 朝貢册封 史觀을 탈피하고 종래와는 다른 東아시아의 외교관계의 새로운 이론정립을 시도해야 된다고 생각한다. 또한 10세기 初·中期 이후에 나타나고 있는 국제질서의 변화는 그것을 기술하고 있는 史料에 따라서 그 내용이 상당부분 차이점을 보이고 있다. 각 시대의 朝貢册封 문제에 관한 자료는 대부분이 중국 측 입장에서 서술되고 있다. 그런데 다행이도 高麗·宋의 외교관계에 있어서 朝貢册封 문제는 高麗史 및 遼史와 金史를 비롯한 많은 자료들을 동원할 수가 있고 이러한 자료를 통하여 高麗·宋의 朝貢册封 문제가 종래에 연구된 중국 중심의 연구 방향에서보다 객관적인 방향으로 연구를 진행할 수 있다.

지금까지 韓·中 關係의 朝貢册封問題에 대해서는 국내외 학자들의 연구 또한 많이 축적되어 있다.2) 이에 대한 연구의 문제점은 중국학

---

2) 東아시아의 國際關係史 硏究를 分野別로 分類하면 政治的 關係를 중요하게 다룬 硏究(朝貢册封關係), 貿易關係에 焦點을 둔 硏究(貿易史, 商業史), 文化 交涉에 초점을 맞춘 硏究(文化交涉史) 등으로 나눌 수가 있다. 朝貢册封 關係 연구를 보면
全海宗, 「韓·中 朝貢關係考」, 『東洋史學硏究』1 (1966)
李春植, 「朝貢의 起源과 그 意味―先秦時代를 중심으로」, 『中國學報』10 (1969)
李春植, 「中國 古代 朝貢의 實體와 性格」 『中國學論叢』3 (1986)
全海宗, 『三國時代 및 統一新羅時代의 韓·中 交流』『震檀學報』68 (1989)
全海宗, 「韓·中 朝貢關係槪觀」, 『韓中關係史硏究』, 一潮閣 (1970)
全海宗, 「漢代의 朝貢制度에 대한 一考察」, 『東洋史學硏究』6 (1972)

자의 경우에는 朝貢册封문제를 中華主義와 華夷論을 바탕으로 하는
중국 중심적인 대외관계의 구조 속에서 출발되었기 때문에 이 문제를
다루는 중국학자들의 시각과 한국 및 일본학자들의 관점은 커다란 시
각차를 보이고 있다는 점이다.

중국의 시각은 시기와 국가 또는 민족을 막론하고 중국의 일방적 자
료에 의하여 주변국가와의 관계를 朝貢册封을 통한 예속관계로 서술하
면서 東아시아 諸國은 중국의 봉건질서 체제하의 藩國으로 왜곡시켜 놓
았다.3) 한편 한국학계에서는 朝貢制度는 先秦時代의 天子와 諸侯 간의

金翰奎, 『古代 中國的 世界秩序 研究』, 一潮閣 (1982)

朴龍雲, 「高麗, 宋 交聘의 目的과 使節에 대한 考察」,(上, 下) 『韓國學報』81,
82.

박옥걸, 「고려내항 송상인과 麗·宋의 무역정책」, 『대동문화연구』32 (1997)

안병우, 「高麗와 宋의 상호인식과 교섭: 11세기 후반―12세기 전반」, 『역
사와 현실』43.

박종기, 「11세기 고려의 대외관계와 정국운영론의 추이」, 『역사와 현실』30,
1998, 同 「고려 중기 대외전개와 그 정치적 성격」 『한국사연구』78(1992)

박한남, 『高麗의 對金외교정책연구』(성균관대학교 박사학위논문)(1993)

김성규, 「入宋高麗國使의 朝貢儀禮와 그 주변」, 『전북사학』24, 2001. ; 同 「
高麗前期의 麗宋 關係 ― 宋朝 賓禮를 중심으로 본 고려의 국제지위시론」, 『
國史館論叢』92.

심재석, 『高麗國王 册封研究』, 해안 (2002)

貿易史, 商業史 研究를 보면

金庠基, 「麗宋貿易小考」, 『震檀學報』7(1937)

文化交涉史 研究 論文은

申採湜, 「宋代 官人의 高麗觀」『邊太燮박사 화갑기념 논총』(1985)

申採湜, 「10-13世紀 東아시아의 文化交流―海路를 통한 麗·宋의 文物交易
을 中心으로」, 『中國과 東아시아世界』(1996)

3) 喩常森 「試論朝貢制度의 演變」, 『南洋問題研究』101 (2000년 1기)에서 조공제
도는 고대로부터 중국과 주변국가 간의 외교관계체제라고 하였다. 이 관계
의 설정에는 중국의 강대함과 안정 그리고 번영이 전제조건이 된다고 하여
조공체제가 성립되는 데는 항상 중국의 주도적 역할이 주효하였다고 강조
하였다. 이 밖에

朝貢制度의 연장 또는 그 발전이라고 보는 중국학자의 견해에 대하여
한국학계에서는 이를 승복할 수 없다고 보고 있다. 그 중요한 이유로는
비록 이념상으로는 中華意識이 先秦時代로부터 발전하여 내려온 것이
기는 하나 시대의 추이에 따라 변질이 불가피하며 더욱이 異民族의 세
력이 강대하여짐에 따라 朝貢의 이념과 구체적 현실에 있어서의 표현에
는 심한 격차가 일어날 수밖에 없다는 주장이다.[4] 朝貢制度는 현실적
대외관계를 이념적으로 윤색한 것이기 때문에 허구로 가식되기 쉽고 韓
中 간의 조공관계는 중국 측으로 보면 조공제도의 가장 전형적인 형태
로 내려왔기 때문에 그만큼 허구성이 많을 우려가 있다[5]는 것이다.

日本學界의 朝貢册封에 대한 연구 자세에도 문제가 있다. 즉 日本學
界에서는 책봉관계는 중국의 皇帝가 外國의 君主를 王으로 册立하는
것에 의하여 성립되고 이 경우 王은 단순한 君主의 의미가 아니라 중국
의 爵位 중에 最上位의 爵位로 보았으며 外國의 君主가 중국의 황제에
의하여 册封된다고 하는 것은 그 나라에 있어서 중국 국내의 爵制的 秩
序에 편입되는 것이며, 중국 국내의 군신관계에 기초를 둔 정치질서 원
리가 어느 정도 수용되는 것을 의미하고 있다. 이와 같이 중국왕조와
주변 제국과의 책봉관계가 성립되면 이를 매개로 하여 독특한 국제적
체제가 나타나는데 이러한 국제적 체제를 책봉체제라고 하였다.[6] 이러

楊通方『中韓古代關係史論』, 中國社會科學出版社, 1996, 참조.
4) 全海宗, 「漢代 朝貢制度考 ― 「史記」·「漢書」를 통하여」, 『東亞文化의 比較
史的 硏究』
5) 全海宗, 「三國時代 및 統一新羅時代의 韓·中 交流」, 『震檀學報』68, 1989.
6) 西嶋定生 「東アジア世界と册封體制」, 『中國古代國家と東アジア世界』, 東京
大學出版會 (1983)
책봉체제론에 관한 諸說을 소개·비판한 논문으로는
『隋唐帝國と東アジア世界』 (唐代史硏究會編, 汲古書院, 1979)에 수록된 菊
池英男 「總說 ― 硏究史의 回顧와 前望」, 谷川道雄, 「東アジア世界形成期의 史
的構造 ― 册封體制를 中心として」, 堀敏一, 「隋代東アジアの國際關係」, 栗原

한 이론을 바탕으로 하여 東아시아 세계론을 재창하고 이 동아시아 세계의 공통되는 요소로 漢字, 儒敎, 律令制, 佛敎 등을 들고 있다.

日本학계의 冊封體制論과 東아시아 世界論은 隋唐시대의 국제관계를 논하는 데 커다란 영향을 준 것이 사실이다. 그러나 이러한 그들의 論旨는 철저하게 중국과 주변국과의 관계를 중국왕조의 입장에서 설명한 논리이고 그것은 어디까지나 외형적인 책봉체제를 과대평가하여 마치 중국 주변의 국가나 민족이 중국 天子의 통치 속에 함입된 것처럼 역사를 왜곡하고 주변제국의 주체적인 노력을 과소평가하는 결과를 가져오게 되었다.

한편, 西歐學界에서는 지금까지 前近代 東아시아 대외관계사를 朝貢制度라는 해석의 틀로 접근해 왔다. 이 朝貢制度는 儒敎 理念에서 비롯된 중국 중심적인 文化論으로 중국의 문화적 우월성을 강조하며 타민족을 중국문화에 동화되어야 할 대상으로 설정하였다. 그리고 이러한 前近代 동북아시아 대외관계사의 전형적인 형태는 19세기 서구 열강의 東아시아 침략의 이전까지 큰 변화 없이 지속되었다고 주장한다. 이러한 朝貢制度의 중국 중심적 文化論에 대하여 다른 견해를 밝힌 학자들이 있다. 즉 朝貢制度라는 틀은 前近代 중국적 세계질서 이념의 관념적인 지속성을 지나치게 강조하고 非中國的인 시각과 역사적인 실제상황을 소홀하게 취급하는 허점이 있기 때문에 이에 따라 10-14세기의 동북아 대외관계사를 연구하는 학자들은 朝貢制度라는 가설에 도전하면서 중국과 그 이웃 국가의 관계는 실제주의와 실리주의 원칙에 기초한다는 이론을 내세우고 있다. 이러한 이론은 10-14세기는 동북아시아에서는 다원적 국제정치체계가 존재하였고 중국의 왕조는 이

益男, 「八世紀の東アジア世界」 등이 있다. 특히 堀敏一은 『中國と古代東アジア世界』(岩波書店, 1993)에서 西嶋定生의 이론을 지지하고 있다.

웃 국가와 동등하거나 열등한 지위를 감수해야 한다는 역사적 사실에 근거하고 있다.[7]

본 연구는 이상과 같은 國內外 학자들의 연구 성과를 수용하면서도 宋代에 나타난 麗·宋의 朝貢册封關係가 전통적으로 내려오던 그것과 는 그 성격이 다르다는 사실을 다음과 같은 문제에 초점을 맞추어 연 구를 진행하였다.

먼저 宋代의 국가 위상에 대하여 지금까지의 학계에서 논의되고 있 는 바와는 다르다는 사실에 주목하면서 이러한 宋代의 국가 위상이 麗·宋 간의 朝貢册封關係에 미친 영향에 대하여 살펴보았고, 宋代 中 華主義에 의한 朝貢册封關係의 왜곡 사실을 구체적으로 검토하였다. 이와 함께 高麗를 둘러싼 遼·金의 출현이 高麗의 대외관계에 미친 외교적 현상에 대하여 검토하였고, 宋代 新·舊法堂 관료의 對高麗 外 交政策에 관하여 살펴보았다.

다음으로 宋代의 歲幣·歲賜가 갖는 朝貢的 성격을 분석하고 그것 이 전통적인 중국왕조와 이민족 국가 간에 이루어진 뇌물적 성격을 알아보았다.

그리고 高麗와 宋 양국 간에 전개된 朝貢册封關係의 외교적 성격을 검토하기 위하여 麗·宋의 國交關係變化를 시기적으로 그 성격을 추 적하였고, 각 시대의 시대적 특색을 살펴보았으며 아울러 麗·宋 册封 體制의 성격형식을 검토하였다.

끝으로 朝貢册封關係에 나타난 麗·宋 사신의 성격을 알아보기 위 하여 高麗 使臣의 지위와 高麗使節에 대한 宋의 평가 그리고 宋側 使 臣의 자격에 대하여 이를 정리, 분석하였다.

---

7) 피터 윤(윤영인), 「서구학계 조공제도 이론의 중국 중심적 문화론 비판」, 『 아세아연구』45권 3호, 2002.

2. 麗·宋 朝貢册封에 대한 두 나라의 視覺 差

① 宋의 국가위상과 麗·宋의 조공책봉 문제

高麗의 朝貢 상대국인 宋나라의 국가적 위치를 올바르게 평가하는 일은 麗·宋의 朝貢册封관계를 검토하는 데 매우 중요한 일이다. 왜냐하면 전통적으로 중국과 그 주변국 간의 朝貢册封관계는 중국 국내의 권력구조나 치안유지 그리고 대외적인 전쟁과 평화관계 등 中原國家의 국내적 위상과 통치 형태가 중국의 주변국들에게 중요하게 작용하였으며 이와 함께 朝貢册封이라는 국가 간의 외교관계 또한 항상 상대국의 국가권력이나 군사력을 기반으로 하는 물리력이 중요한 영향을 주어왔기 때문이다.

여기에서 특히 宋의 국가위상을 문제 삼는 것은 中國史에서 宋(北宋·南宋)이 차지하는 국가적 위상이 종래 잘못 평가되어 왔고 그러한 오판이 麗·宋의 朝貢册封관계를 역사적 사실과 다르게 왜곡시켜 놓았기 때문이다.[8]

먼저 宋은 문치주의정책 결과 국가체제상에서 대단히 취약한 정부구조를 가지고 출발하였다. 더욱이 군사적인 면에서는 宋 내부에 남아 있던 五代 혼란의 잔재를 처리하는 데 어려울 정도이고 對外關係에서는 군사적으로 대단히 어려운 국가조직과 군사체제로 인하여 북방민족의 끊임없는 도전과 압력을 받아왔다.

通史的으로 宋代를 唐·宋 시대로 묶어서 시대성격을 논하는 것이 일반화되어 왔다. 그러나 南北朝 시대를 통일하고 대외적으로 漢族이

---

8) 申採湜 「五代와 宋代史의 連續性」, 『宋代官僚制研究』, 1981. ; 同 「宋代史研究의 問題와 새로운 方向 摸索」, 『東洋史學研究』50, 1995.

크게 발전하는 唐代에 宋을 접목시켜 唐·宋 시대로 묶은 것은 宋의 국가 위상을 사실과 다르게 잘못 인식시키는 역사적 잘못을 제공한 것이다. 宋이 그를 탄생시켜 준 母胎가 되는 五代를 암흑시대로 부정하면서 五代를 뛰어넘어 唐을 계승한 正統王朝로 자처한 것은 宋代史 내지 中國史 전체를 올바르게 이해할 수 없게 만들었다.

이것은 宋代를 역사적 실상과 다르게 미화시킨 歐陽修나 司馬光을 비롯한 당대 역사가의 책임이 크다. 이와 함께 新·舊法黨으로 갈라져 싸우다가 결국 北宋이 망하고 中華主義와 華夷論을 강조하면서 북방 민족에 대해 철저히 배타적 자세를 가지고 漢族 優越論을 내세운 儒敎主義(朱子學)에 빠져 있던 宋代 文臣官僚들에 의한 宋代 優越主義에도 그 책임이 있다. 최근에는 중국의 다른 시대보다 宋代를 높이 평가한 학자들의 연구자세에도 문제가 있다.

宋代의 국가위상이 잘못 평가되었다고 하는 또 다른 이유는 10~13세기의 東아시아의 국제정세에서 宋代의 實像이 확실하게 드러난 데서도 충분히 살필 수 있다. 특히 이 문제는 麗·宋의 朝貢册封관계를 다루는 데 무엇보다도 중요하게 생각해야 할 기본적인 사실이기도 하다.

② 宋代 中華主義에 의한 조공책봉관계의 왜곡

先秦時代에 시작된, 그것도 중국내부의 중앙과 지방 간의 외교적 관계가 秦·漢의 통일제국 출현 이후 中國과 그 주변국가의 대외관계에 연장되고 발전되었다는 견해는 여러 가지 문제를 안고 있다.[9] 이념적으로는 중화의식이 周代로부터 발전하여 왔다고 해도 이러한 中華意識을 바탕으로 한 朝貢册封제도는 시대의 변천에 따라 변질이 불가피

---

9) 李春植 앞의 「朝貢의 起源과 그 意味」 논문 참조.

하였다. 더욱이 10~13세기에는 中華의 중심이 되는 漢族은 그 세력을 異民族에게 내어주게 됨에 따라 조공의 이념과 구체적 현실 사이에는 심한 괴리현상이 나타나게 된다.10)

朝貢册封體制는 秦·漢 통일제국 이래 동아시아의 국제관계의 중심 축으로 전개되어 왔다고 말하고 있으나 宋代에 들어오면 이와 같은 논리는 성립되지 않는다. 왜냐하면 10-13세기의 동아시아 국제정세의 변화로 宋은 이미 주변국의 朝貢 대상이 되는 종주국의 위치를 상실 하였다. 뿐만 아니라 도리어 宋이 막대한 歲幣를 遼와 金 심지어는 西夏에까지 바치는 朝貢國家로 전락하였기 때문이다.

다시 말해 종래 中國이 朝貢과 册封을 통한 전통적 국제질서관은 대등한 국가 간의 상호관계가 아니라 '中華'와 '夷狄'의 상하관계를 基軸으로 하여 종속적인 주종관계를 그 구조적 특징으로 하고 있다. 그런데 이러한 中華와 夷狄의 上下관계는 宋代에 들어오면 역전되어 華가 夷에게 굴복하여 朝貢(歲幣)을 바치는 위치변동을 가져왔고 이러한 東아시아 국제정세의 변화는 麗·宋의 朝貢册封관계에도 그대로 영향을 주고 있다. 그러나 이러한 中華와 夷狄의 위치변동에도 불구하고 麗·宋의 朝貢册封관계를 先秦時代 이래의 朝貢體制의 범주 속에 대입시켜 麗·宋 외교관계를 서술하고 있는데 커다란 문제가 있다. 여기에서는 이러한 문제를 바로 잡고 麗·宋 외교관계의 역사적 실상을 파악한다.

麗·宋의 朝貢册封관계의 또 하나 문제가 되는 것이 중국의 전통적 대외관의 기초가 되는 中華主義의 宋代的 변화라 하겠다. 일반적으로 중화주의에서는 華夷를 구분하여 차등시하는 배타적인 면과 異民族도 中華가 德化시킴으로써 중국 중심의 一員이 될 수 있다고 하는 포용

---

10) 全海宗 앞의「漢代 朝貢制度考 ―「史記」·「漢書」를 통하여」, 『東亞文化의 比較史的 硏究』.

적인 면의 양면성이 그것이다. 그런데 中華가 중국을 지배하고 夷狄이 이에 순응하여 온다는 이론은 중국 역사의 전체를 通觀하여 볼 때 쉽게 부합되지 않으며 특히, 宋代에 와서 역사적으로 확인된 셈이다. 다시 말해 秦·漢의 통일제국은 한민족이 천하를 지배하여 주변제국을 중화로 德化시켰다고 할 수 있으나 魏晋南北朝時代에 들어서면서 한민족은 북방의 夷狄(五胡)의 남침으로 華의 위치가 夷에게 절반은 빼앗기는 형세로 변하였다. 이러한 中華와 夷狄의 역전현상은 10-13세기의 宋代에 들어와서 征服王朝(遼·金·元)의 등장으로 그 절정에 이르고 그 후 淸의 中國지배로 다시 한 번 반복되었다.

中國이 有史 이래 漢族의 지배시대는 漢과 唐代가 최전성기이고 宋과 明代가 그 뒤를 이었으나 이와는 대조적으로 魏晋南北朝時代, 唐末 五代 그리고 遼·金·元·淸代는 華와 夷의 위치가 역전된 시기이다.

華가 夷를 제어할 수 있는 힘을 상실한 宋代에는 마땅히 朝貢과 冊封관계도 역전되고 中華主義와 華夷觀 또한 변질된 것이다.

한편, 冊封체제는 隋·唐제국과 밀접한 관련이 있다. 魏晋南北朝의 분열은 隋·唐에 의하여 통일되었고 隋·唐의 중국통일은 지금까지 북방민족(五胡)의 공세에 시달려오던 漢族의 자존심을 회복하고 주변 여러 민족에게 책봉체제를 확립함으로써 東아시아의 대외관계의 주도권을 회복하는 계기를 마련하였다. 唐제국은 中國 통일을 달성하고 天下를 어떻게 통치할 것인가 하는 이념적 방법을 전통적인 천하관념에서 구하였으니 이른바 華夷觀과 冊封體制가 그것이다.

그러나 앞에서 말한 바와 같이 宋代의 시대적 성격을 唐宋時代로 묶어서 마치 宋이 唐과 대등한 국가적 위치를 확보하고 주변민족에게도 朝貢冊封으로 그 영향력을 행사한 것처럼 기술하고 있는 것은 크게 잘못된 역사서술이다.

③ 遼 · 金의 출현과 高麗의 삼각외교

高麗와 宋의 朝貢册封 관계에 있어서 큰 영향을 미치고 있는 것이 遼와 金의 등장이다. 특히 宋과 遼 사이에 1004년에 체결된 澶淵의 盟約(兄弟의 盟約)과 南宋 初에 南宋과 金이 체결한 皇統의 강화(君臣의 盟約) 그리고 南宋 末에 金과 南宋 간 체결된 大定講和(叔姪의 盟約) 등은 전통적으로 내려오던 中華主義 華夷思想을 근본적으로 뒤바꿔놓은 역사적 사건이다.

高麗는 이와 같은 대륙의 국제정세 변화에 민감하게 대처해 나가면서 이들 三國과의 三角外交를 추진하였다.[11]

高麗와 宋의 朝貢册封關係는 高麗 · 宋 양국 간의 문제로 단순화시켜서는 이 문제에 내재하고 있는 구조적인 실상을 정확히 파악할 수 없다. 다시 말해 高麗 · 宋 兩國 관계는 宋(北宋)의 北方에서 강력한 군사력을 유지하고 있던 정복왕조 遼의 입김이 강하게 작용하였고 특히 朝貢册封에 있어서는 高麗 · 宋의 외교관계에 遼나라가 兩國에 강한 영향을 주고 있다. 이와 같은 국제관계는 金의 南侵으로 遼가 망하

---

11) 丸龜金 作「高麗と宋との通交問題」(1, 2)『朝鮮學報』(17, 18), 1960, 1961.
    三上次男「高麗 仁宗朝의 對宋關係」,『池內宏博士還曆紀念 東洋史論叢』, 1940
    同「高麗 仁宗朝における高麗と宋との關係」,『金史研究』3 (1973)
    陶晋生「宋 · 高麗與遼的三角外交關係: 十至十一世紀」,『中韓關係史國際研討會論文集』, 臺北, 1983.
    王民信「高麗與遼宋金外交關係探索」,『中韓關係史國際研討會論文集』, 1983.
    黃寬重「高麗與金 · 宋的關係」,『아시아문화』1, 1986.
    同「高麗與遼宋關係年表」,『大陸雜誌』74-1-6, 1987. ; 同「高麗與金宋的關係」,『亞細亞文化』1 (翰林大學), 1986.
    衣川 强「兩宋王朝をめぐる國際關係 ─ 時代の鳥瞰圖」,『宋元時代の基本問題』, 汲古書院 (1995)
    楊渭生『宋遼關係史研究』, 杭州大學出版社, 1997, 第3章 宋與高麗複雜而微妙的 '三角' 政治關係

고(1125년) 이어서 宋이 江南으로 쫓겨 가는 南宋代 국제정세의 변화 속에서 더 한층 복잡하게 얽혀나갔다. 그러므로 高麗·宋의 朝貢册封 관계에 있어서는 중국(宋)의 독자적 국제질서 유지가 불가능한 상태가 되었다. 이에 따라 高麗는 자국의 이익을 위하여 宋과 遼·金을 등거리에 놓고 삼각외교를 하게 되었다.[12]

高麗 집권층, 특히 金富軾 一家의 유연한 對金 事大外交는 당시의 격변하고 있는 국제정세를 정확히 통찰한 현명한 판단이었다. 또한 宋이 金과 聯合하여 遼를 도모하려는 데 대해 金의 國勢를 알고 있던 麗使 李資諒이 그 무모함을 충고하였으나 이를 듣지 않고 결국 靖康의 變을 자초한 宋의 외교적 無能은 高麗와 宋의 외교관계에서 兩國의 대외관계의 시각을 쉽게 파악할 수 있는 대조적인 例라 하겠다.

④ 宋代 新·舊法黨 관료의 對高麗 외교정책

宋代에는 新·舊法黨의 黨爭이 격화된 시대이고 그 여파는 대외정책에도 반영되고 있다. 이에 따라 宋代의 新·舊法黨 官僚들의 對麗政策은 확연히 구분되며 그것은 麗·宋의 朝貢册封관계가 단순히 형식적이고 의례적인 관계가 아닌 외교정책의 현안문제 해결을 위한 국가 시책임을 살필 수 있다.

宋의 新·舊法黨 官僚의 대외관계, 특히 對高麗 외교정책을 보면 舊法黨 관료들은 보수적 성향이 강하여 高麗를 전통적인 조공국가로 간주하여 宋·麗關係를 주종관계의 틀 속에 묶어 놓고 聯麗制遼 혹은 聯麗制金策 등의 군사외교적인 파트너로 이용하려 하였다. 그러나 이에 대해 高麗는 舊法黨 官僚들의 의도대로 움직여 주지 않고 독자적

인 노선을 견지하였기 때문에 그들로 하여금 反高麗的 입장을 취하게 하였는데 이는 高麗의 對宋外交가 주종관계나 종속적 관계가 아니라는 사실을 입증하는 증거라 하겠다.[13]

仁宗代의 樞密副使 富弼은 高麗가 遼의 군사력에 의해 굴복하였으나 문화적으로는 詩書와 儀禮가 중국보다 못지않은 문화국이라고 인식하고 高麗를 다른 夷狄과 구분하여 宋의 동맹국으로 보고 高麗를 통하여 以夷制夷 政策을 내놓았다.[14] 이러한 생각은 賈昌朝, 富弼, 羅拯, 宋祈, 曾鞏, 衛膚生, 李綱, 楊応誠, 宗澤, 葉夢得, 吳璘, 吳潛 등 親麗的 입장을 취한 인물에서도 나타나고 있다.[15]

그러나 神宗代에 들어와 新法黨이 집권하여 高麗와 國交를 재개하려 할 때 舊法黨의 韓琦는 高麗와의 국교재개는 契丹과의 우호관계를 해칠 수 있다고 반대하였고 張方平은 高麗使臣의 우대는 잘못된 것이며 高麗使臣이 宋에 와서 국정을 탐지하여 契丹에게 이를 누설한다고 통교를 반대하였다. 舊法黨 관료의 反高麗 태도는 蘇軾의 通高麗五害論에서 그 절정을 이루었고 이와 같은 反麗 주창자는 王旦, 韓琦, 蘇軾, 蘇轍, 胡舜陟, 翟汝文, 廖剛, 黃彦平, 吳芾, 樊光遠, 鄭興裔 등이 있다.[16]

대체로 舊法黨 관료들의 주장은 高麗와 통교하는 것은 害만 있을 뿐 이익은 없다는 論旨였고, 심지어 高麗가 宋으로부터 賜與된 물품의 태반을 遼에 주고 宋나라의 國情을 遼에 諜報한다고 의심하였다.

이러한 舊法黨 관료들의 對高麗 인식은 근본적으로 잘못되었고, 이

---

13) 申採湜,「宋代 官人의 高麗觀」; 同「王安石 改革의 性格檢討 ─ 특히 新法의 保守性에 관하여」『東洋史學硏究』51, 1995.
李範鶴,「王安石(1021-1086)의 對外經略策과 新法」,『高柄翊先生 華甲紀念論叢 ─ 歷史와 人間의 對應』, 1985.

14)『續資治通鑑長編』卷 150, 慶曆 4년 6월條

15) 楊渭生『宋遼關係史硏究』p.220.

16) 楊渭生,『宋遼關係史硏究』, p.227.

러한 잘못은 對高麗 인식뿐만 아니라 다음에 일어나는 金에 대해서도 외교정책을 잘못 수립하여 北宋을 멸망으로 몰고 가는 원인이 되기도 하였다.

한편 新法黨 官僚들은 高麗와 연합하여 遼를 견제하려는 聯麗制遼 策에 있어서는 구법당과 같은 노선을 취하였으나 외교 면에서는 보다 적극적으로 高麗와의 통교를 추진하였다. 新法黨의 總帥 王安石 등은 高麗를 이용하여 遼를 견제하려는 적극적인 외교노선을 취하면서 高麗와의 관계 정상화를 모색하였는데 1078년에 國信使로 左諫議大夫 安燾 등을 高麗에 파견하여 국교를 재개하였다. 이때 神宗은 개혁정치 를 추진하기 위해 王安石을 등용하여 新法 개혁을 실시하였다.[17] 王安石은 神宗의 대외경략 정책을 수용하여 遼와 西夏, 交趾 등의 공략 을 추진하였다. 新法黨은 전통적인 중국 중심의 天下觀으로 천하를 통합하고 夷狄을 제압해야 한다는 이상을 갖고 漢, 唐과 같은 강력한 中華國家의 수립을 목표로 하여 遼를 공략하기 위한 정책으로 高麗와의 외교관계를 복원하였다. 그러므로 高麗와의 국교 재개는 舊法黨보다 한층 적극적인 聯麗制遼策을 추진한 것이고 여기에서 高麗의 위상은 종래의 朝貢國家 차원이 아닌 宋의 외교문제를 해결해 줄 수 있는 상대국으로 국가위치를 인정받게 되었다.

이렇게 高麗의 위상이 중요하게 부각되면서 宋은 高麗를 우대하였는데 중요한 예는 高麗사신에 대한 우대책이다. 이는 舊法黨 관료가 高麗사신을 의심하고 그들을 냉대한 것과는 차이를 보여 준다. 즉 新法黨이 집권한 麗·宋國交의 제2기에 접어들어 高麗의 使臣은 遼나라 使臣보다 한 등급 아래였으나 西夏 사신과는 동등한 대우를 하였으며, 元豊年間(1078-85) 이후 더욱 향상되었다. 그러나 舊法黨이 집권한 元

17) 東一夫, 『王安石新法の研究』,, 風間書房, 1970.

祐年間(1086-93)에는 高麗사신에 대한 대우가 낮아졌으나 哲宗이 집
권하면서 다시 전과 같은 대우를 받게 되었다. 그 후 大觀年間
(1107-10)에는 高麗사신이 遼의 사신과 같은 대우를 받게 되었고, 政
和年間(1111-17)에는 高麗사신의 지위를 國信使로 격상하고 西夏보다
상급으로 예우하였다.

北宋 末에는 신구당파 관료의 집권이 교차되면서 대외정책, 특히 對
高麗 外交政策이 관료들의 정치성향에 따라 달라졌다. 이것으로 미루어
볼 때 高麗의 국가 위상은 麗·宋關係에서 종래의 종속적인 조공관계
가 아니고 宋의 대외정책을 추진하는 데 중요한 友邦으로 인식되었다.

3. 五代 및 宋代 歲幣의 성격변화

五代에서 宋代에 걸쳐 中華가 夷狄에게 제공한 歲幣의 성격을 자세
히 검토해 보면 10세기 이후의 국제질서를 보다 명확하게 알 수 있다.

後晉은 後唐의 太原節度使 石敬瑭이 契丹의 원조를 받아 後唐을 멸
망시키고 중국의 왕조를 창건하였다. 後晉은 契丹의 원조에 답하여 契
丹에게 비싼 사례를 하였으니, 燕雲 16州의 割地와 30萬匹의 歲幣고
이것은 契丹이 後晉 건국원조의 사례로써 요구한 것이다.

燕雲16州의 割讓은 契丹人의 민족적인 자각을 고양시켰으며 비단
30萬匹의 歲贈 또한 契丹의 강요에 의한 것이기는 하지만 中華가 夷
狄에게 막대한 歲贈을 한 초유의 일이다. 이것이 비록 속국에서 종주
국으로 보내지는 歲貢의 명칭을 사용하지는 않고 단지 '歲輸帛三十萬
匹'(資治通鑑)이라고만 되어 있는데 이 歲輸가 貢·賜·幣의 어떤 형
식을 취하였는지는 명시하지 않고 三十萬絹의 歲贈을 歲輸라는 표현

을 취하고 있을 뿐이다.[18]

11세기 초(1004년) 契丹의 聖宗은 宋을 쳐들어 왔다. 이에 대하여 宋에서는 群臣 간에 천도논의가 분분하였으나 眞宗은 재상 寇準의 건의를 받아들여 친정을 단행하고 澶淵의 맹약을 체결하였다.

이 화의조건의 내용을 보면 여러 가지 주목되는 사실을 알 수 있는데 그것은 宋이 遼에게 매년 비단 20萬匹, 銀 10萬兩을 歲幣로 보내고 이 歲幣는 雄州까지 宋이 수송을 담당하며 宋의 眞宗황제는 遼의 承天太后를 叔母로 받들고 이후 양국은 형제의 맹약을 하며 聖宗은 眞宗을 兄으로 받들고 서로 南(宋), 北(遼)이라고 지칭한다는 내용이다.[19]

宋은 西夏와의 7년 전쟁(1038-1044) 결과 西夏에 대하여 25萬 5千의 歲賜를 주었다.[20] 그런데 여기에서 歲賜라는 표현을 하였으나 이는 7년 전쟁의 결과로 西夏에게 休戰조건으로 준 것이므로 다분히 贈與의 성격이 짙고 중원의 宋나라가 서북의 변방국인 西夏에게 이와 같은 막대한 歲賜를 하게 된 것은 宋의 국제적 위신이 크게 추락한 증거이다.

南宋 초기 金과의 皇統講和 내용은 中華의 南宋으로서는 굴욕적인 내용이다. 즉 南宋이 金에게 보낸 서약문에는 歲貢으로 銀 25萬兩, 絹 25萬匹을 보내고, 金의 熙宗은 南宋의 高宗황제를 册封하며 南宋의 高宗은 金나라의 册封을 받는 것으로 되어 있다.

南宋과 金과의 皇統講和條約 내용에서 朝貢册封문제와 관련하여 대단히 중요한 기사를 찾아볼 수 있으니 南宋에서 金에게 제출한 誓書에는 '世世子孫謹守臣節'이라는 내용을 담고 있는 것이다.[21]

18) 趙翼『二十二史箚記』卷 26, 歲幣條.
19) 田村實造,「澶淵の盟約とその史的意義」,『史林』20-1, 2
20) 申採湜,「北宋 仁宗朝의 對西夏政策 變遷에 관하여」,『歷史敎育』8, 1964.;
　　同「宋・西夏貿易考」『歷史敎育』10, 1967.

이것은 南宋이 金에 子孫代代로 臣下의 節義를 지키겠다고 하는 誓約文으로써 宋의 황제 高宗이 金의 황제 熙宗의 冊封을 받는다고 하는 서약내용이다. 皇統의 講和라고 하는 명칭을 사용한 것도 南宋 高宗의 紹興 연호를 쓰지 않고 金 熙宗의 皇統 연호를 사용한 것을 보아도 양국관계가 종속적인 위치로 뒤바뀐 것을 알 수 있다.

4. 宋 · 麗 朝貢册封관계의 外交的 특색

① 麗 · 宋의 국교관계 변화

高麗와 宋과의 국교관계는 시기적으로 3期로 나누어진다.[22] 이 3期 동안의 양국 간의 국교수립 목적을 살펴보면 麗 · 宋관계가 종래에 행하여져 내려오던 朝貢册封이 종속적인 외교관행이 아니라고 하는 사실을 확실하게 파악할 수 있다.

양국 국교의 제1期는 962년(高麗 光宗 13년, 宋 太祖 乾隆 3년)부터 遼의 高麗 침입으로 국교가 단절되는 999년(高麗 穆宗 2년, 宋 眞宗 咸平 2년)까기의 약 37년간이다.

제2期는 1071년(高麗 文宗 25년, 宋 神宗 熙寧 4년)부터 北宋이 멸

---

21) 寺地 遵, 『南宋初期政治史硏究』 제 7장 및 제 8장 紹興 十年－十二年の政治過程 참조.

22) 全海宗, 「高麗와 宋의 교류」, 『동아시아사의 비교와 교류』(2000)에서 고려와 송의 정치적 관계를 다섯 시기로 나누었다. 제 1기는 북송 초에 高麗와 遼의 조공관계의 성립(994)에서 麗 · 宋관계가 일시 중단되는 시기, 제 2기는 麗 · 宋관계가 재개되었다가 다시 중단되는 시기, 제 3기는 다시 국교가 재개되었다가 북송의 멸망에 이르는 시기, 제 4기는 남송 초에 양국의 국교가 약 40년간 계속되었다가 남송이 금에 항복(1165)한 후에는 麗 · 宋의 공적인 내왕이 거의 두절되었다. 그 후 남송의 멸망까지 제 5기가 된다.

망하는 1126년(高麗 仁宗 4년, 宋 徽宗 靖康 2년)까지 55년간이다. 제2 期에 高麗에서 宋에 파견된 使臣은 36회이고, 宋에서 건너온 使臣의 횟수는 17회이다. 양국 간에 왕래된 詔書의 내용, 册封관계 그리고 宋의 聯麗反遼策 등 이 시기의 朝貢册封의 성격을 규정하는 내용이 詔書에 실려 있다. 특히 宋 神宗의 적극적인 反遼 외교정책의 배경과 親高麗정책의 내용은 麗·宋의 朝貢册封이 종래의 단순한 主從外交의 범위를 벗어나서 중요한 외교문제를 다루고 있음을 알 수 있다.

제3期는 1127년(高麗 仁宗 5년, 南宋 高宗 建炎 1년)부터 1164년(高麗 毅宗 18년, 南宋 孝宗 隆興 2년)까지의 37년간이다. 제3期는 遼가 망하고 宋이 金의 남침을 받아 남으로 달아나는 국제관계의 변화 속에서 진행되었다.[23] 따라서 이 시기의 국제정치의 변화가 高麗 朝廷의 外交政策에 큰 영향을 주고 있다.

② 麗·宋 조공책봉관계의 시대적 특색

위의 3期에서는 朝貢册封의 통상적인 업무와 함께 兩國 사이에 해결해야 할 특수업무를 가지고 사신을 파견하는 경우가 있다. 이 특수임무는 대체로 10-13세기 동아시아의 국제정세 변화에 따르는 정치·군사적 중요사안을 포함하는 외교현안이다.

위 3期 麗·宋의 외교관계 전반을 살펴볼 때 두 나라 사이에 통교 목적이 단순한 朝貢册封이 아니라 정치·군사적 문제가 중요한 외교문제로 대두되고 있는데 이것은 종래의 朝貢册封慣行과는 다른 중요한 의미를 갖는다. 왜냐하면 朝貢과 册封은 宗主國과 從屬國 간의 종속적인 국제관계라고 할 때 高麗와 宋의 그것은 형식적이고 의례적인

---

23) 金渭顯 편저, 『高麗史中 中韓關係史料 彙編』, 食貨史學總書 참조.

朝貢册封관계의 범주를 벗어나서 양국간에 해결해야 할 國益에 관련
되는 중요 목적이 있기 때문이다.

각 시기별로 교빙 목적의 시대적 특성이 부각된다.[24]

제1기의 麗·宋 국교개설은 두 나라의 國王을 중심으로 전개되었다.
이는 양국 간에 교환된 詔書 및 册封내용 외교교섭내용에서 外交관계
의 중요한 사실을 알 수 있다.

먼저 宋의 太宗은 五代 때 契丹에게 넘겨준 燕雲 16州를 수복하기
위해 北伐軍을 일으키면서 端珙 10년(985)에 韓國華를 高麗에 파견하
여 군대의 지원을 요청하였다. 宋의 이와 같은 군사적 요구는 종래
韓·中間에 의례적으로 유지해 오던 朝貢册封관계와는 그 성격이 다르
다. 高麗는 宋의 요구에 적극적으로 대응하지 않고 遲延策을 썼다. 이
러한 高麗의 외교자세는 물론 北쪽에 강력한 힘을 가지고 있던 契丹을
의식한 것이기는 해도 宋의 요구를 쉽게 받아들이지 않는 高麗의 자세
는 兩國關係가 단순한 주종관계가 아니라는 사실을 입증하는 것이다.

宋은 자국의 이익을 위해 高麗를 정치·군사적으로 이용하려 하였
고 이에 대해 高麗도 쉽게 宋의 요구를 받아들이지 않은 자주성을 살
필 수 있다. 그리하여 시일이 遷延되자 韓國華는 '威德으로써' 高麗를
설득하였다고 전하고 있으나 高麗의 출병이 실행에 옮겨졌는지는 알
수가 없다.

한편 高麗도 宋에게 여러 차례 군사적 지원을 요청하였다. 즉 거란

---

24) 楊渭生, 『宋遼關係史硏究』 제2장 宋與高麗關係年表(962-1279) 및 제3장 宋
與高麗: 複雜而微妙的三角政治關係에서 建隆三年 10月부터 宣和七年
(965-1125)까지 고려에서 송에 들어간 사신은 37회이고, 송에서 고려에 사
신을 파견한 것은 14회로 보았다. 한편 김위현은 고려사에 나타나고 있는
통계자료에 의거하여 962년부터 1126년 165년간 고려에서는 53회, 宋에서
는 32회 사신이 파견되었다고 정리하고 있다.

의 제1차 침입이 있은 이듬해(994) 元郁을 파견하여 군대를 요청하였다. 당시 宋은 契丹과 평화관계에 있었으므로 이에 응하지 않고 있다. 이때부터 양국 간의 공식적인 외교관계는 끊어지지만, 高麗는 999년에 朱仁紹를, 1003년에 李宣告를 파견하여 契丹의 '却制之狀'을 陳情하고, 宋이 국경지대에 군대를 주둔시켜 契丹을 견제해 줄 것을 요청하였으나 宋은 高麗의 요청을 모두 묵살하고 있다.

1010년(高麗 顯宗 1, 宋 眞宗 大中祥符 3)에 契丹의 제2차 高麗 침입이 있자 宋은 高麗의 청원을 예상하고 高麗의 朝貢不履行을 구실로 군사요청을 거절하는 대비책을 마련하였다. 그 후 1015년에 民官侍郎 郭元을 파견하여 契丹의 계속된 남침을 고하고 지원을 요청하였으나 宋은 이번에도 契丹과의 우호관계를 구실로 요청을 회피하고 있다.[25]

제1기의 兩國交聘의 목적은 朝貢과 册封은 形式的인 것이었고 두 나라가 다같이 군사적·정치적 지원을 얻어 契丹을 견제하려는 정치·군사적 목적이 뚜렷하다.

특히 제2期의 國交 再開는 宋 神宗의 적극적인 요구로 추진되었다. 이것은 韓·中 朝貢册封관계에서 매우 이례적인 사실이다. 왜냐하면 朝貢册封의 原型은 중국의 주변국의 王이 朝貢을 하면 그에 대해 中國의 天子가 册封하는 것이 통상적이었다. 그러나 제2기의 麗·宋 국교재개는 이러한 형식을 떠나서 宋이 적극적으로 국교를 희망하고 나섰기 때문이다.

여기에는 靑年皇帝 神宗의 적극적인 외교정책과 이러한 神宗의 뜻을 받들어 新法改革을 추진한 王安石의 개혁의지가 맞물려 돌아간 데 그

---

25) 全海宗, 『동아시아사의 비교와 교류』 제3부 동아시아 여러 지역 간의 교류와 이주─고려와 송의 교류 참조
金渭顯, 『高麗時代 對外關係史 硏究』 제2부 제1장 麗·宋관계와 그 航路考 참조.

중요 원인이 있다. 宋의 神宗은 羅承에게 命하여 商人 黃愼으로 하여금
高麗에 국교재개의 뜻을 전달케 하였고, 高麗가 이에 적극 호응, 1071년
金悌를 파견하여 朝貢함으로써 양국의 국교가 다시 열리게 되었다.

이때 宋은 高麗와 결맹하여 宿敵 契丹을 도모하려는 聯麗制遼策을
추진하려는 정치적·군사적 목적이 있었으며 이는 文宗의 逝去時에
錢勰 등을 弔慰使로 파견하였을 때 高麗와의 結盟으로 北伐을 하려는
뜻을 밝히고 있다.

宋은 다시 1116년에 金과 연합하여 遼를 공략하기 위해 高麗의 도
움을 요청하고 있다. 이에 대해 李資諒은, 女眞은 人面獸心이라 夷狄
중에서 가장 貪醜하므로 그들과 결맹통교는 불가하다고 進言하고 있
다. 그러나 宋은 이 같은 권고를 무시하고 직접 金과 교섭하여 遼를
멸망시켰으나 金의 공격을 받아 위기에 처하였다. 이때 宋은 다시 高
麗에 侯章 등을 파견하여 金을 挾攻할 것을 요청하였으나, 高麗는 어
려운 사정을 들어 그 청을 완곡하게 거절하였다.

제3기의 麗·宋國交의 목적도 제2기와 비슷하다. 즉 宋은 刑部尙書
楊應誠 등을 파견(1128)하여 假道를 요청하고 있다. 假道란 金과의 교
섭을 위해 靖康의 變 때 金에 잡혀간 徽宗·欽宗 皇帝의 반환을 위해
高麗의 길을 빌려달라는 요청이다. 이는 高麗로부터 길을 빌리려는 단
순한 목적이 아니라 宋·金의 분쟁에 高麗를 끌어들여 高麗를 宋의
同盟者로 삼으려 한 것이다. 高麗는 국방상·외교상의 여러 가지 이유
를 들어 완곡하게 거절하고 곧이어 尹彦頤를 派宋하여 假道의 어려움
을 해명하였다.

高麗의 이러한 외교적 자세는 宋의 반감을 일으켜 高麗 사절의 내
빙을 중지시키자 高麗는 崔惟淸 등을 파견해 舊好의 회복 의사를 전
달하였다. 高麗는 몇 차례 더 사절을 파견하고 宋도 下位官僚를 高麗

로 보냈으나 양국관계는 원만하지 못하고 상대방에게 自國의 입장이나 사정을 전달하는 정도로서, 1173년(高麗 明宗 3, 宋 孝宗 乾道 9)에 두 나라 國交는 단절되었다.

제3기의 國交目的도 宋은 高麗를 정치·군사적으로 이용하려 한 데 대해, 高麗는 宋의 요구를 회피한 채 宋의 선진문물을 받아들이려는데 그 목적이 있었다. 그러나 宋은 이에 대해 비판적인 입장을 취하여 양국 모두가 목적을 제대로 이루지 못하였다.

③ 麗·宋 책봉체제의 형식

高麗國王은 즉위 후 中國(宋·遼·金)으로부터 外交的 形式에 의한 册封을 받았는데 그 의식을 거행할 때 전달된 문서가 册封詔書이다. 史書에 기록된 이 册封詔書는 여러 가지 문제를 내포하고 있다. 다시 말해 高麗王을 册封하는 이 詔書에는 國王으로 인정하는 사유와 함께 긴 관직명이 나열되어 있다. 종래 중국 및 일본 학자들에 의하여 高麗國王에 대한 이 册封詔書의 原文에 지나치게 얽매여 이를 확대 해석하여 마치 高麗가 宋이나 遼, 金의 藩屬國인 것처럼 그 의미를 부여하였다. 그러나 이 册封詔書는 하나의 외교적 儀禮辭의 형식으로 기술되어 있고 그 내용은 극단적인 수식어와 찬사를 나열하면서 중국의 中華主義的인 입장을 자의적으로 기술하고 있다.

高麗의 왕은 즉위와 더불어 五代 및 宋에 사신을 파견하여 册封을 요청하면, 중국 왕조에서는 일정한 격식에 따라 册封使를 파견하여 高麗國王을 册封하였다. 이때 책봉을 하면서 册命使가 참석하는 册封儀式을 거행하였고, 이를 통하여 册封(詔)文을 해당국의 王廷이나 南郊 등 정해진 장소에서 성대하게 시행하였고, 거기서 읽혀진 황제 명의의 책봉문 말미에 官爵의 내용이 기록되어 있다.26)

이러한 책봉의식이나 책봉조서에 내용에는 선진시대 이래의 중국 중심적인 중화주의 사상이 그대로 반영되고 있는데 10-13세기의 동아시아 국제정세의 변화를 생각한다면 이러한 의식은 단순한 외교적 형식에 불과한 것이다. 구체적으로 고려국왕에게 내린 관직명을 살펴보면 사실과 맞지 않는 형식적인 官爵名과 武散階를 나열하고 있는데 이것은 외교관행의 의미 이외에 별다른 뜻을 갖는 것은 아니다. 예를 들면 五代의 後唐, 後晋, 後周에서 高麗國王을 冊封한 冊封詔書를 보면 다음과 같다.

後唐이 太祖에게 책봉한 武散階는 使持節 玄菟州都督 充大義軍使, 後晋이 惠宗에게 책봉한 武散階는 持節 玄菟州都督 充太義軍使, 後周가 光宗에게 책봉한 武散階는 使持節 玄菟州都督 充大義軍使, 後唐이 王建에 준 책봉 내역은 特進 檢校太保 使持節 玄菟州都督 上柱國 充大義軍使 高麗國王이다.[27]

後唐이 王建에게 준 '使持節 玄菟州都督 充大義軍使'는 高麗를 漢이 지배하던 漢四郡 시대의 玄菟州로 간주하고 있는데 이것은 南北朝, 隋唐 이래의 중국의 한반도에 대한 일관된 형식이다. 漢四郡의 하나인 玄菟郡은 소멸된 지 오래되었음에도 불구하고 중국의 한반도 내지는 高麗에 대한 대명사로 玄菟郡을 그대로 사용하고 있는 것은 책봉체제의 형식적 관행의 좋은 예라 하겠다. 다만 古代의 冊封體制가 中國皇帝를 중심으로 하여 그 고유의 禮와 法으로 구성된 중국 내부의 국내

---

26) 沈載錫, 「高麗國王 冊封文에 보이는 武散階 一考」, 『外大史學』 제11집
   沈載錫, 「中國皇帝에 의한 高麗國王의 冊封」, 『里門論叢』 제13집, 1993.

27) 심재석, 「中國皇帝에 의한 高麗國王의 冊封」, 『里門論叢』13, 1993.
   중국 측 사서와 고려 측 사서에 보이는 책봉 기사가 약간의 차이를 보이고 있다. 그것은 중국왕조에서 책봉내역을 결정하고 책봉사를 고려에 파견하는 연월과 그 사신 일행이 고려에 도착하여 책봉 의식을 거행하는 시점에 차이가 있었기 때문이다.

적 질서였고 그것이 그들 皇帝에 의한 册封의 授受라고 하는 형식에 의하여 중국 주변 국가에까지 확대되어 나가서 東아시아의 국제 질서를 구축하였다고 하는 것은 先秦시대의 朝貢册封체제를 지나치게 확대해석한 것이다.

이러한 형식적인 책봉체재에 대한 구체적 예를 살펴보자. 宋의 건국 직후 고려의 광종은 사신을 보내 송의 건국을 축하하였다.(962) 이것은 한중관계사에 있어서 매우 이례적인 일이다. 왜냐하면 중원왕조의 건국과 주변국가의 관계는 종래에 중국 왕조의 건국과 때를 맞추어 주변국에서 건국에 대한 축하를 하는 일이 없었기 때문이다. 따라서 고려 광종의 송 건국에 대한 사신 파견은 麗·宋의 국제관계를 여는 중요한 계기가 되었을 뿐만 아니라 이러한 계기는 송과 고려와의 관계 설정의 성격을 단적으로 나타내 주는 것이고 이러한 성격은 종래의 주종관계로 보는 조공책봉체제의 성격과는 매우 다른 면을 가지고 있다. 한편 송은 그 이듬해에 책명사를 고려에 보내어 고려왕을 책봉하고 있는데 자세한 책봉내역을 알 수 없으나 이때부터 송의 연호를 사용하는 등 외교관계가 정식으로 설정되었음을 알 수 있다.[28]

이후 麗·宋의 형식적인 조공책봉관계를 보면 985년(성종4)에 송은 고려왕을 가책을 하였고, 그 직후 송이 거란을 쳐서 연운 16주를 회복하려는 데 고려가 군사적으로 협조해 줄 것을 요청하고 있다. 한편 993년 이후에는 고려와 거란의 관계가 어려워지고 있다. 즉 993년에 거란이 고려를 침입하였고 고려는 고전 끝에 徐熙의 활약으로 거란을 물리쳤으나 이듬해 2월에는 거란의 연호를 시행하게 되었다. 고려는 994년 6월에 元郁를 송에 보내어 지원을 요청하여 거란의 침입에 보복하려

---

28) 『高麗史』, 『高麗史節要』에는 978년에 宋에서 太子中允 張繼를 파견하였다고 되어 있다.

했으나, 송은 거란과의 평화관계를 깰 수 없기 때문에 고려의 요구를 거절하고 있다. 이때부터 고려와 송의 국교는 단절되었다. 이와는 달리 고려는 동자 10여 명을 거란으로 보내어 그들의 언어를 학습하게 하고 駙馬인 蕭恒德의 女息을 고려에 출가시키니 麗·丹관계는 평화관계를 유지하게 되었고 거란의 책봉사가 996년 3월에 고려에 도착하였다.

그러나 고려와 거란과의 관계는 이후 두 차례의 전쟁을 치르면서 1022년(현종13)에 고려는 거란의 책봉을 받고 거란의 연호를 다시 사용하게 되었다.

따라서 1022년 이후 麗·丹의 평화관계는 麗·宋의 朝貢册封關係를 완전히 무너뜨리는 결과를 가져오게 되었고 이 시기에는 契丹과의 외교관계가 中心軸에 놓이게 되었다. 따라서 高麗의 대외관계는 宋보다도 契丹과 東女眞 쪽으로 완전히 기울어져 있었다.

그런데 문종은 1058년(문종12)에 宋과의 국교를 열기 위한 준비로 큰 배를 만들고자 했다. 이에 內史門下省에서는 그 위험성을 지적하여 다음과 같은 반대의 글을 올렸다. 즉

"北朝(契丹)와 修好한 이래 국경에 급변이 없고 백성이 생활을 편안히 즐기고 있으니, 이것이 나라를 보전하는 상책이다. (중략) 우리나라는 문물·禮樂이 행해진 지 오래되었고 무역선이 계속 왕래하여 보배가 들어오기 때문에, 중국과 교통하여도 실제 소득은 없을 것이다. (따라서) 거란과 영구히 절교치 않을 바에는 송과 교통하는 것은 마땅치 않다"29)

고 하였는데 이 같은 사실은 당시 고려 집권 지배층의 일반적인 대외인식이었다. 왜냐하면 당시 宋과의 국교는 단절되고 있었지만 승려와

---

29) 『高麗史節要』 文宗 12年 8月.

사무역을 통하여 중국의 문물을 수입할 수 있었고 무역상들이 방물을 고려조정에 전달하는 과정을 통하여 양국의 교류관계가 유지될 수 있었기 때문이다. 따라서 외교적으로 거란과 긴밀한 관계 유지를 통하여 고려의 안전을 취할 수 있었다. 고려와 요의 관계가 끊어진 것은 요로부터 마지막 책봉을 받은 것은 1108년이었고 1116년부터는 女眞(金)의 흥기로 요의 연호를 버리고 갑자만 사용했다. 그 후 1126년에 고려는 금에 사신을 파견하고 스스로 臣이라 치하였던바, 드디어 1142년에 금으로부터 책봉을 받게 되고 새로운 외교관계가 성립되고 있음을 본다.

遼로부터 책봉을 받고 상국으로 섬기던 100여 년간, 앞서 말한 대로 고려는 송과 사무역의 성행이 있었으나 필요한 사안이 있을 때에는 상호간에 관사를 파견하고 있는데, 다음에 적기해 보겠다. 그런데 이러한 상황마저도 금의 성립 후에는 찾아보기 힘들게 된다.

金으로부터는 1142년(인종20)에 처음으로 책봉을 받고 있으나, 고려는 이미 1126년(인종4) 4월에 스스로 금에 稱臣하고 있다. 이때 많은 신하들이 稱臣에 반대하고 있으나 당시의 세력가였던 李資謙과 拓俊京의 주장으로 가결되었다. 이해 7월에 宋은 사신을 보내어 金을 공략하는 데 군사적 협력을 요청하였으나 고려는 경제난을 이유로 간곡히 거절하고 있다. 남송의 이와 같은 요청을 거절한 고려의 대외적 외교감각은 당시의 국제정세를 정확하게 파악한 결과라고 하겠다.

그런데 1126년에 고려가 金에게 칭신하였으나 金은 16년 동안 고려를 책봉하지 않고 그대로 두었다가 1142년에 비로소 고려 국왕에 대한 책봉을 가한 것은 이 당시의 국제정세의 긴박함과 함께 고려의 삼각외교를 금이 파악하고 있었던 결과라 하겠다. 이때의 책봉내역은 儀同三司 柱國을 수여한 후 開府儀同三司 上柱國을 가하고 있다.

새로 金나라가 일어나서 遼를 멸망시키고 다시 북송을 강남으로 몰아내는 12세기 초기는 국제정세의 격변기로서 이러한 격변기를 맞이하여 고려는 대단히 슬기롭게 대외관계를 처리하였고 그 결과 그 이전의 對遼관계에서 나타나고 있는 두 차례에 걸친 전쟁과 같은 참화를 겪지 않게 되었다. 이것은 고려의 외교가 중국 중심으로 전개되어 내려오던 종래의 조공책봉체제를 중원 국가가 아닌 북방왕조에 적용함으로써 조공책봉 체제를 외교적으로 잘 활용한 결과라고 하겠다. 조선시대에 들어와서 명청의 교체기에 중국 중심적인 중화주의에 몰두하여 명청이 교체되는 국제정세를 정확하게 파악하지 못함으로써 병자호란과 정묘호란을 가져오게 된 조선의 고루한 주자학자 외교능력과는 매우 대조적인 사실이라고 하겠다.

朝貢册封제도가 先秦時代의 君臣關係로서 중앙과 변방의 구조라는 사실은 이해가 된다. 그러나 그것이 마치 中原의 天子(宋)가 변방국가(高麗)의 王을 임명하는 册封體制가 宋代에 오면 전혀 그 성격이 맞지 않는데도 단지 그 形式만은 그대로 援用하고 있음을 볼 수 있다. 뿐만 아니라 책봉의 대가로 조공을 바치는 형식으로 꾸며진 册封詔書는 麗·宋 兩國의 현실관계에는 부합되지 않는 것이다.

册封을 행하는 국가와 朝貢을 행하는 국가 사이에는 외교상으로 宗主國과 藩屬國이라는 군신관계에 상응하는 차등적 종속관계가 형성된다. 그러나 10世紀 이후 東아시아의 역사 현실은 정복왕조의 연이은 출현과 함께 中華主義와 華夷論에 바탕을 둔 朝貢册封體制는 철저히 무너졌음을 알 수 있다.

高麗는 宋을 선진문화국으로 생각하여 그들의 문화를 수용하는 데 적극적이었으나 정치적인 事大는 행하지 아니하였고 朝貢 또한 선진문화국에 대한 의례적인 禮遇의 성격이 강하였다. 이에 대해 馬端臨은 '高麗의 宋에 대한 臣事(事大)는 단지 宋의 文化(華風)를 崇慕하고 경제적 이익(歲幣)에 있고 宋의 高麗招來는 遠人을 어울러 태평을 누리려는 데 있다'고 하였다. 이는 高麗와 宋의 외교관계를 高麗가 문화적 관계를 중시한 데 대하여 宋은 정치적 관계를 도모하려고 한 것이라는 양국 간의 교빙목적을 잘 표현한 것이다.

실제로 麗·宋관계는 册封詔書의 내용과는 다르며 따라서 事大關係는 아니다. 事大는 朝貢과 册命, 그리고 正朔을 받는 것이었으나 宋으로부터 册命을 받은 왕은 光宗과 景宗, 成宗뿐이었다. 국교가 재개된 이후에도 高麗는 宋에서 册命을 받지 않았고, 年號를 사용하지도 않았다.

5. 朝貢册封關係에 나타난 麗·宋 使臣의 성격

高麗와 宋의 사절의 인적구성과 사신의 官職과 출신성분 그리고 학문적 수준 등을 보면 이들이 朝貢을 하고 册封을 授與하는 단순한 임무를 수행하는 사신으로는 보이지 않는다. 거기에는 양국간의 自尊과 문화적인 교양을 평가할 수 있는 능력을 갖추고 나아가 두 나라 사이의 외교적 현안을 논의하고 이를 해결해야 하는 막중한 임무를 잘 수행해야 한다는 의미가 포함되어 있다. 마치 현대의 국제사회에 있어서 국가의 이익이 걸려 있는 중요한 문제를 지참하고 이를 해결해야 하는 대사적 성격을 지니고 있다.

① 高麗 使臣의 지위

高麗의 宋 使行의 인적구성을 보면 正使와 副使 그리고 判官·錄事·書狀官·도압위 등 수십 명의 사절이 파견되었다.

국교가 처음 열린 제1기에는 正使는 廣評侍郎과 內議侍郎·內奉令

으로 임명하고, 副使는 內奉卿을 임명하고 있다.[30] 高麗의 廣評省과
內議省은 百官을 總領하고 庶務를 관장하던 최고 官府로 후에 內史門
下省(中書門下省)으로 격상되고 있다. 내봉성도 주요 官府로 侍郎은
제2위 직급으로서 모두 재상급으로, 초기에는 고위자가 사절에 임명되
었음을 알 수 있다.

高麗官制가 三省 六部의 관직체제로 자리 잡힌 成宗代 이후에는 正
使는 尙書 六部의 侍郎을 주축으로 하고 翰林院 學士와 상서도성의
丞·卿 그리고 中書門下省 郎舍 內史舍人·給事中 등으로 임명되었다.
副使는 尙書6部의 郎中급이 주축을 이루고 있었다.

제2기로 들어서서도 이러한 체제는 그대로 유지된다. 그러나 지위는
한 단계 높아져 正使는 尙書로 임명하고 副使도 한 단계 높아져 侍郎
이 주축이 되고 있다.[31]

제3기에는 양국 간의 원만치 못한 관계를 반영하여 官品은 비록 내
려갔으나 실무에 밝은 유능자가 임명되고 있다. 正使는 禮部侍郎과 禮
部員外郎을 임명하였고, 副使로는 國子司業이 임명되고 있는데, 양국
의 비정상적인 외교관계에 따라 종래와 달라진 양상을 사절의 지위
면에서도 찾아볼 수 있다.[32]

高麗와 宋은 다같이 使臣의 選拔을 官職은 물론 그들의 학문적 능
력이나 官僚로서의 실무면을 중요시하였을 뿐만 아니라 여러 官署에
서 選拔하여 임명하였는데 이러한 예는 그 이전에 있어서는 없었던

---

30) 朴龍雲, 「高麗·宋 交聘의 目的과 使節에 대한 考察(下)」, 『韓國學報』82
(1996)에 의하면 高麗에서 宋으로 파견된 使臣(正使 및 副使)은 모두 宰
相級으로 高麗 초기의 고위관료가 사절에 임명되었음을 알 수 있다.
31) 朴龍雲, 위 논문에 의하면 제 2기의 사절의 지위는 1기보다 한 단계 높아
졌다.
32) 朴龍雲, 위 논문에 의하면 양국 간의 외교관계가 원만하지 못하여 사절의
지위가 1, 2기보다는 낮아지고 있다.

특수한 사실이다.

使節이 여러 官署에서 다양한 인물을 선발하여 보낸 것은 그만큼 高麗와 宋의 외교의 문제점이 중요하다는 사실을 입증하는 것이고 宋으로 간 高麗使節을 인물 본위로 선발하여 당시의 외교현안을 해결하려고 하는 의지가 돋보이고 있다.

따라서 麗·宋의 朝貢關係는 종래와 같이 方物을 바치고 册封을 받는 외교적 의식이라기보다는 양국 간의 놓여 있는 현안문제를 현명하고 실질적으로 처리할 수 있는 외교적 능력을 갖춘 인물을 使節로 選拔하였음을 확인할 수 있다.[33]

이와 함께 高麗에서 사신을 선발할 때에 중시한 것은 학문적 능력이었다. 詩文에 능한 문장력을 겸비하여 宋의 士大夫 官僚와의 외교교섭에서 실력이 뒤지지 않고 高麗의 문화적·학문적 알 수 있어야 한다. 뿐만 아니라 使節人選에는 그들의 가문과 출생신분이 중요시되었고 그들의 인품과 의례를 중시하였다.

② 高麗使節에 대한 宋의 평가

高麗 문화에 대한 宋代 士大夫의 인식은 상당히 높은 것이고 그것은 주로 高麗 使臣의 학문적 역량과 외교적 수완, 그리고 뛰어난 문필활동이 중요한 작용을 하였다. 宋代의 對契丹對策의 一人者로서 그 외교적 역량이 널리 알려져 있던 樞密副使 富弼은

---

33) 『高麗史』 卷 95, 「列傳 朴寅亮傳」에 문종 34년에 入宋하였던 朴寅亮은 宋나라에 이르는 곳마다 詩를 남겼고 宋人으로부터 稱嘆을 받았으며 金覲과 함께 지은 詩文을 간행하여 小華集이라 하였다
　　肅宗 5年에 王俁를 수행하였던 金富佾이 지은 表辭에 대해 皇帝가 두 번이나 칭찬하였다.(『高麗史』 卷 97, 「金富佾 列傳」)

'지금 거란이 서하, 회골, 고려, 여진 등을 강압적으로 굴복시키려 하
고 있으나 홀로 고려만이 이에 굴복하지 않고 있다. 고려는 三韓의 옛
강토로 詩書禮義之風이 중국에 전혀 뒤떨어지지 않는 나라이다. 거란
이 군사를 동원하여 힘으로 고려를 제압하였고 고려 역시 힘으로 이에
대항하였으나 부득이 거란에게 臣事하였으나 거란은 고려가 진심으로
그들에게 굴복하였다고 생각하지 않고 있다.'[34]

고 上奏하였다.

당시에 고려, 거란의 외부 사정을 정확하게 파악하고 있던 富弼의
이와 같은 인식은 宋代 士大夫의 고려인식이 상당히 높은 것임을 살
필 수 있다.[35]

宋에 파견하는 高麗使節은 학식은 물론이고 人品, 淸廉度, 家門 등
을 고려하여 선발되었다. 특히 使節의 조건 가운데 중요하게 취급된
것은 그들의 家門이 名門이어야 한다는 것이다. 門閥貴族的 성격이 강
한 高麗 前期 사회에서 使節로 선발된 인물의 家系는 대단히 뛰어났
다. 예컨대 高麗의 최대 문벌가문이었던 慶源李氏 家門[36]에서 李資
仁 · 李資義 · 李資諒 · 李資德 · 李之美 · 李之氐 · 李軾 등 7명의 사신을
배출하였다.

海州崔氏 家門에서는 崔思諒 · 崔思齊는 4寸兄弟間[37]이고, 慶州金氏
인 金覲 · 金富佾 · 金富轍 · 金富軾[38] 등이 있고 利川徐氏 家門의 徐
熙 · 徐訥, 坡平尹氏인 尹瓘 · 尹彦頤, 沃溝林氏로 林거 · 林有文, 江陵金

---

34) 『續資治通鑑長編』卷 150, 慶歷 4년 6월 條 및 『歷代名臣奏議』卷 327 禦邊
35) 申採湜 앞의 논문 「宋代 官人의 高麗觀」 참조.
36) 藤田亮策, 「李子淵と 其の家系」, 『靑丘學叢』 13 · 15, 1933 · 1934.
   李萬烈, 「高麗 慶源李氏 家門의 展開過程」, 『韓國學報』 21, 1980.
37) 朴龍雲, 「高麗時代 海州崔氏와 坡平尹氏 家門 分析」, 『白山學報』 23, 1977.
38) 『高麗史』卷 97, 「列傳 金富佾 · 金富儀」 및 同 卷 98, 「金富軾傳」.

氏인 金上琦와 金緣 등이 있다. 이 밖에 崔元信, 金良鑑, 柳洪, 朴仁亮,
任懿, 文公美, 鄭沆, 崔惟清, 韓惟忠 등도 명문 출신이다.

　使臣으로 뽑힌 인물 가운데 科擧試驗에 급제한 인물은 43명에 이르
고, 그중 7명은 壯元及第를 하였다.[39] 이렇게 파견된 고려사절에 대해
서 중국의 宋에서는 그들을 어떻게 평가하였는가에 대하여 살펴보면
다음과 같다.

　먼저 文宗 34년에 宋에 갔던 朴仁亮의 경우 가는 곳마다 詩를 남겼
고[40] 또한 宋人이 朴仁亮과 金覲이 지은 尺牘과 表狀·題詠 등을 보
고 稱嘆하였으며 두 사람의 詩文을 간행하여 『小華集』이라고 하였
다.[41] 또 肅宗 5년에 王嘏를 수행하였던 金富佾에 대해서 그가 지은
表辭가 雅麗하여 徽宗皇帝께서 두 번이나 內臣을 보내어 그를 獎諭하
였다.[42] 肅宗 9년에 崔弘嗣를 수행하였던 鄭克永의 저술이 중국인의
稱許를 받았다[43]고 한다. 그리고 睿宗 11년에 使行한 李資諒이 徽宗
皇帝의 詩에 답하여 올린 글에 대하여 황제의 稱賞을 받았고[44] 수행
원 鄭沆의 表章도 館伴學士의 稱嘆을 자아냈다고 한다.[45]

　한편 文章으로 명성을 떨치던 金富軾의 이름은 宋에 널리 알려져
있었고, 그가 使節로 宋에 갔을 때에는 이르는 곳마다 禮待하였다[46]
고 하는 기록을 볼 때에 학문과 문장이 뛰어난 宋代 士大夫의 고려사
절에 대한 평가는 높은 수준이었음을 살필 수 있다.

---

39) 朴龍雲, 「高麗·宋 交聘의 目的과 使節에 대한 考察(下)」 참조.
40) 『補閑集』 卷 上, 「朴參政寅亮」.
41) 『高麗史』 卷 95, 「朴寅亮列傳」
42) 『高麗史』 卷 97, 「金富佾列傳」
43) 『高麗史』 卷 98 「鄭克永列傳」
44) 『高麗史』 卷 95 「李資諒列傳」 및 『高麗史節要』 卷 8, 睿宗 12년 5월, 『補
　　閑集』 卷 上, 天慶 元年.
45) 『高麗史』 卷 97, 「鄭沆列傳」.
46) 『高麗史』 卷 98, 「金富軾列傳」 및 『高麗史節要』 卷 11, 毅宗 5년 春 2월

③ 宋나라 使臣의 자격

宋側 使臣의 인적 구성을 宋史列傳을 중심으로 살펴보면 대략 다음
과 같다.

正使를 보면 時贊, 于延招(左司禦副率), 張泊(進士及第, 太子中允‧
直舍人院), 王僎(閤門祗侯), 李巨原(光祿少卿), 王著(明經及第, 太常卿),
韓國華(進士及第, 監察御使), 呂端(蔭補, 禮部侍郎), 柴成務(進士甲科,
光祿卿), 劉式(三傳中第, 光祿卿) 등으로 이들이 제1기에 高麗에 온 宋
의 正使이다.

副使는 徐昭文(司農寺丞), 句中(著作郎), 孔維(將作少監), 呂文仲(秘書
監), 呂祐之(左諫議大夫), 趙化成(太常少卿), 陳靖(秘書少監) 등이다.

제2기의 正使는 다음과 같다.

安燾(登第, 左諫議大夫), 王舜封(閤門通事舍人), 楊景略(左諫議大夫),
錢勰(蔭補, 右諫議大夫), 劉逵(進士高第, 戶部侍郎), 王襄(進士及第, 兵
部尙書), 曹誼(閤門祗侯), 路允迪(禮部侍郎), 侯章(閤門祗侯) 등이고, 副
使는 陳睦(起居舍人), 王舜封(禮賓使), 宋球(西上閤門副使), 吳拭(給事
中), 張邦昌(中書舍人), 傅墨卿(中書舍人), 歸中孚(閤門祗侯)

다음 제3기에 高麗에 온 宋側 使節을 보면 正使는 楊應誠(刑部尙
書), 부사는 韓衍(濟州防禦使) 그리고 수행원으로는 王正忠(進武校尉),
吳敦禮(迪功郎)이다.

宋에서도 高麗에 파견하는 使臣에 대해서는 각별한 주의를 기울여
이들을 선발하였다. 그것은 高麗의 문화적 수준이 높다는 사실을 宋의
조정에서 잘 알고 있었을 뿐 아니라 宋이 高麗에 대해서 요구하는 외
교적 목적을 달성하기 위해서는 使節의 외교적 능력과 함께 官職과
교양 그리고 知的水準, 人品 등을 충분히 배려하여 선발하였다.

제1기에 있어서는 17명 중 10명이 寺‧監의 관원들이고 그 가운데

4명은 卿·監이고, 4명은 少卿·少監, 그리고 東宮官 2명, 東西上閣門·御史臺·禮部·門下省에서 각각 1명씩 임명되고 있다. 이 중 禮部侍郎과 門下省의 左右諫議 및 寺·監의 卿·監과 상급의 少卿·少監은 고려와 비교하여 볼 때 품계상 약간의 高下가 나타나기는 해도 비슷한 수준이라고 할 수 있다. 그러나 고려에서 다수를 점하고 있던 尙書6部에 비하여 諸寺監은 官階가 약간씩 떨어지고 있다.

제2기에는 地方官 4명을 제외하면 19명이 되는데 그들 가운데 고려와 동일한 수준의 尙書와 侍郎이 3명이고, 또 中書省과 門下省의 中書使人·給事中·左右諫議大夫 등 6명은 高麗와 비슷한 위치의 관리들이라고 할 수 있다. 그러나 그 밖에 客省이나 東西上閣門에서 선발된 인원은 품계는 낮지만 황제의 측근에서 황제를 보좌하는 요직들이다.

제3기에는 高麗 측 사절의 지위도 낮아졌지만 宋의 경우 刑部尙書 楊應誠 외에는 사절다운 사절이 없었다.

양국 사절의 이와 같은 차이에도 불구하고 한 가지 공통점은 宋의 사절 역시 여러 관서에서 선발되고 있다는 사실이다. 이것은 使臣들의 역할이 단순한 책봉을 수행하기 위한 것이 아니고 양국 간에 놓여 있는 여러 가지 어려운 외교적 懸案을 해결하기 위하여 인물 본위로 선발하였음을 엿볼 수 있다.

宋측의 사절은 高麗에 비하여 파견 회수나 인원이 절반 정도에 그치고 있으나 宋에서 사절 선발은 인물 본위로 하였고 그 위에 淸廉하면서도 學識과 人品을 갖춘 士大夫家의 子孫들이 임명되었음을 확인할 수 있다.

6. 맺는말

이상을 정리하면 다음과 같은 몇 가지 사실을 확인할 수 있다.

먼저 宋代에 들어와서 麗·宋 간의 朝貢冊封體制는 근본적으로 변질되었고 그것은 곧바로 麗·宋의 外交關係에도 큰 영향을 주었다.

일반적으로 朝貢冊封體制는 중국이 아직 통일제국을 형성하지 못한 先秦時代에 中央(天子)과 地方(諸侯) 사이의 소박한 대외관계에서 출발하였다. 그러나 秦漢의 통일 제국 출현 이후 中華思想과 華夷論을 배경으로 한 중국 중심적인 세계관이 구축되고 이를 통하여 중국이 그 주변국가에 朝貢冊封體制를 확대하여 나갔다. 그리하여 이러한 체제를 마치 중국과 그 주변국 사이에 주종관계라고 하는 중국중심적 사고가 古代로부터 近代까지 그대로 확대, 연장되어 온 것처럼 인식되어 왔다.

그러나 10-13세기의 東아시아 국제정세의 변화에 따라 이 제도는 그 성격이 근본적으로 달라졌음을 확인할 수 있다. 다시 말해 중국 중심적, 漢民族 中心的인 朝貢冊封體制 및 東아시아 世界論은 宋代에 들어오면 근본적으로 그 구조가 달라졌다. 따라서 中國 또는 漢族을 중심축으로 놓고 생각하여 왔던 종래의 국제질서가 무너졌고, 華夷論을 思想的 배경으로 깔고 전개되어 내려온 朝貢冊封體制도 宋代에 와서는 본질적으로 변질되었다. 따라서 麗·宋의 국제관계도 종래의 유지되어 오던 단순한 朝貢冊封體制의 틀에서 벗어나서 10-13세기의 복잡하고 다양한 국제 간의 현안문제를 해결하기 위한 방안을 모색하는 데 그 초점이 놓여져 왔다.

한편 麗·宋의 朝貢冊封體制가 종래와는 그 성격이 근본적으로 다르다고 하는 것은 먼저 宋의 국가 위신의 추락과 정복왕조의 등장을 들 수 있다. 征服王朝의 등장으로 漢族王朝(宋)의 국가 위신이나 국제

적 지위가 격하되었다. 그 구체적인 예로써 宋이 契丹과 西夏 그리고
金에 준 막대한 歲幣·歲賜는 中國의 자존심을 지키기 위하여 歲幣·
歲賜라는 용어를 사용하였지만 이것은 무력적으로 우세한 북방의 정
복왕조에게 漢族이 그들의 침략을 막기 위하여 賂物로 上納한 供輿品
의 성격이 짙다. 이와 함께 宋이 契丹과 金과 맺은 澶淵의 盟約이나
皇統의 和議도 漢族으로서는 屈辱的인 外交關係라고 하겠다.

따라서 麗·宋의 朝貢冊封體制의 성격적 변화의 중요한 내용은 中
原王朝(宋)가 아닌 北方의 유목민족인 遼와 金과 朝貢冊封關係를 맺었
다는 사실이다. 中原王朝를 제쳐놓고 무력적으로 우세한 北方王朝에게
高麗는 宋을 대신해서 이들과 朝貢冊封關係를 맺게 되었다.

여기에서 특히 주목이 되는 것은 麗·宋의 朝貢冊封體制를 종래와 같
은 중원 국가와 주변국의 주종관계로 봐서는 안 된다는 사실이다. 왜냐하
면 朝貢冊封內容을 서술하고 있는 역사적 자료는 한대 이래로 중국중심
적인 中華主義에 입각하여 기술되었고 그러한 역사서술방식은 시대가 크
게 달라진 宋代에 와서도 바뀌지 않았다. 따라서 史料에 기술되어 있는
朝貢冊封기사와 실제로 이 당시에 전개된 朝貢冊封體制의 역사적 내용과
는 근본적으로 차이점을 보이고 있다는 점이다. 따라서 朝貢冊封問題를
논할 때 특히 麗·宋의 外交關係는 단순한 冊封體制 또는 朝貢關係로 획
일화하여 생각하는 것은 이 시대의 國際秩序의 複雜性과는 거리가 있다.

특히 10~13세기에 高麗의 위치는 국제 간의 힘의 균형에 중요한 작
용을 하였고, 이에 따라 宋·遼·金·元 등은 다투어 高麗를 그들의 영
향권에 넣으려는 외교적 노력을 기울였다. 이는 麗·宋 양국 간에 오고
간 使臣의 성격을 살펴볼 때 그들의 국내 지위나 학문적 수준 그리고
가문과 외교적 능력이 대단히 우수하다고 하는 사실을 살펴볼 때 이를
쉽게 파악할 수 있다. 그리하여 高麗와 宋은 자국의 국가적 이익을 우

선적으로 생각하여 사절의 선발에 신중을 기하였고 宋 역시 고려에 보내는 使臣 선발에 각별한 주의를 기울였다. 이것은 이 당시의 朝貢册封이 종래의 형식적인 외교의례가 아니라 麗·宋 간에 놓여 있는 현안문제를 해결하기 위한 다원적 외교노력으로 파악할 수 있다.

이와 함께 高麗는 五代의 여러 왕조와 宋, 契丹, 金, 蒙古에 이르는 각국과 朝貢册封關係를 맺었다. 이러한 예도 東아시아 역사상 드문 일로서 이것은 중원지역의 정치가 격변하고 있었고, 또한 새로운 국제정세의 변화에 기인한 것이다. 여기에서 주목할 일은 高麗가 이와 같이 다수의 王朝와 朝貢册封關係를 맺었지만 정세의 변화에 따라 주도적으로 高麗의 이익을 감안하면서 대외관계를 현명하게 처리하여 나갔다. 高麗는 國際情勢가 격변할 때마다 자주적으로 册封關係를 파기하거나 연호 사용을 바꾸고 告奏使를 파견하여 독자적으로 외교적 현안문제를 해결하여 나아갔다. 이는 册封과 朝貢이 중원왕조와 주변국가 간에 행해진 형식적 외교 관행을 뛰어넘어 외교적 현안 문제를 해결하기 위한 중요한 국제관계임을 증명하여 주는 것이다.

高麗時代 약 400여 년간 동아시아의 국제 관계에서 볼 때 각국 간에 해결해야 할 현안 문제가 대단히 많았고, 이러한 현안 문제를 해결하기 위한 국가 간의 노력이 조공과 책봉이라고 하는 형식을 통하여 처리되고 있음을 알 수 있다. 특히 高麗는 동아시아의 가장 혼란한 시대인 중국의 五代십국시대를 거쳐 북방의 강대한 정복왕조인 遼와 金, 중국의 宋과의 삼각외교를 펴면서, 때로는 형식적으로 정복왕조의 체면을 세워주면서 실리를 앞세우는 기민한 외교정책을 통해 나라를 보존하고 국익을 증진해 나갔다. 이런 원칙이 때로는 宋으로부터 부정적 인식으로 비춰지기도 했지만, 宋도 高麗가 위기에 처했을 때 도움을 거절한 것을 상기한다면 高麗의 일방적 행위는 아니었다.

Ⅳ. 唐末・五代의 東南沿海地域과 韓半島의 海上交涉

1. 머리말

　　10세기(唐末・五代)를 전후하여 동아시아의 국제관계는 새로운 방향으로 전개되어 나갔다. 그것은 대당제국의 국가체제가 붕괴되면서 중앙집권국가의 통제력을 상실하게 되고 그 결과 華北地方은 물론이고 江南地域에 있어서도 당제국의 통제력은 급속히 줄어들게 되었다. 그런데 이 시기의 중앙정부의 통제력 상실은 중국뿐만이 아니고 한반도나 일본사회에 있어서도 비슷하게 전개된 것은 우연한 일치로 볼 수 없는 상호 관련성을 가지고 있다. 그리하여 지방, 특히 연해의 해안지방으로 가면 동아시아의 3국(중국・한반도・일본)은 무정부 상태의 혼란을 가져오게 되었다. 본인의 문제의식은 다음과 같은 관점에서 종래의 연구와는 그 접근 방법을 달리한다. 첫째 동아시아의 국제관계에서 이상과 같은 중앙정부의 통제력 상실은 도리어 연해지역 주민의 해상활동에 큰 자극제가 되면서 바다를 통한 활발한 해상교역이 이루어졌다는 것이고, 다음으로 현존하는 제한적인 사료를 가지고 중・한의 해상교역의 문제를 다루는 데는 거의 한계에 와 있다고 생각된다. 그것은 먼저 10세기를 전후한 시대는 종래 당 제국을 주축으로 하는 동아시아의 국제질서가 와해되고 중국대륙에서는 이른바 당・송 변혁의 격동기를 맞게 되었고 한반도에서도 통일신라가 무너지고 후삼국이 일어난 시대에 해당된다. 이러한 무정부상태의 소용돌이 속에서 중한의 해상교류는 중앙정부가 아니라 지방정권(중국에서는 십국정권, 한반도에서는 후삼국세력)에 의해서 활발히 전개되었던 흔적은 여러 곳에서 찾을 수 있다. 이와 같이 10세기를 전후하여 중앙집권적 국가 체제가 와해되어 나가는 과정에서 동아세계의 해상활동은 연해지방의 지방 세력에 의하여 적극적으로 추진되었다고 본다. 다시 한 번 강조 하거니와 당말·五代에 있어서는 이와 같이 지방분권화의 경향이 뚜렷하고 각 지방의 세력가들은 그들의 경제력을 바탕으로 해상 활동을 전개하였다.[1] 그러나 실제로 이러한 사실은 극히 부분적으로 기술되어 있고 그것도 바다의 위험도를 강조하고 해난사고나 표류인에 대한 구제활동을 주로 하고 있다고 하는 데 문제가 있다고 본다.

넷째로 宋代 이후의 바다에 대한 기록은 극히 부분적이다. 그것도 해상활동을 적극적이고 긍정적인 배경으로 기술한 것이 아니고 바다는 위험하고 인간이 활동하기에는 부적합한 것으로 단정하고 있다. 더욱이 宋代에는 지방민족과의 대립 속에서 거란, 서하, 여진, 몽고족에 대한 대비책에 골몰한 나머지 남방의 해상활동에 대해서는 극히 소극적인 사실기술에 그치고 있다. 다음에 오는 몽골의 원은 북방의 유목민족으로서 해상활동은 전무한 상태이다. 명대는 鄭和의 남해원정이란 역사적인 해상활동을 전개하였음에도 명 중기 이후의 海禁政策으로 바다에 대한 생각을 공포의 대상으로 인식하거나 아니면 범죄인의 도피처로 여기게 되었다. 따라서 송·원·명대의 이와 같은 바다에 대한 그릇된 인식으로 해서 10세기를 전후한 해상활동은 실제로 활발하게 전개되었으면서도 기록은 사실과 다르게 기술하고 있다고 보는 것이다. 따라서 이러한 문제의식을 가지고 보면 종래의 한중관계사연구는 고려와 송, 또는 당과 신라와의 교섭에 그 중심이 모아졌고 당말·五

---

1) 申採湜,「宋代中央集權的文臣官僚體制의 成立 ― 五代와 宋代의 連續性 ―」,『宋代官僚制硏究』, 三英社, 1983 참조 및「10~13世紀 東아시아의 文化交流」,『中國과 東아시아 世界』, 국학자료원, 1996 참조.

代와 후삼국과의 연구는 정치적인 교섭사의 범위를 크게 벗어나지 못하고 있는 형편이다. 10세기를 전후한 중·한의 해상교류에 대해서는 지금까지 어느 정도의 연구가 진행되어 왔다.[2]

한·중교섭사에 있어서 문물교류를 위한 통로는 매우 중요한 의미를 갖는다. 고대 이래 양국 간에 열려 있는 길은 陸路와 海路를 이용하여 교섭이 이루어진 것은 널리 알려져 있는 사실이다. 그런데 陸路에 대한 역사적 기록은 고대로부터 현재에 이르기까지 여러 곳에 산재해 있고 이에 대한 기록(사료)과 실상(사실)이 별로 차이가 없다. 일정이나 여로가 陸路라는 공간을 이용하기 때문에 고대나 중세, 그리고 근대에 이르기까지 큰 변함이 없다.

그런데 海路에서는 사정이 다르다. 우선 중국 관내의 정치적 상황과 해상활동이 깊은 관계를 갖는다는 점이다. 漢代에 있어서는 漢제국의 대외로 뻗치는 힘이 對匈奴政策과 맞물려 주로 서북 방향으로 뻗어나갔고 그 결과 실크로드의 개척이라는 역사적 업적을 남겼다. 이러한 현상은 위진남북조에 들어와서도 五胡의 중원진출과 漢民族의 강남이주라는 민족적인 대이동의 소용돌이 속에서 해상 진출이나 해상 교섭은 힘을 발휘하지 못하였다. 다만 강남의 남조정권과 한반도의 백제·신라 그리고 왜와의 교섭에 관한 자료는 여기저기 단편적으로 살펴볼 수 있다.

그런데 동아시아의 해상 교섭은 당대에 들어오면 확연히 달라지고

---

2) 金庠基, 「古代의 貿易形態와 羅末의 海上發展에 對하여」, 『東方文化交涉史論攷』; 同, 「新羅末에 있어서의 地方群雄과 對中通交 ─特히 王逢規를 主로─」, 『黃義敦先生古稀記念史學論叢』.
日野開三郎, 「羅末三國の鼎立と對大陸海上交通貿易」, 『朝鮮學報』 16·17·19·20輯.
金在滿, 「五代와 後三國·高麗初期의 關係史」, 『大東文化研究』 17輯.

있음을 알 수 있다. 여기에는 唐제국의 개방정책과 적극적인 대외관계
도 중요한 작용을 하였고 이 당시의 서아시아 세계를 지배하고 있던
이슬람 제국의 활발한 해상활동도 큰 몫을 하였음을 알 수 있다. 그
위에 통일신라와 일본의 고대 국가도 당의 문물을 적극적으로 수용하
려는 국가적인 정책으로 동아시아 세계의 해상활동은 활발히 전개되
었고 이에 따라 海路도 열려 널리 이용되고 있었음을 살필 수 있다.
唐제국이 동아시아의 국제질서를 유지하는 8세기까지에는 한·중 양
국간의 항로나 해상활동은 당을 주축으로 하여 전개되었다. 그러나 당
제국의 중앙집권적 통제력이 상실되면서 해상활동의 주역은 중앙정부
가 아니라 지방세력에 의해 추진되었으며 이러한 연안지역의 해상교
역은 결코 무시할 수 없는 수준이라는 사실을 밝혀 볼 것이다. 다만
10세기를 전후한 해상교역에 대한 자료의 한계 때문에 이 시기를 전
후한 간접적인 사실들을 가지고 이에 대한 실상을 정리하여 보았다.

먼저 唐末·五代의 江南地方의 경제적 발전의 실태를 파악하고 이
를 배경으로 해외진출을 전개하게 된 구체적인 사실을 알아본 뒤 중
국과 한반도를 이어주는 남방항로에 대해 살펴보고 江南地域, 특히 東
南沿海地方을 중심으로 한반도와 중국의 해상교역의 구체적인 사실을
고찰할 것이다.

2. 唐末 · 五代의 中國東南沿海地域 발전

① 동남지역의 경제적 발전

종래 唐末·五代史에 대한 역사인식은 安史·黃巢의 大亂 그리고
五代군벌의 전횡 등에 관심이 집중되면서 이 시대의 사회·경제적 발

전에 대한 정확한 파악을 소홀히 한 면이 적지 않았다. 歐陽修를 비롯한 송인의 이 시대에 대한 평가는 암울한 암흑기로 서술되면서 唐末·五代를 부정적으로 평가하여 내려왔다. 그러나 이 시대를 이렇게 정치·군사적인 접근법으로 획일화하여 시대 전체를 암흑기로 부정하는 데는 여러 가지 점에서 문제가 있다. 그것은 우선 唐末·五代의 전란 지역은 華北地域이 그 중심을 이루고 江南은 여기에서 제외되고 있다는 사실에 주목해야 한다.

특히 唐代까지는 중국의 정치·경제적 중심지역이 關中이나 黃河 주변지역으로서 이 지역을 차지하는 자가 천하를 통일할 수 있었다. 그러나 10세기를 전후로 한 江南地方의 산업생산의 비약적 발전은 이미 華北이 중국의 중심을 江南으로 넘겨주어야 하는 시대적 큰 변혁을 맞이하게 되었다. 따라서 화북 五代 왕조는 그의 전통성과는 달리 10국에게 경제적 주도권을 넘겨주게 되는 큰 변혁을 맞게 된 것이다.

唐末 이래 중국남방경제는 매우 발전하였고 五代십국시대의 吳越과 南唐의 국내는 비교적 안정되어 兩浙지방의 경제는 더욱 번영하게 되었다. 이리하여 兩浙지방은 북방의 五代 각국은 물론 후삼국·고려 및 일본, 대식(아라비아) 등 외국과도 빈번한 해외무역의 왕래가 있었다. 江南의 연해안으로 들어오는 배들은 줄줄이 이어져 있어서 이를 바라보면 그 앞과 뒤가 보이지 않을 정도라고 한다.

그런데 이러한 강남 지방의 경제력 발전과 이를 배경으로 전개된 해성교역에 대해서 평가하지 않는 것은 중국의 전통적인 황조체제의 역사관에 의해 화북 五代왕조를 정통왕조로 놓고 강남을 변방의 속국으로 취급한 결과이다. 宋의 통일에 강남경제가 얼마나 중요한 역할을 하였는가가 이를 잘 증명하고 있다. 즉 宋의 건국(960)에서 강남의 南唐(975년)이 병합한 것은 단순히 중국천하를 통일하였다는 정치·군사적 의미보다 강남 경제력을 흡수하였다는 데 보다 큰 의의가 있다. 宋이 강남을 통합하지 못하였을 것이고 따라서 宋 왕조도 화북 五代에 이은 六代로 그쳤을 것이다.

따라서 중국사의 중요한 시대적 변혁기로 인식되고 있는 唐末·五代·宋初에 걸쳐 나타나고 있는 당·송 시대의 변혁과 서민사회의 등장은 상업의 번영, 대폐경제의 전개를 그 바탕에 깔고 있고 이러한 상업과 화폐경제는 華北 지방보다는 강남지역을 중심으로 발전되어 왔고 그것은 唐末·五代에 강남 지방에서 착실히 진행되어 왔다. 특히 화북의 五代정부가 거란의 남침에 시달리면서 전란으로 폐허가 되고 있었던 것과는 달리 경제적 안정에 힘입어 부국강병책을 취하면서 경제력을 키워나가고 대외무역도 적극적으로 추진하였기 때문에 각국 간의 교역은 활발히 이루어지고 있었다.

宋이 중앙집권적 문치주의와 막대한 군사비를 지출하면서도 경제적 번영을 이룩할 수 있었던 것은 폐허화한 화북지역보다는 江南의 경제적 발전을 배경으로 하여 가능하였다. 당말·五代·송초로 이어지는 10세기를 전후한 이 시대의 중요한 사회·경제적 변화는 당대까지 발전해 오던 市制의 붕괴이고 지금까지의 정치, 군사 도시의 성격에서 탈피하고 원격지 상업의 발달에 따른 상업, 도시의 발전, 그리고 농민경제의 발전에 의한 농촌의 도시화를 꼽을 수 있다. 10세기를 전후하여 상공업의 급속한 발달은 상업활동을 시간과 장소를 제한하던 당대의 市制가 붕괴되고 이에 따라 街港制(坊制)도 무너져 새로운 형태의 상업도시가 발전하였다. 그런데 10세기를 전후한 도시의 발달에서 특히 주목되는 것은 강남의 沿邊지방을 중심으로 한 해안도시의 발달을 꼽을 수 있다. 杭州, 蘇州, 明州, 密州, 紹興, 福州, 泉州, 廣州 등이 그 것이다. 이들 도시는 배후에 착실한 농업생산의 발전을 달성한 배후지를 배경으로 활발한 대외무역을 통하여 근대적 도시로 번영을 이룩하였다. 즉 8세기 중기를 고비로 하여 중국의 華北 지방은 전란에 휩쓸리며 사회경제적으로 어려운 상태에 빠져들어 갔다. 이에 비해 江南지방, 특히 동남연해 지역은 농업과 함께 상업경제가 크게 발전하였다. 특히 동남연안에 자리 잡은 浙江 지방의 吳越과 그리고 福建地域의 閩越은 五代십국 가운데서 농업경제의 비약적인 발전을 배경으로 상공업이 번창하고 이는 다시 해상무역을 촉진하면서 활발한 대외교역을 유발하기에 이르렀다. 閩과 吳越은 각각 沿海地方의 지리적 조건을 이용하여 경제적 번영을 토대로 불교문화도 꽃을 피우게 되었다.3)

이러한 江南지방의 산업경제력을 배경으로 해상무역이 활발하게 나타나고 있으니 그 중심지가 해상교역을 담당하는 항구나 포구이다. 江南의 연안항포 지역은 그곳을 중심으로 배후에 농업을 비롯한 상공업의 발전으로 인해서 강남경제의 선진지역으로 발돋움을 하였으므로 이에 대한 검노는 해상교섭과 밀접한 관계가 있다.

閩國, 즉 오늘의 福建지방의 중심해항도시로 福州와 長樂縣을 들 수 있다. 이와 함께 泉州나 州도 중요한 해상기지이다. 이들 해항은 한반도, 일본과의 교역은 물론, 남해무역에도 중요한 역할을 하였고 중국의 북방지역과도 해상교역의 중심지로 발전하고 있다.4)

한편 오월국이 차지하고 있던 揚子江 이남의 양절연안의 중심지로 영해(明州定縣)와 함께 杭州, 秀州, 溫州, 台州가 있다. 이들 신흥상업도시는 楊子江 南岸의 福山鎭, 江陰 등의 신도시가 강남경제를 주도해 나갔고, 이들 신흥상업도시는 唐代 이래로 원양항로의 기지로 서서히 발

---

3) 曹永祿, 「唐末五代閩越 雪峯門徒의 吳越進出과 `東國僧'靈'照」, 『歷史學報』 第162輯 및 조영록 편, 『한중문화교류와 남방해로』, 국학자료원, 1977.

4) 日野開三郎, 「五代閩國の對中原朝貢と貿易」, 『史淵』 26·27.

전해 왔다.5) 吳와 南唐의 영역인 회남과 강서 지방에서는 양자강의 강안에 항포가 많은데 하류로부터 東怖州, 海門縣, 靜海縣, 揚子縣 등이 강남경제 발전에 중요한 역할을 담당하고 상류에는 昇州, 舒州 등 양자강의 남과 北岸에 걸쳐 새로운 경제도시가 원양항로와 관계가 깊다.

여기에서 주목되는 것은 唐末·五代에 들어와서는 종래와는 달리 양자강을 분계로 하여 그 이북의 해안지역은 이렇다 할 신흥도시가 없다는 사실이다. 이는 강남지방을 중심으로 한 남방항로의 번영과 밀접한 관계를 갖는 것으로 보인다. 唐 이래로 중국으로 들어온 남해제국의 상선은 唐朝의 쇠퇴와 관계없이 五代에도 계속해서 내용하였고 吳越·南唐의 영역인 揚州를 북방한계로 하고 있다. 이리하여 그 이북으로는 남해제국의 상선은 올라가지 않았던 것은 역시 華北 지방의 정치적 불안을 반영한 것으로 해석된다. 揚州는 남해무역의 중심지로 발전하였고 따라서 楊洲는 남해제국과의교역은 물론 한반도와도 밀접하게 교역을 하였으므로 한반도에서 江南에 내려간 선박들도 대부분 揚州에서 남해상품을 접하게 되었다.

② 해상활동과 조선기술의 발달

10세기 이후의 강남 지방의 상업자본 축적에는 해상무역의 중요한 역할을 하였다.6) 해상무역상은 唐末·五代를 거치면서 농촌의 형세호(부농)와 상인층에서 나왔고 균전제의 몰락 이후 빈곤농민으로 전락한 농촌의 빈민은 새로 발전한 항만도시의 水夫로 고용되어 해상활동

---

5) 『唐會要』卷 78, 諸使雜錄, 元和 14年 8月 浙東觀察使奏.
6) 金漢昇,「唐宋時代 揚州經濟景況的繁榮與衰落」,『集刊』11 ; 石橋五郎,「唐宋時代の支那沿岸貿易港に就て」,『史學雜誌』12-8·9·11 ; 藤田豊八,「宋元時代海港としての杭州·附上海·膠州」,『東西交涉史研究南海編』.

을 하게 되었다.[7]

그런데 大唐제국의 발전은 그 세력이 주로 서북방향으로 뻗치어 6 都護府의 설치를 가져오고 해상활동보다는 육상진출이 뚜렷한 바가 있다. 특히 8세기 이후의 이슬람 제국의 발전에 따라 동서세계의 해상활동은 唐代까지는 주로 외국선, 특히 아라비아 선박의 활동영역이었다. 그러나 唐末・五代의 혼란을 거치면서 외국선의 중국진출이 뜸해지고 그 대신 중국선이 동아시아 및 동남아시아의 바다에서 활동하게 되었다. 특히 주목되는 것은 이들 원양항해의 기지가 山東半島 지역에서 강남지역으로 옮겨져 내려와서 福建, 廣南, 浙江의 연안이 중요성을 더해가게 되었다는 사실이다.

마르코・폴로는 『東方見聞錄』에서 남송의 수도 臨安府(杭州)가 이미 9세기 이래로 중국에서 나타나고 있는 상업혁명, 도시혁명의 대표적 지역으로 지적하고 있다. 따라서 杭州는 唐末 이래 五代를 거쳐 宋代에 이르는 시기에 江南의 농업생산의 비약적인 발전을 배경으로 거대도시로 성장하여 왔음을 살필 수 있다. 당의 몰락 이후 五代십국으로 분립된 중앙과 지방정권은 각축전을 벌이면서도 특히 오월, 남당, 민 등 동남연해의 지방정권은 9세기 이후 급속히 신장된 경제력을 바탕으로 중앙의 五代와는 비교할 수 없는 강남경제를 발전시켰고 그 배경에는 이 지역에서 활발하게 전개된 해상무역에 힘입은 바가 크다.

10세기 이후 강남경제력의 신장은 이 지역의 해상활동과 밀접한 관계가 있음을 알 수 있고 해상활동을 위해서는 필수적으로 조선기술의 발전이 수반되었다. 그런데 유감스럽게도 10세기를 전후한 강남지방의 해상활동이나 대외무역의 자세한 내용에 대한 자료는 부족함을 면치

---

7) 斯波義信, 「宋代に於ける福建商人の活動とその社會經濟的背景」, 『和田博士古稀記念東洋史論叢』.

못하고 있다. 그것은 이 시기가 당 제국의 붕괴와 五代십국으로 이어지는 혼란한 시대이기 때문에 동남지방에서 행해지는 해외무역활동이나 이를 위한 조선기술에 대한 중요한 자료가 상당 부분 전해오지 못하고 있기 때문이다. 따라서 우리는 당 말의 자료를 활용하거나 아니면 송 초의 사료를 가지고 그와 직접 연관되는 五代의 역사사실을 연역적으로 추론할 수밖에 없다.[8]

해양선의 건조기술은 福建, 廣南 지방이 선진지역으로 조선 기술이 발달하였는데 徐競은『高麗圖經』卷 34 福建·兩浙의 해양무역선의 구조에 대해서 다음과 같이 자세히 설명하고 있다. 즉

古例에 의하면 조정에서 (外國으로) 사신을 파견하기에 앞서 福建과 兩浙의 監司에게 위촉되어 客舟를 모집, 고용하게 하고 또 明州에서 장식을 하였는데 神舟와 같다.

고 하였고 배의 규모는

뱃길이가 10餘丈, 배 깊이는 三丈, 배의 폭은 2丈5尺, 적재능력은 2千斛, 선원 60명[9]

이라 적고 있다. 또한

海商의 艦船은 크고 작음이 같지 않으니 큰 것은 5千料이고 적재인원은 5, 6백 명, 中船은 2千料 내지 1千料로 적재인원은 2, 3백 명[10]

---

8) 斯波義信, 「宋代運船業の經營構造」,『東洋學報』50-1.
9)『宣和奉使高麗圖經』卷 34, 海島, 客舟.
10)『夢梁錄』卷 12, 江南船艦條.

이라 하였다. 이에 의하면 1천 료에서 5천 료의 적재능력을 가진 海舶이 큰 특징이며 徐兢이 설명한 宋使가 편선한 신주는 2천 료 백각주의 약 3배의 구조로서 조선능력의 발전을 알 수 있다. 그런데 조선업은 해양과 하천을 근거지로 하기 때문에 자연히 지방에 운선업이 집중될 수밖에 없는데 이는 唐末・五代・宋으로 이어지는 변혁기에도 그대로 지속되어 내려오고 있다. 이에 대한 자료는 비단 宋代의 것이기는 하나 五代 이래 강남 지역에 공사적 조선업의 소재지가 집중되어 있고 특히 동남의 양절지역과 福建에 많음을 미루어 살필 수 있다.

宋代의 통계에 나타난 관영 조선장의 전국 실태를 보면『宋會要輯稿』46, 水運에 至道말 343백 37艘, 천희말 2천9백16艘으로 이를 지역별로 보면 虔州 605척, 吉州 525척, 明州 177척, 婺州 105척, 溫州 125척, 台州 126척, 楚州 87척, 潭州 280척, 鼎州 240척, 鳳翔斜谷 600척, 嘉州 45척으로 되어 있다. 이는 물론 전국적인 내하조선을 포함한 특수한 통계이기는 하나 이들 조선지는 대부분 강남 연안수로의 요지에 있다.

먼저 양절지역을 보면 溫州, 明州, 台州, 越州, 嚴州, 衢州, 婺州, 杭州, 澉浦鎭, 湖州, 秀州, 蘇州, 鎭江, 江陰이 조선소로 유명하고 이는 강남에 발달한 신흥상업도시들이다. 이 밖에 福建 지방에는 福州, 興化, 泉州, 漳州가 있으며 또 廣南 지역에는 廣州, 惠州, 南恩, 端州, 湖州, 가 알려져 있고 江東에는 健康, 池州, 徽州, 太平州가, 江西지방에는 吉州, 洪州, 撫州, 江州 등이 있는데 이들은 대부분 강남 지역에 집중되어 있다. 이 가운데서도 양절 지방의 강남델타 및 浙江유역의 제주에 있는 조선소는 기술적으로 진보하였고 또한 조선업자의 전문화가 이루어졌다. 그런데 조선자본의 산업입지에서 본다면 明州, 溫州가 더 좋은 조건을 갖추고 있고 조선의 규모에도 뛰어나고 있다.[11]

---

11) 斯波義信,『宋代商業史硏究』제2장 宋元時代における交通運輸の發達 참조.

溫州는 양질의 재료와 漆, 桐油 등의 집하지, 반출항으로 유명하고 明州와 함께 절강유수의 외항으로 알려져 왔다. 福建이나 광남 지역에서는 원해선을 많이 만들어 泉州와 廣州 등의 외항에 공급하기 위해 일찍부터 선진적인 조선기술이 발달하였다. 특히 "원양해주는 남방산 목재가 바닷물에 잘 견디기 때문에 福建선이 가장 좋고 다음이 廣東선이고 그다음이 溫州, 明州선이다."[12]라고 알려져 내려오고 있으며 福建 지방의 상인들은 바다를 통한 중계무역을 업으로 하고 있다.[13] 조선업은 다년에 걸쳐 기술이 축적되어야 하고 여기에 해상교역으로, 무역의 이익이 수반되어야 하기 때문에 몇십 년에 걸친 긴 기간이 소요된다. 따라서 宋代에 발전된 江南지방의 조선업은 이미 唐末·五代로부터 그 뿌리를 내려왔다고 볼 수 있다.

3. 中國東南地域과 한반도의 해상교섭

① 동남연해 지방과 후삼국의 교섭

唐末·五代의 중국은 중앙정부의 국가권력이 지방에까지 미치지 못하였기 때문에 海路를 이용한 중국과 한반도의 교섭기록은 상당 부분 누락되었다. 따라서 현존하는 사료만을 가지고 10세기 전후의 한·중 해상교섭 관계를 논하는 것은 실제로 전개된 사실과는 상당히 거리가 있다는 것을 인식해야 한다.

중국 측 사서에는 唐末에서 後梁代까지의 한·중 교섭기사가 빠져 있는 것은 비단 신라뿐만이 아니라 태봉, 고려, 후백제의 경우도 비슷

---

12) 『忠穆集』 卷 2.
13) 『東坡全集』 卷 56, 論高麗進奏狀 "福建一路以海商爲業".

하다. 이는 해상교섭의 중지라기보다는 중앙정부의 지방에 대한 국가
권력의 약화와 군벌의 발호에 의해 반도로부터 건너간 도래선에 대한
조처가 지방군벌이 독단으로 처리하고 중앙에는 알리지 않았을 경우
와 도래자가 수도에까지 나가지 못했기 때문일 것이다.

신라는 그 멸망직전까지도 江南의 여러 나라, 즉 吳, 吳越, 閩 등과
공사무역을 한 것으로 나타나고 있다.[14] 뿐만 아니라 吳越이 신라에
册封使를 보내고 있다.[15] 『南唐書』에도 승원 2년(937) 10월에 신라에
서 사신이 왔다고 있다.[16] 937년은 이미 신라가 고려에 멸망한 후이
기는 하나 신라 멸망 후에도 신라인이 혹은 신라선박의 국적을 가지
고 중국에 건너간 것이 확실하다. 이러한 기사로 보아 신라 멸망 후에
도 吳越 및 吳나라 사이의 해상 왕래가 있었음을 살필 수 있다. 이상
의 몇 가지 사실로써 신라는 멸망하기 직전까지도 吳・吳越・閩 등의
동남해안 제국과 활발한 해상교섭을 하였고 이들 동남해안 여러 나라
도 신라에 공・사 무역을 전개하였음을 살필 수 있다. 한편 동남해안
제국과 후백제・태봉과의 해상교섭을 보자.

후백제는 특히 吳越과의 교섭이 빈번하였는데 견훤이 건국과 동시
에 吳越에 입공하였고 吳越에서도 報聘하고 있다.[17] 후백제에서 吳越
로 건너간 使舶의 도항은 35년간에 4회이고 吳越에서 후백제로 온 사
박의 도항은 3회를 헤아린다.[18] 이러한 사행 이외에 사적 용무로 건

---

14) 李基東, 「9・10세기 있어서 黃海를 무대로 한 韓・中・日 三國의 海上活
    動」, 『진단학보』 71・72합집.
    拙稿, 「10~13世紀 東아시아의 文化交流」, 『中國과 東아시아世界』, 국학자
    료원.
15) 『舊五代史』 卷 133, 世襲列傳, 吳越條.
16) 『南唐書』 卷 1, 列祖本紀, 昇元 2년 冬10月 癸未條.
17) 이기동, 「후백제 및 고려의 남중국(吳越・閩) 일본과의 해상교섭」, 『한중
    문화교류와 남방해로』, 국학자료원 참조.

너간 승려, 상인, 학자의 수도 적지 않았다.[19] 비단 史書에 기록되어 있는 사실 이외에 후삼국시대의 신라, 후백제, 태봉은 吳(南唐)·吳越·閩과의 해상교섭이 전개되었음을 살필 수 있다. 이는 한반도에서 중국의 동남연안지방으로 나갔음은 물론이고 중국도 이 지역으로부터 빈번히 한반도에 들어오고 있음을 알 수 있다. 특히 주목이 가는 것은 중국대륙과 한반도가 다같이 분열의 시대가 계속되고 있었음에도 서로의 해상교섭은 꾸준히 지속되었고 후삼국 쪽에서 적극적으로 바다를 통한 통상무역이 성대하게 전개되었음을 살필 수 있다.

9세기 초 淸海鎭을 중심으로 張保皐에 의한 해상활동은 동아시아의 해상교섭사에서 획기적인 위업이 아닐 수 없다.[20] 그러나 장보고의 해상왕국[21]이 번영을 더해갈수록 淸海鎭에 의한 해상무역의 독점으로 피해를 입고 무역권을 빼앗긴 지방의 해상세력가들의 불만도 커졌다.[22] 장보고는 후에 중앙정계에 진출하여 세력을 뻗어 보려 하였으나 지방과 중앙의 적대적인 두 세력에 의해 비극적인 최후를 마치게 되었다.

일반적으로 장보고의 사망 후 해상교역이 침체된 것으로 보고 있으나 실상 그와는 다르다. 청해진의 폐쇄는 청해진 세력의 강력한 통제하에서 기를 펴지 못하고 있던 서남해안 지역의 군소해상에게 재기의

---

18) 日野開三郎, 앞의 論文.
19) 曹永祿, 앞의 논문.
20) 金庠基, 「古代의 貿易形態와 羅末의 海上發展에 對하여」, 『東方文化交流史論攷』.
21) 라이샤워 교수는 장보고의 청해진 세력을 상업제국(Commercial Empire)으로 기술하고 그 지배자인 장보고를 貿易王(Merchant Prince)라 하였다. 『East Asia and the Great Tradition』, Boston, 1960, 全海宗·高柄翊 共譯, 『東洋文化史』 上, 乙酉文化社 참조.
22) 日野開三郎, 「羅末三國の鼎立と對大陸海上交易貿易」, 『朝鮮學報』17, 1960.

기회를 제공하였다. 그리하여 9세기 후반 해상세력가들은 신라의 쇠망기를 틈타서 보다 역동적으로 자신의 세력을 확대해 갔다.[23]

고려를 건국한 王建이 그 세력을 키워나간 것도 開城지방을 거점으로 신라·영암, 진도 등 서해안 일대의 해상무역으로 얻은 富를 기반으로 한 것이다. 후삼국 가운데 江南지방의 십국, 특히 吳越과 해상교역에 나선 것은 후백제의 견훤이다. 견훤은 900년 왕을 자칭한 뒤 곧바로 오월국에 사신을 보내어 錢氏로부터 관작을 받았고, 그 뒤(909) 그가 오월국에 파견하려던 선단이 光州 鹽海縣 부근에서 왕건이 거느린 후고구려 수군에 의해 나포되어 실패로 돌아간 일도 있었다. 918년에 견훤은 또다시 오월국에 사신을 보내어 명마를 증여하여 관작을 받았고, 927년 말에는 오월국의 班尙書가 사신으로 와서 후백제와 고려 양국 간의 화친을 권고하는 국서를 견훤에게 전달해 주기까지 했다.

고려 초에는 吳越과 긴밀한 해상교섭이 이루어졌다. 이때도 남방해로를 주로 이용하였다.[24] 그 뒤 고려와 오월국 및 閩國과의 교섭은 더욱 긴밀해졌다. 태조 때에 文柄을 장악한 崔彦撝의 아들 崔行歸는 일찍이 오월국에 유학하여 전씨로부터 비서랑을 제수 받은 일이 있다. 그는 귀국 후 광종의 倖臣이 되었다가 형사했다. 또한 王融은 광종 때 후주로부터 귀화한 雙冀와 더불어 초창기 과거제도의 실제 운영을 담당하는 등 고려 초기의 문풍을 진작하는 데 크게 기여하였는데 王融도 福州 지방에서 내투한 것이 거의 확실하다. 이처럼 고려와 오월지방, 특히 오월국과의 정치적, 문화적 교섭이 진행되는 가운데 해상무역도 발전하였다. 고려는 송이 건국되자 곧 수교했거니와, 당시 麗·宋 교역을

---

23) 李基東, 「9~10세기, 황해를 무대로 한 韓·中·日 삼국의 해상활동」, 국학자료원 참조.
24) 金文經, 「7~10世紀 新羅와 江南의 文化交涉」, 『한중문화교류와 남방해로』 참조.

주도한 것은 오월지방의 해상들이었다. 그들은 한반도 서남해안 지방
에 내도하여 교역을 벌였고 고려의 해상들도 오월지방에 진출하였다.

② 동남지역의 중요항 포구

唐末·五代의 동남지역의 경제적 발전은 연안지역의 입지조건이 좋
은 곳에 해상활동을 위한 항구와 포구의 발달을 가져왔다. 항포구의
출현은 먼저 해항으로서의 자연조건을 갖추어야 함은 물론이지만 항
구의 물동력을 뒷받침할 수 있는 경제적 발전 지대가 그 배후에 있어
야 한다. 그런 의미에서 唐末·五代의 동남연안 지역의 항포구는 이러
한 조건을 충분히 갖추었다.

한반도와 긴밀한 해상교섭이 이루어진 兩浙지방과 그 이남 지역의
항포를 살펴보자.

먼저 吳越이 나라를 세운 양자강 이남의 兩浙연안에 있는 항포로서
는 明州의 定海縣(寧波)이 손꼽힌다. 그 밖에 明州의 昌國縣과 杭州·
秀州澉浦, 溫州, 台州 등이 유명하고 또 揚子江의 남안의 福山鎭, 滸
浦, 江陰 등도 중요한 항구이다. 특히 한반도와의 해상 교역항으로는
定海縣, 昌國縣, 海港의 중요성은 唐代 이래로 인정되고 있다.

다음으로 吳(南唐)의 영토에 있는 淮南·江西 방면을 보면 항포는
揚子江岸에 많고 하류로부터 東布州, 海門縣, 靜海縣狼山港, 揚子縣 등
揚州에 이르기까지의 북안제항 및 그로부터 상류의 昇州(南京), 舒州
등의 남북양안제항은 다같이 원양항로와 이어져 있다. 양자강 이북의
해안에는 山東半島에 이르기까지 이렇다 할 해항이 없고 산동반도의
海州 涎水縣 및 楚州가 유명하다. 揚州는 大運河와 揚子江, 그리고 해
상무역의 접선요지로 唐末에는 揚一益二로 불릴 만큼 천하제일의 번
영을 누렸던 곳이다.

이 밖에 福州의 福泉, 長樂2縣, 泉州, 漳州 등으로 특히 泉州가 중요
하다.25) 복건지방의 해항은 남해무역상에도 중요한 위치를 차지하고
산동방면의 해상교통무역이 이루어졌다. 그런데 여기에서 주목되는 사
실은 唐代로부터 중국에 들어온 남해제국의 상선은 五代에도 계속해
서 왕래하고 있는데 吳(南唐)의 揚州를 북쪽의 한계로 하여 그 북쪽
으로는 올라가지 않았고 이남의 吳越, 閩에 많이 들어 왔다는 사실이
다. 이는 唐末・五代의 혼란으로 중앙정부의 치안이 화북 연안에 미치
지 못하기 때문에 남해제국의 상선이 산동반도 쪽으로 북상하지 않았
다고 보아야 할 것이다. 이와 함께 북으로 올라가지 못한 반면에 동남
연안으로 왕래하면서 이 지역과의 해상교역은 더욱 빈번하게 이루어
졌고 이에 따라 항포의 발전을 가속화시켰다.

4. 韓・中海上路의 變化

① 10세기 이전의 북방항로

강남지방의 발전은 唐末・五代의 화북 지역의 정치, 군사적 혼란과
무관하지 않다. 8세기 중엽에 唐에서 일어난 安史의 난(755)은 종래
唐제국을 주축으로 하여 구축되었던 동아시아의 국제질서가 무너지기
시작하는 중요한 계기가 되었고 이러한 현상은 한반도(신라)와 일본에
도 그 영향을 주었다. 즉 9세기에 접어들면서 신라에서는 호족에 의한
지방분권적 할거상태로 변하였고 일본에서도 律令制의 붕괴로 지방토
호가 세력을 확대하고 封建制로 나갔다.

그런데 동아시아 국제사회에 있어서 중앙집권체제의 퇴조와 지방분

---

25) 福建省 泉州海外交通史博物館編 : 泉州海外交通史料彙編 참조.

권화의 새로운 경향은 국제 간의 교섭관계에 있어서도 새로운 변화의 조짐을 보이게 되었다. 즉 종래 중앙정부에 의해 주도되어 왔던 국제적 교섭이 중앙정부의 무력화와 공백을 지방토호나 상인, 혹은 승려나 유학생 집단에 의해 교섭관계가 힘을 얻게 되었다는 사실이다. 이와 함께 또 하나의 새로운 변화는 지금까지 한·중관계의 중요한 교섭로가 되어 왔던 육로가 퇴색하고 해로가 더욱 중요한 위치를 차지하게 되었다.

고대로부터 唐末·五代·宋初에 걸쳐 한·중 양국 간에 널리 이용되어 내려온 항로를 문헌에 나타나 있는 내용으로 정리하면 대체로 3대 항로, 즉 북방해로, 서해횡단로, 그리고 남해항로이다. 당의 유명한 지리학자 賈耽이 지은 道里記[26]에는 당에서 신라로 들어가는 항로를 자세히 기술하고 있다. 즉 山東半島의 蓬萊(登州)를 출항하여 북동쪽으로 長山島(大謝島)를 지나 烏朝海(老鐵山水道)에 도착한다. 여기에서 동으로 大蓮灣 부근의 靑泥浦를 지나 압록강 입구의 烏骨城까지 나가고 이곳에서 뱃머리를 남으로 돌려 한반도의 서해안을 따라 남으로 내려오면서 烏牧島와 大洞江 강구와 江華島·德積島를 거쳐 南陽灣에 이르게 된다. 이 항로는 대륙과 한반도의 국제정세에 따라 때로는 막히기도 하였으나 신라시대에 이 북방항로는 해안을 따라 항해하였기 때문에 항로는 멀었으나 안정성 때문에 많이 이용되었다.

북방해로와 함께 黃海를 직접 건너가는 황해횡단해로도 문헌에 자주 나타난다. 『宋高僧傳』에 신라의 義相大師가 文武王 9년(당 총장 2년)에 상선을 이용하여 登州에 도착하였다.[27]는 기록이 보이고 일본의 고승 圓仁이 쓴 『입당구법순례행기』에도 산동반도 登州연안의 항포

---

26) 『新唐書』 卷 43, 地理志 下.
27) 『新唐書』 卷 4, 新羅國 義湘傳.

구가 황해바다를 가로질러 신라와의 직접 항로로 이용되었다고 기술하고 있다.[28]

조선의 지리학자 金正浩는 한반도와 중국과의 역대항로를 기술하면서 7세기 후기에 唐의 장수 蘇定方이 백제를 쳐들어 올 때 이용한 海路를 登州에서 바다를 횡단하여 德積島로 진군하였다고 설명하고 있다.[29] 또한 수와 당나라의 고구려, 백제의 침입 때도 陸路 이외에 黃海를 횡단한 사실도 있어서 황해횡단 海路는 위험성이 따르기는 하지만 항로를 단축하는 이점이 있기 때문에 이용되었다. 일본승 圓仁이 기술한 귀국일지에 의하면 9월 2일에 山東의 赤山浦를 떠나 이튿날 아침에는 한반도의 산을 바라보았고 4일 아침에는 熊州(公州) 앞바다에 정박하고 이튿날(5일) 출발하여 黃茅島의 泥浦에 정박하고 다시 雁島를 지나 對馬島에 이르렀다고 설명하고 있으니 중국을 출발한 지 5일 만에 對馬島까지 도착하였다.[30]

② 唐末・五代의 남방항로

이상의 북방항로나 황해횡단해로는 중국대륙의 정세변화에 의해 10세기 초에 오면 이용하지 못하고 남으로 내려오는 남방 海路가 각광을 받게 되었다. 그런데 이 남방해로는 이미 5세기에 남조와 백제, 신라와의 통교에 이용하고 있음을 살필 수 있다.[31] 즉 신라승 覺德이

---

28) 祁慶富, 「10~11세기 한중해상교통로」 ; 김문경, 「장보고시대의 해상활동과 교역」 ; 毛昭析, 「선진시대 중국 강남지역과 한반도의 해상교통」, 『入唐求法巡禮行記』 卷 2.
29) 『百濟本紀』 卷 6, 義慈王 20年條 및 『新唐書』 卷 28. 唐의 출발지를 登州의 城山(戌山)으로 하고 백제의 도착지를 熊律江 입구로 설명하고 있다.
30) 『元和郡縣志』 卷 11, 登州條에 新羅로 가는 航路의 중심지를 登州라 하였는데 이 登州는 蝗害橫斷航路의 중심지가 확실하다.
31) 『南齊書』 卷 58, 東夷傳.

양나라에 건너갔을 때와 그가 眞興王 10년(549)에 양의 사신과 함께 불사리를 가지고 왔을 때도 이 남해항로를 이용하고 있다.[32] 眞興王 26년(565)에 진의 사신 劉思와 함께 온 '입학승' 明觀도 이 항로를 따라 왔을 것이다.[33] 신라가 중국 제 왕조에 대해 이른바 '조공무역'을 활발하게 전개한 것이 남조의 진부터였다는 점을 감안한다면 이 시기의 신라는 남방 해로를 보다 많이 이용하였을 것이다. 진과의 교역은 眞興王 대만 해도 전후 4차례나 되었으며 眞智王, 眞平王代에 오면 더 많은 사람들이 왕래하였다. 眞平王 7년(585) 고승 智明의 입진이나[34] 동왕 9년조에 나오는 大世와 仇染의 이야기도 남해항로로 남중국의 오·월에 건너간 당시 신라 사람들의 정황을 반증한 한 예이다.

이 밖에도 圓光法師가 선편으로 金陵(南京)에 직항한 기록[35] 등은 신라가 통일 이전에 이미 남방 항로를 통하여 남조와 왕래하고 있었다는 사실을 입증해 주는 것이다. 『唐會要』에는 望海鎭(明州 定海縣)이 일찍부터 신라 원항선박의 중요한 발착항포였다는 사실을 알려주고 있다. 뿐만 아니라 『輿地紀勝』에는 明州昌國縣의 梅岑山은 고려·신라·발해·일본 등의 선박이 바람을 기다리던 곳이라 하고 있다.[36] 『高麗圖經』에 나오는 항로 가운데 梅岑을 보면 매우 흥미로운 기사가 실려 있다.

『續日本後紀』에 보면 신라 상인들이 康州(廣州)에 표류한 일본인 50여 명을 일본으로 데리고 왔다는 기록이 있다. 이는 신라 상인들이 남방항로를 따라 남중국에 진출한 좋은 예라 하겠다. 신라 말에 오면

---

32) 『海東高僧傳』 卷 2, 覺德.
33) 『三國史記』 卷 4, 『新羅本紀』 第4, 眞興王 26年條.
34) 『三國史記』 卷 4, 眞智王 7年, 秋七月.
35) 『續高僧傳』 卷 13, 圓光.
36) 『三國史記』 卷 10, 新羅本紀 第10.

남방항로는 더 많이 이용되고 있는데 그것은 북중국에 거란족이 등장한 데에도 한 원인이 있었지만 이 항로를 이용하는 선원들은 이미 계절풍과 해조의 흐름을 잘 이용할 줄 알았기 때문이다. 많은 신라승의 입당과 귀국의 기록을 보면 서북풍이 부는 10월부터 다음해 2월에 중국으로 가서 서남풍이 부는 3~8월에 귀국하고 있다.[37] 신라 말의 많은 승려들이 초봄에 중국으로 가서 여름에 武州, 金州, 康州, 羅州 방면으로 돌아오고 있다. 후백제왕 甄萱이 江南지방의 吳·越 등의 여러 나라와 바다를 통한 빈번한 왕래는 이 항로가 고대로부터 계속적으로 이용되어 왔음을 증명하는 것이다.[38]

그러면 이 남방항로에 대해 가장 정밀하게 기술하고 있는 徐兢의 『高麗圖經』을 살펴보자. 徐兢은 明州 定海縣을 출발하여 梅岑(昌國縣)에서 白水洋(浙江 연안 해중)·黃水洋(長江口의 濁水海)·黑水洋(黑潮해역)을 지나 來界山(小黑山島)·排島(珍島 동쪽)·黑山(黑山島)에 도착하여 서해안을 따라 북상하여 禮成江 입구에서 開京에 이르는 해로를 따라 항해일지와 항로를 적고 있다. 특히 『高麗圖經』에서 주목되는 바는 徐兢이 바닷길에 대해 깊은 주의와 관심을 기울이고 있다는 사실이다.[39]

『高麗圖經』(해도)에 의하면 그의 일행은 북송 徽宗의 선화 4년(1122년, 고려 예종 17년) 5월 16일에 신주를 비롯한 8척의 배를 타고 明州를 출항하여 5월 19일에 定海縣에 이르러 이곳에서 3주야간 供佛

---

37) 윤명철, 「황해의 지중해적 성격연구(Ⅰ)」, 『한중문화교류와 남방해로』 참조.

38) 金庠基, 「羅末地方群雄의 對中通交 — 特히 王逢規를 중심으로 —」, 『東方史論叢』, 서울대출판부, 1984.

39) 徐兢은 『高麗圖經』 40권 가운데 南方海路에 대해 설명하고 있는 「海道」部가 5권(95, 36, 37, 38, 39권)에 이르는 많은 양을 할애한 것으로 알 수 있다.

祀神의 의식을 마친 후 고려로 향하였다.

5월 24일 동남풍을 타고 虎頭山에 이르고 다시 나가 蛟門(三蛟門)과 松柏灣, 盧浦에 당도하여 닻을 내려 정박하였다. 5월 25일에 浮稀頭와 白峰, 筸額門, 左師岸을 지나 沈家門에 당도하여 다시 닻을 내렸다.

5월 26일 定海縣 동부의 梅岑40)에 이르러 상륙하여 이틀을 묵은 후, 5월 28일 赤門을 나서 海驢焦를 지나 蓬萊山을 바라보며 항해를 하였다. 그런데 이곳을 지나면 중국의 산은 다시 보이지 않는다고 기술하고 있는데 이 봉래산은 아마도 중국 수역의 끝으로 여겨진다. 그 후 半洋焦를 지나 밤새 항해를 하였고 5월 29일에 白水洋을 지나 위험한 黃水洋을 거쳐 黑水洋의 대해로 들어섰는데 이곳부터가 중국의 연해를 완전히 빠져 나온 것이다.

6월 1일에도 계속해서 항해하여 6월 2일 아침에 일어나니 정동으로 병풍 같은 산 하나가 보이는데 來界山이라 한다. 이족(고려인)이 이곳을 중국과 고려의 경계로 삼는다고 하였다. 6월 3일 五嶼를 거쳐 排島(排垛山), 白山을 지나자 배의 항해가 매우 빨라졌고 白山 동남쪽에 黑山島가 바라보였다. 중국사신이 黑山에 이르면 항해의 위험에서 일단 벗어나고 항해로부터의 공포에서 정신적인 안정을 얻는 것이다. 이로부터 大月嶼, 小月嶼를 지나 闌山島(天仙島) 白衣島(白甲苫)를 지나 그 동쪽의 跪苫으로 나아갔으며 이 섬의 밖으로 春草苫(外嶼)를 지났는데 노송나무가 울창하다. 6월 4일에 檳榔焦를 지나 보살 섬을 거쳐 竹島에 이르러 정박하였다.

6월 5일에는 竹島에서 멀지 않은 苦苫島에서 묵었고 6월 6일에 群

---

40) 『續資治通鑑長編』 卷339, 元豊 6년 9월 庚戌條에 고려 사신 楊應誠의 使行路를 설명하여 '明州를 출발하여 4일 만에 黑山島에 이르고 5일째 되던 날 明州 定海縣에 도착하였다'고 있는데 이는 계절풍을 이용한 遠航기록이다.

山島(古群山島)에 이르러 정박하였다.

6월 11일에 龍骨에 정박하고 6월 12일 禮成港 碧瀾亭에 도달하여 다음날 육로를 따라 왕성(開京)으로 들어갔다.

이상 徐兢 일행의 항해일정은 사신의 행차이기 때문에 중간에 여러 가지 의식과 풍랑으로 인한 지체를 생각하지 않을 수 없다. 그들이 송의 明州를 떠나 정해현에서 3일이 걸렸다. 도중 각처(群山島, 紫雲島, 紫燕島 등)에서 迎送儀禮가 있었으므로 군산도에서 예성항까지의 항로 일종도 평상시의 일정으로 보기 어렵다.

그러나 이들이 돌아간 날짜를 보면 이와는 전혀 다르다.

동년 7월 15일에 예성항을 출항하여 8월 27일에 정해현에 도달하였는데 그 소요일수는 약 42일로 고려에 건너올 때의 일수에 비하면 거의 3배의 시일을 소비하였는데 그 원인은 계절풍 때문이었다. "사인의 항로는 갈 때는 남풍을 이용하고 돌아올 때는 북풍을 이용하였다"[41] 는 기사는 이를 설명해 주는 것이다. 麗・宋 교역에 있어서 宋商이 고려에 온 시기가 늦가을에 많았던 것은 바로 서남계절풍을 이용한 데 그 원인이 있다. 徐兢 일행의 내항은 하기의 남풍을 이용하였으므로 梅岑으로부터 군산도까지 약 9일밖에 소요되지 않았다. 그러나 그들의 귀국항로는 순풍이었으므로 군산도 부근에서 이 역풍을 만났기 때문에 상당한 기간(30여일) 풍랑을 피하여 머물지 않을 수 없었으며 이러한 여름 풍랑은 오늘날의 태풍에 해당되기 때문에 태풍을 만나면 난파되는 일은 흔히 있었을 것이다.

이상 『고려도경』의 노정을 정리하면 남방항로가 분명해진다. 즉 明定縣을 출발해서 梅岑(昌國縣의 동쪽)에서 白水洋(浙江 연안해 도중의 물이 얕은 곳)・黃水洋(양자강의 濁水)・黑水洋(黑湖)을 건너 排

---

41) 『高麗圖經』 卷 40.

島(珍島)에 도착하여 반도의 서안을 북상하여 禮成江에 들어가는 것이 宣和奉使의 노정이다. 이 항로는 계절풍이나 해호류의 흐름을 이용할 수 있다. 나말에 全州·羅州 방면으로 중국에서의 귀착이 모두 7월인 것은 계절풍과 관계가 있다. 따라서 중국의 동남지방을 출발한 사람으로서, 이들 반도 도해승의 다수의 예에 의해, 삼국정립시대, 양절방면과 반도와의 해박의 왕래가 융성했다는 것을 확실하게 알 수 있다. 중국의 동남지방을 양절방면과의 왕래에서 유리했던 지역은 후백제이고, 신라가 그 다음이었다는 것도 이상의 고찰에서 살필 수 있는 것이다.

5. 맺는말

종래 한중교섭사 연구는 많은 학자들에 의해 의욕적인 연구가 진행되어 왔다. 그러나 그러한 연구는 대체로 중국의 정통왕조(수·당·송·원·명·청)와 한반도의 통일왕조(신라·고려·조선) 간의 교섭이 중심이 되었다. 그런데 중국사에 있어서 당송변혁기로 규정되고 있는 10세기 전후(唐宋·五代)는 한반도에 있어서도 신라 말 후삼국시대로써 이 기간은 북방의 陸路와 종래 이용되고 있던 북방항로가 막혔기 때문에 한·중 교섭은 남방항로를 이용할 수밖에 없다.

唐 후기 이후 화북 지방의 혼란과 江南지방의 발전 그리고 한반도에서의 통일신라의 붕괴로 동아시아의 국제질서는 새로운 방향으로 전개되어 나갔다. 이러한 새 질서는 자연히 중국의 강남지방과 한반도의 직접 교역통로로서 남방항로가 각광을 받게 되었다.

唐末·五代·宋初에 걸쳐 강남지방을 중심으로 동아시아의 국제 교류는 남방항로를 이용한 해상교역이 활발하게 전개되었음을 알 수 있다. 여기에는 강남지방을 중심으로 발전한 경제력을 바탕으로 적극적인 해상교섭이 이루어졌고 이는 한반도와의 해상교류에도 그대로 반영되었다. 지금까지 唐末・五代를 문화적인 암흑기로 낙인을 찍은 것은 宋代에 들어와 사대부 문신관료의 五代史에 대한 부정적인 시각에서 비롯된 것이다. 이와 함께 宋代를 폐쇄적이고 국수주의 시대로 단정하고 대외 면에서도 서북방에 정복왕조의 출현을 강조하여 宋代 사회가 고립적인 폐쇄사회라고 규정한 것은 지금까지 실크로드의 陸路를 통한 대외관계적 시각에서 비롯된 일방적인 주장이라 하겠다.

그 위에 10세기를 전후로 한 한・중의 해상교섭은 이 시대의 혼란상을 반영하듯 역사적 자료가 정리되지 못하고 따라서 지금까지의 연구가 극히 제한적인 관찬 사료에 의존할 수밖에 없다. 그러나 이 시대의 혼란으로 비록 자료는 많지 않으나 인물의 왕래, 해상교역량, 그리고 江南지방의 발전과 중앙정부(唐・五代・新羅)의 통제력 약화가 자연히 연해지방의 해상활동을 촉진하였고 그것이 한중해상교섭을 적극적으로 추진하는 계기를 만들어 주었다. 한중의 교섭에 있어서도 江南지방의 지역적 경제발전을 배경으로 지방세력이 주도하는 해상활동이 활발하게 추진되었음을 살필 수 있다. 이에 따라 해상의 항로도 종래와는 달리 남방해로가 북방 海路나 황해횡단항로를 제치고 중요한 교섭로의 역할을 담당하고 있음을 알 수 있다. 특히 10세기를 전후한 당시의 해상활동에 관한 사료는 미비하여 해상교섭의 실상을 파악하는데 어려움이 적지 않다. 이러한 문제는 앞으로 사료의 발굴 작업, 특히 지방지에 대한 연구와 기타 보조자료를 통하여 연구 작업이 추진되어야 할 것이다.

V. 10~13세기 海路를 통한 麗·宋의 文物交易

1. 宋代 海運業의 발달과 麗·宋 교역

麗·宋의 통교는 宋의 건국 직후인 태조의 乾隆 3年(962)에 高麗에
서 廣評侍郎 李興祐 등을 파견한 데서 시작하여[1] 南宋의 孝宗 隆興2
年(1164)까지 약 200여 년간 계속되었다. 그 중간에 遼의 高麗 침입으
로 인하여 약 72년간(999-1071) 사절의 왕래가 두절되기도 하였다.[2]
이 동안에 高麗의 使臣이 宋에 건너간 수는 57회이고 宋의 使臣이 高
麗에 온 것은 30회에 이른다. 이와 같은 사절의 왕래 회수에서 高麗의
宋에 대한 使臣派遣이 宋의 그것에 비하여 적극적이었음을 살필 수
있다. 다만 唐代나 明·淸時代에 빈번히 往來한 사실에 비하면 소원한
바가 없지 않다. 그러나 이와 같은 소원함은 당시의 國際的인 환경으
로 볼 때에 북방에서 군사적인 압박을 가하고 있는 遼와 金의 눈을
피하여 陸路가 아닌 死路에 가까운 海路를 이용하여 使行길에 나섰다
는 사실은 使行의 回數에 비할 바가 아닌 적극적인 것으로 주목하지
않을 수 없다.

그런데 高麗와 宋(北宋·南宋)과의 바다를 통한 교역이 활발히 전개
될 수 있었던 중요한 원인 가운데 하나는 宋代의 海運業이 비약적으
로 발달하였다는 사실을 들 수 있다. 여기에는 두 가지 요인이 있다.
하나는 앞에서도 지적한 바와 같이 東아시아의 국제관계의 변화에 따
라 陸路가 막혀버렸기 때문에 海路를 이용하게 되었다는 점이고 둘째

---

1) 『宋史』 卷1, 太祖本紀 建隆 3年 11月 內子條, 『高麗史節要』 卷2.
2) 『宋史』 卷5 太宗本紀 淳化 5年 6月條, 『高麗史』 卷3 成宗 13年 6月條

의 요인으로서는 宋代의 산업생산의 지역적 발전과 화폐경제의 보급으로 物貨의 流通이 폭발적인 증가를 가져왔다는 사실이며 셋째 요인으로서는 船路 및 航海技術의 발달을 꼽을 수 있겠다.

遠洋航行船(海船)은 唐代까지는 주로 外國航舶, 특히 아라비아 船의 활동영역이었으나 宋代에는 造船의 기술적인 장애를 극복하면서 대형선박을 건조하여 중국선이 高麗·日本 등 東아시아 영역은 물론 동남아시아와 서아시아의 해역에 진출하여 활약하였다. 海舶의 기지는 明州, 泉州, 溫州, 廣州 등 浙江, 福建, 廣南 연안이었고 특히 양자강 하류 浙江省의 明州는 高麗와의 交易港으로 일찍부터 중요시 되었다.

먼저 造船技術면에서 볼 때 宋代는 배의 종류가 다양화되고 전문화되었음을 살필 수 있다. 배의 명칭도 지역에 따라 다르고 黃河나 淮水, 그리고 揚子江에서 운항되는 內陸河川船의 명칭이 각 지방의 이름을 따서 船名을 부쳤으며 船體의 모양도 수로에 유리하도록 각각 특색을 지니고 있었다.

특히 航海를 목적으로 한 海船의 명칭을 보면 神舟, 舶船, 鑽風(海鰍) 三板(划船) 魛魚船, 湖船, 海湖船, 烏頭船, 大航船, 竄船(戈船) 등 다양한 종류가 있다.[3]

兩浙·福建지방의 중형해양무역선의 구조를 자세히 설명하고 있는데[4] 이에 의하면 중형선의 길이가 10餘丈, 船深3丈, 배의 폭이 2丈 5尺 적재량은 2千石, 탑승船員 60여인으로 배의 구조가 풍랑에 잘 견딜 수 있도록 설계되어 있다고 하였다. 특히 徐兢이 高麗의 使節로 同行했을 때 타고 온 神舟는 皇帝(徽宗)의 特命에 의하여 건조된 대형선박으로 중형 客舟의 약 3倍의 거대한 木船이었다. 당시 페르시아만에

---

3) 『蒙梁錄』 卷 12, 江海船艦
4) 『高麗圖經』 卷 34.

내항하는 중국선의 선원은 400-500人에 달하고 큰 것은 1千名 이상의
선원이 탑승하고 있었던 사실이 전해온다. 또 浙江 福建 廣東의 沿岸
에는 一千石, 二千石의 米穀을 실은 배가 빈번하게 왕래한 사실을 살
필 수 있다.[5] 바다에서 海舶의 추진력은 帆布를 이용하였다. 中舶은
일반적으로 2개에서 4개의 돛을 달고 큰 배는 5개 내지 6개, 아주 큰
배는 9개 내지 10개의 돛을 세우기도 하였다. 船速은 明州·高麗간은
5-7일 내지 20일이 걸렸으며 福建에서 浙江 사이는 3일, 明州에서 密
州 사이도 3일 정도가 소요되었다.

2. 宋代 造船기술의 발달

北宋 초기에, 兩浙 지역의 조선 기술이 이미 매우 높은 수준에 이르
렀다.[6] 북송에 유명한 과학자 沈括의 말에 의거하면 "宋初에 兩浙에
서 헌납한 龍船은 길이가 20여 丈이며 上은 宮室層樓인데 御榻(황상
의 침실)을 설비해 놓아 遊幸할 수 있도록 하였다."고 한다. 造船의
수량에 있어서는 北宋 眞宗 때 전국의 官營造船場에서 매년 漕運船의
제조 수량은 2,910 여척에 달하였고 11개 州에서 나누어 제조하였다.
宋代 造船場은 全國的으로 산재해 있으며 造船 능력의 統計를 보면
至道末(907년)에는 三千三白三十七艘 天禧末(1021년)에 二天九伯一十
六艘[7]이다. 이를 지역적으로 보면 虔州 605척, 吉州 525, 明州 177,
務州 105, 溫州 125, 台州 126, 楚州 87, 潭州 280, 鼎州 240, 鳳翔斜谷

---

5) 『嶺外代答』 卷 6.
6) 斯波義信 著, 『宋代商業史研究』, 風間書房, 1968. 51쪽, 船舶の種類と形態.
   참조.
7) 『宋會要輯稿』 卷 46 食貨, 水運.

600, 嘉州 45척으로 되어 있다.8) 각 지역마다 기술적으로 전문화 분업화된 조선소가 있고 특히 西南아시아 高麗, 日本으로 출항하는 明州, 廣州, 泉州, 溫州 지방의 조선소가 유명하다. 그 중 江西路의 虔州(處州)는 605척이고 吉州(吉安)은 525척이며 이들의 비율이 가장 높다. 北宋 哲宗 年間에 溫州와 明州의 造船業은 매우 빠른 발전을 하여 "한 해에 造船의 수는 600 척을 정액으로 삼는다." 徽宗 때에 여전히 같은 정액을 유지하였다. "溫州에서는 매해 도합 600 척을 제조하였다. 그리고 虔, 吉, 潭(湖南長沙), 衡(湖南衡陽) 4개 州는 北宋 후기에 매해 총 조선 수는 하강하여 723 척이 되었다. 바로 溫州와 明州의 造船業이 발달하였기 때문에 徽宗 때에 京師의 物貨場을 회복하려 하였을 때 어떤 사람은 溫州와 明州의 선박을 빌어 와서 貨物을 운수하는 데 사용하자고 제의하였던 것이다. 南宋 때 運河의 漕運額이 격감하였기 때문에 糧船도 매해 製造額이 이에 따라 하강하였다.

溫州는 이때 戰船을 대거로 제조하는 책임을 맡고 있었을 뿐 아니라 糧船의 歲額도 340척이나 되었다. 그리고 虔·吉·潭·衡 4개 州의 총 歲額은 여전히 723 척이어서 이때까지 임무를 완수할 수 없어 지연되고 있는 것이 상당히 많았다. 이로 볼 때 北宋 후기에서 南宋 후기까지 溫州의 造船業이 시종 전국에서 수위를 차지하고 있었음을 알 수 있다.9)

北宋 外國에 出使하는 데 사용한 大海船도 대개 兩浙 또는 福建에서 제조하였든가 또는 工人을 모집해서 제조한 것이다. 神宗 때 高麗에 사신을 파견하기 위해 "明州에서 萬斛되는 선박 2 척을 제조하도록" 명령하였다. 후에 이 두 척의 큰 배는 "定海에서 바다를 건너 東

---

8) 『宋會要輯稿』卷 46 食貨, 水運.
9) 『宋會要輯稿』卷 46 食貨, 水運.

으로 해서 이르니 국인(高麗人을 지칭)이 환호하면서 나와 맞이하였다"10)고 한다.

徽宗 때 徐兢 등을 파견하여 高麗에 出使하도록 하였는데 이때도 明州에서 매우 큰 "神舟" 두 척을 제조하였다. 당시의 기록으로 미루어보면 "神舟"는 약 1100 톤 무게를 선재하고 高麗에 도착하였다."

北宋 兩浙의 조선 기술은 전국에서 수위에 있었을 뿐 아니라 국제적으로도 최선진 수준에 이르고 있었다. 北宋 때 兩浙 지역의 어떤 선박은 桅杆을 轉軸에 설치하여 세우고 닫는데 원활히 움직일 수 있게 하여 큰 바람이 불어 부러질까 걱정할 필요가 없었다. 선박의 설비도 갖추고 있었으며 舵에는 正舵가 있어 "大小 두 가지가 있어" "수심에 따라 바꿀 수 있도록 하였다", 三副舵가 있는데 "다만 大洋에서만 이를 사용한다"고 한다.

그리고 起碇用의 輪車가 있으며 布帆・利篷이 있고, 風向을 측정하는 "五兩"(모두 새의 깃털에 竹竿 위에 둔 것) 등이 있다. 특히 이미 指南針을 사용해서 航海 방향을 구별할 수 있었다. 南宋 때 더 한 걸음 진보하여 나침반을 사용하였다. 이것은 兩浙 海外貿易 발전을 더 유리하게 하였다.

南宋 정부는 재정 수입을 증가시키기 위해 그리고 수입품을 구매해서 통치 계급의 수요를 만족시키기 위해 해외 무역에 대하여 매우 중시하였고 다방면으로 장려하였다. 일찍이 宋 太祖 開寶 4년(971)에 南漢을 平定한 후에 北宋 정부는 곧 廣州에 市舶司를 설립하였다. 이어서 또 계속해서 杭州・明州・泉州에도 설립하게 되었다. 또 외국 상인이 중국에 와서 무역하도록 유치하기 위해서 宋 太宗은 雍熙 4년(987)에 특별히 "內侍 8명을 파견하여 敕書와 金帛을 가지고 4갈래로 나누

---

10) 『宋會要輯稿』 食貨 46 水運

어 각각 海南 각 蕃國에 가도록 하였고 그들이(蕃國) 進奉하도록 유치하면서 香(香科), 藥(藥材), 犀(犀角), 牙(象牙), 진주, 용뇌 등을 널리 구매하였다.[11]

南宋 때 통치자는 이 일에 유념하였다. 宋 高宗은 "市舶의 이익은 나라 財務에 도움이 된다. 마땅히 옛 법에 따라서 먼 지역의 사람들을 초대하여 항구를 열어 왕래하고 재화를 후하게 준다"고 하였다.

兩宋 政府는 또 通商口岸에서 外商招待所를 설립하였다. 예를 들면 杭州에는 懷遠驛, 明州에는 來遠驛(후에 來安亭이라고 개칭), 그리고 溫州에도 來遠驛이 있다. 외국 상인이 처음 이곳에 도착하면 市舶 기관에서 "妓朵"로써 영접하고 배웅하며, 외국 상인들이 교자 또는 말을 타도록 허락하며, 해당 지역의 주요 관리가 직접 접견하였다. 中外 상선이 出洋할 때 市舶 기관은 "술과 음식을 보내고" 때로는 잔치를 베풀어 거행하기도 하는데 大小 상인과 선원과 雜工 모두 참가할 수 있다.

외국 상인과 외국 선박에 대해서도 보호 조처를 취하였고, "외국 선박이 풍랑으로 인해 沿海州界에 표류하다가 정박하게 되어 만약에 배가 훼손된다든가 또는 파괴되었는데 선주가 不在한다면 官에서 이를 구제해주고 화물을 등록하며 그 친지들이 보증인지하면 가지고 가도록 허용하였다"고 한다. 만약에 풍랑을 만나 利롭지 못하고 배가 파손되고 楫가 파괴된 것은 곧 세금을 면제해 주고, 그리고 外商들이 해당 지역 관리의 사기와 협박을 받았을 경우 級을 초월해서 上訴하도록 허락한다. 또 市舶 기관의 관리와 中外 商人이 해외 무역에 공헌이 있는 자에 있어서는 즉시 장려를 받을 수 있으며 관리로서 만약에 해외 무역에 파괴 행위를 하였을 때에 반드시 처벌을 받았던 것이다.

11) 『宋會要輯稿』 食貨 46 水運 및 『文獻通考』 25 漕運.

사회 생산이 발전되고 과학 기술이 진보하는 기초 위에, 게다가 宋 정부는 특별히 해외 무역을 장려하였으므로 당시 兩浙의 해외 무역은 매우 발달하기 시작하였다.

海洋船의 船員에 대해 보면 海船은 船~內에서의 경영규모 그리고 乘船作業도 조직적이며 거대하였다. 船內의 노동은 分業化되어 있으며 船夫는 上·下 두 계급으로 구분되어 있다. 특히 宋代는 나침반의 발명으로 항해술의 비약적 발전을 가져왔다. 항해기술상에서 중요한 나침반을 운용하는 火長의 任務는 羅針盤 등에 의한 方位 측정은 물론 櫓樵 등 배의 推進具의 지휘를 맡아 항해기술상 중요한 역할을 담당하였다. 이러한 造船業과 航海技術의 발달로 麗·宋 간에는 활발하게 해상교역이 전개되었으니 宋의 眞宗 大中 5年(1012)으로부터 南宋末(1278)까지 266년간에 宋의 南人이 高麗에 入港한 총회수는 129회에 이르며 상인의 수는 5천여명에 달하고 있다.

이와 같은 船舶의 다양한 내용으로 미루어 볼 때 宋代의 海路交通의 발전상을 헤아릴 수 있으며 특히 宋代는 중국역사상 획기적으로 해양기술이 비약적으로 발전한 시대라는 사실을 알 수 있다. 이리하여 宋代는 北方民族의 출현으로 陸路 대신 海路를 이용할 수밖에 없는 국제정세의 변화에 따라 唐代의 內河水路交通을 발전시켜 航海大國으로 발전하였다.

宋의 明州(寧波)가 麗·宋의 해상무역에서 차지하는 위치는 매우 중요하고 그 경제 문화적 중요성 또한 크다. 이와 아울러 宋의 무역선이 출입하는 高麗의 國都 開京의 關門港인 禮成港도 그 중요성이 東아시아 각국에 널리 알려졌으며 高麗의 文人이며 정치가인 李奎報는 禮成港의 번창함을 읊어 이르기를

"湖水가 들고나매 오고가는 배는 머리와 꼬리가 잇대었더라. 아침에

이 다락 밑을 떠나면 한낮이 채 못 되어 돛대는 南蠻의 하늘에 들어
가는구나. 사람들은 배를 가르쳐 물위의 驛馬라 하나 나는 바람 쫓는
駿馬의 굽도 이에 비하면 더디다 하리."¹²⁾ 라 하였다. 南方의 宋과 아
라비아 상선이 빈번하게 禮成港을 드나들고 있었음을 살필 수 있고
이를 미루어 麗·宋의 海上貿易의 번창함을 알 수 있다.

3. 宋代 해외무역과 市舶司

宋 정부가 크게 해외 무역을 장려하였고 또 해상 교통이 便利하였
기 때문에, 亞非 각국과 중국의 통상은 발달하였다. 南宋의 대외 여행
기록인 『領外代答』과 『諸蕃志』 등에 의하면 50 여개 국가와 교역이
이루어 졌고 그 중 중요한 나라는 일본과 고려 그리고 버니[쟈리만단
의 북부], 闍婆, 三佛齊[수먼다라 동남부], 大食, 層拔 등이 있으며 대
부분은 南洋 群島와 아세아 남부, 서남부의 연해 지역이다.

層拔은 黑人國으로 멀리 아프리카 중부 동해안인데 이곳까지 宋의
무역선이 도착하였다. 1888年(光緒 14年)에 영국인은 상그바르에서,
1898年(光緒 24年)에 독일인은 소마리아에서 宋代 중국의 銅錢과 瓷
器를 발굴하였다고 한다.

근래에 와서 이란 사람도 페르시아만의 쓰라브 항구와 더헤이란 시
의 남족 근교의 레이 및 그들 나라의 東北部 니사프알 등 지역에서
宋代의 瓷片[도자기 조각]을 발굴하였다. 1977년 스리랑카 考古局도
북쪽 쟈프나 부근 해안에서 北宋 때 중국 자기와 도기 500 여점을 발
굴하였다. 같은 해 말 일본 考古學者는 九州福岡(옛 명칭은 博多) 港

---

12) 『東國李相國集』 卷 16.

에서 中國 宋代의 선원과 상인이 거주하던 유적을 발견하였는데 당시의 동전 "元豊通寶"와 대량의 청자·백자를 발굴하게 되었다. 이 모두 宋代에 해외 무역이 발달하였다는 역사적 증거이다.

날로 발달하는 해상 무역에 적응하기 위하여 北宋 정부는 선후로 해서 廣州, 杭州, 明州, 泉州, 密州板橋鎭[현 山東 膠縣에 속함]과 秀州 ○亭縣[上海市松江 일대]에 市舶司와 市舶務를 설치하였다. 南宋 때 密州가 金나라의 판도에 귀속된 것 외에 기타 5곳의 市舶 기관은 여전히 존속하였다. 이와 아울러 溫州, 江陰軍 등 그 곳의 市舶務를 증설하였다. 北宋 6곳의 市舶 기관 중 兩浙은 3곳을 차지하였고, 남송의 7곳의 市舶務 중 兩浙은 5곳을 차지하고 있었으니 당시 兩浙의 해외 무역이 얼마나 성황을 이루었는지 알 수 있다.

北宋 때 廣州, 明州, 杭州 3곳 市舶司를 합해서 "三司"라고 칭하며 이것은 당시의 주요 무역 항구이다. 北宋 정부는 太宗 端拱 2年(989)에

금번부터 상업 또는 여행으로 외국에 나가서 무역을 할 자는 반드시 兩浙 市舶司에서 牒을 진술해서 官吏가 券을 발행해주면 이로써 行할 것이며 만약에 위배한 자가 있다면 그의 寶貨를 몰수할 것이다.

라고 규정하였다. 전국 각지에서 바다로 나가는 商船은 모두 반드시 兩浙 市舶司에서 수속을 밟아야 한다고 했으니 해당 市舶司가 당시에 차지하는 중요한 지위를 짐작할 수 있다. 神宗 元豊 3年(1080)에 해외 무역이 더욱 발달하게 되어 출국을 신청할 지점을 明州와 廣州 2곳에 市舶司까지 확대하게 되었다. 일본과 고려 등 나라에 가는 商船은 반드시 明州 市舶司에서 수속을 밟아야 한다. 元豊 8年에 또 杭州, 明州, 廣州 등 三司에서 신청하도록 확대되었다. 徽宗 政和 4年(1114) 3월에 외국의 선박과 중국 海南 州縣의 선박이 密州에 가는 것을 금지한 후

에 일본과 고려 등 동방 나라에서 중국으로 온 상선은 모두 兩浙의 港口로 집중하게 되었다. 중국 海南 州縣의 선박이 일본과 고려로 가는 선박과 그리고 외국에서 중국 海南 州縣으로 와서 무역을 하는 선박도 모두 兩浙 港口를, 특히 明州를 주요 정박소로 삼게 되었다. 兩浙 지역이 日本과 가까이에 있고 게다가 이 때 海上 교통이 편리한 관계로 상선은 日本 九州 博多에서 서쪽으로 중국 동해를 가로 질러서 兩浙 항구로 오게 되는데 바람을 타고 올 경우 소요 시간은 일주일 내외에 불과하게 된다. 그러므로 日本 商人이 중국에 오는 자가 더욱 많게 되었다. 神宗 熙寧 4年(1071)에 北宋 정부는 다시 高麗의 통상을 비준하였는데 당시에 고려 상인 중 北宋 수도인 開封으로 오려는 자는 대부분 먼저 바다로 해서 明州에 도착하고 다시 錢塘江 또는 餘姚江에서 運河를 北上하게 되며 오히려 密州 또는 登州의 陸陸을 원하지 않았다. 北宋 정부는 高麗를 쟁취하고 遼를 고립시키기 위하여 高麗人에 대하여 특별히 우대하였다. 그러므로 高麗人이 明州와 杭州로 오는 사람도 역시 적지 않았다. 여기에서 宋代 兩浙 지역이 日本과 高麗와의 通商 관계가 밀접하였음을 알 수 있고 또 兩浙 지역이 宋代 해외 무역 중에 차지하는 중요성을 알 수 있다.

南宋 淳化 3年에 처음 明州 市舶司를 설립한 주소는 定海이며 海口에는 招寶山인데 이것은 바로 寶貨를 실은 배가 여기에 정박하였으므로 이름을 얻었다고 한다. 市舶司는 후에 明州 城區의 東南으로 옮겼으며 市舶司의 좌측은 羅城(外城)에 이어져 있었고, 前門[南쪽 大門]은 靈橋明과 가까이에 있으며 羅城 밖은 바로 甬江이다. 宋代에 외국 상인들이 明州에 와서 무역을 하는 자는 日本과 高麗 외에 또 眞里富[즉 眞臘, 지금의 캄보디아], 占城, 闍婆, 大食 등의 나라이다. 外商 중에 장기적으로 明州에서 머물면서 경상하다가 사망한 자들도 있다. 예

로 9리부의 한 상인이 사망한 후에 南宋 明州 당국은 사람을 파견해
서 그의 관을 호송하여 귀국시키는 동시에 그의 재산을 돌려 주어 眞
里富의 사람들의 큰 호감을 얻었다고 한다.

溫州 市舶貿의 설립 시기는 약 南宋 紹興 원년(1131) 이전이라 하겠
다. 그 주소는 당시 촌호들의 구전에 따르면 西郭象門殿[지금의 象門
街 최북단의 區瓦江변과 江心寺와 마주보는 곳]이라 한다. 北宋 후기
에 溫州의 조선업은 이미 중국에서 수위를 차지하였다. 南宋 때 溫州
의 칠기는 전국 제일이라고 칭하였고 수도인 臨安에는 溫州의 칠기를
전문적으로 판매하는 점포들이 있었고 후에 와서는 멀리 해외까지 수
출한 적이 있었다. 기타 물건, 예를 들면 鷄鳴布・鱲紙・皮革・竹絲燈
등도 매우 유명하다. 紹興 元年에 中書 舍人인 程俱는 그가 편찬한
『席益差知溫州制』에서 "온주에 대해서 물건은 다양하게 많으며 그 주
민들 중 상인이 많다."고 기록하고 있다. 당시 온주의 商品 경제가 번
영하고 해외 무역이 발달하였기 때문에 日本과 기타 국가의 사람들이
이곳에 와서 상업을 경영하는 자가 많았을 뿐 아니라 와서 遊歷한다
든가 또는 장기적으로 머무는 사람 역시 적지 않았다고 한다. 南宋 永
嘉 중 유명한 시인 徐照는 그가 쓴 「移家雁池」라는 시 중에 "夜에 岳
을 遊歷한 꿈을 꾸어 다시 日의 東쪽 사람들을 본다"라는 구절이 있
다. 소위 日의 東쪽 사람이라 함은 日本人을 지칭하는 것이다. 또 「題
江心寺」라는 시에서도 "두개의 寺는 지금 하나가 되었고, 스님 중 外
國人이 많다"라는 구절도 있다.

南宋의 市舶 기구를 근대의 海關과 흡사하며 그 권력은 비교적 크
다고 하겠다. 중국 상선이 出洋할 때 반드시 市舶 기구에서 신청을 하
고 保證을 갖추어서 수속을 밟아야만 비로써 출발할 수 있다. 그렇지
않을 경우 화물을 몰수당하고 인원은 처벌을 받게 된다. 외국 상선이

중국 항구에 도착한 후에도 반드시 즉각 市舶 기관에 보고해야 하며 시박 기관에서 관원을 파견하여 승선해서 조사를 받게 된다. 일반적으로 그 화물의 1/10을 입항세로 징수한다. 이를 "抽解"라고 한다. 아울러서 어떤 화물에 있어서는 "禁榷物"로 규정하고 있으며 市舶 기관이 이를 모두 收購하게 된다. 기타 화물에 대해서는 일부분을 收買하게 되는데 이를 "博買"라고 한다. 抽解와 博買해 온 화물은 모두 中央 政府에 보낸다. 나머지 화물과 운반하기 어려운 화물은 市舶 기구 또는 外國 상인이 현지에서 판매한다.

해외 무역이 발달함에 따라 수입 화물의 종류도 현저히 증가하였다. 北宋 太宗 太平興國 7年(982)에 수입 화물의 종류는 45종에 불과하였다. 南宋 高宗 紹興 11年(1141)에 수입 화물은 300 여종이 증가하였고 그 중 中央에 송부하는 細色 화물은 70 여종이고 粗色 화물은 110 여종에 달하였는데 소위 "粗(조열)하고 重(무거워서) 운반비만 낭비하는" 물건들로써 현지에서 판매되는 물건이 150 여종에 이른다고 하였다.

外國 商船은 市舶 기관을 통해 "抽解"와 "博買"한 후에 나머지 화물들은 京師와 다른 지역으로 운반하여 販賣할 것을 신청하였으나 때로는 비준을 받지 못할 때도 있다. 南宋 寧宗 嘉定 7年(1214) 5월에 南宋이 중국 亭縣 市舶務에 와서 무역하는 日本과 高麗의 선박이 다시 泉州와 廣州로 가서 판매할 것을 허락하지 않은 것이 바로 그 한 예이라 하겠다.

해외 무역의 발달은 宋 정부의 재정 수입을 증가시켰다. "東南의 이익 중 선박 상업이 으뜸을 차지한다."고 하였다. 北宋 때 市舶 歲入이 최고액인 英宗朝(1064-1067) 때 63萬貫 銅錢이었다. 南宋 高宗 말년에 세입은 200 萬貫에 달하였다.[13) 宋代 市舶 기관은 대부분 兩浙路에

개설하였으니 兩浙의 해외 무역이 당시 국가 재정 수입에 큰 중요한
작용을 하였음을 충분히 알 수 있다.

4. 麗·宋의 海路

바다를 통한 麗·宋의 海路에 관해서는 徐兢이 『宣和奉使高麗圖經』
에서 航海日誌와 함께 자세히 기술하고 있다. 이를 근거로 하여 麗·
宋간의 航海路를 살펴보겠다.[14)

종래 한반도를 중심으로 中國과의 船路를 보면

1) 中國 山東半島로부터 渤海를 건너 압록강 입구 혹은 大同江 入
   口에 이르는 航路

2) 역시 中國 山東半島로부터 黃海를 건너 仁川근해의 德勿島에 이
   르러 연안의 각 江口에 이르는 航路

3) 中國 江南지방의 明州(浙江省 鄞縣), 혹은 泉州등지를 출발하여
   黑山群島 古群山列島의 近海를 거쳐 한반도의 각 河口에 이르는
   航路 등이 주로 이용되어 왔다.

그런데 麗·宋 사이의 文物交易로는 북방에서 정복왕조 遼나라가
출현하면서 陸路가 막히어 자연히 海路를 주로 이용하게 되었다.

麗·宋의 航路에 있어서 東(高麗), 西(宋)의 각 寄着地 사이에는 크
게 南北方으로 兩分되는 航路幹線이 있었으며 이러한 항로 간선은 시
대에 따라 변하고 있었다. 北線 航路는 山東半島의 登州방면으로부터
동북으로 직선 航路로 이어져 高麗에 이르는 海道로 大同江 어구의
椒島, 옹진반도, 그리고 禮成港에 이르는 뱃길로 앞에서 지적한 1),2),

---

13) 『宋會要輯稿』 食貨 46 水運 및 『文獻通考』 25 漕運.
14) 『宣和奉使高麗圖經』(이하 高麗圖經이라 略)卷35,36,37,38,39. 海道.

航路이다. 이 北線은 고대로부터 널리 이용되어 왔고 唐代까지도 주로
이 航路를 통하여 中國의 山東半島의 등주로 왕래하였다. 그러나 宋代
에 들어와서 契丹(遼)의 출현으로 이 航路는 점차 쇠퇴하고 특히 고
려 文宗代에 들어와 麗·宋국교가 再開되면서 위의 3) 航路에 해당하
는 南方路線이 주로 이용되었다. 그런데 이러한 航路 변화의 배경에는
거란(遼)의 출현이 중요한 원인이 되고 있으나 이에 못지 않게 중요
한 것은 中國측(宋)에 있었다. 즉, 宋代 江南地方의 산업발전을 기반
으로 揚子江 이남에서 농산물을 비롯한 여러 가지 산업생산이 폭발적
인 발전을 가져온 결과 국내 상업 활동은 물론이고 국제적인 교역이
활발하게 전개될 수 있었다. 宋代 산업발전의 구체적인 예를 한가지
들면 도자기 기술의 비약적인 발전을 꼽을 수 가 있겠다. 중국인들은
고대로부터 飮食文化에 비상한 관심을 갖게 되면서 질과 양에 있어
뛰어난 요리기술을 발전시켰는데 이러한 음식을 다양한 그릇에 담기
위해 일찍부터 陶瓷器 기술이 발달하였다.

그런데 宋代는 中國의 도자기 산업기술에 있어 획기적인 시기로 수
준 높은 宋의 白磁 생산을 이룩하였고 이것이 국제무역품으로 각광을
받게 되었다. 이 남방노선이 주로 이용되면서 이 항로상의 중요한 위
치를 차지하고 있는 海域이 바로 小黑山島, 大黑山島 등 黑山群島와
新安 앞바다의 해역이다. 中國의 船舶은 이곳에 이르러 배머리를 다시
東北쪽으로 돌려, 蝟島, 古群山諸島, 葛島, 馬島(海美의 서쪽). 紫燕島
등 반도 西海岸 근해의 도서를 거쳐 禮成港에 이른다. 이 南方航路는
한반도의 西쪽, 南쪽지방과 南中國을 연결하는 가장 가까운 중요 航路
로 新羅때의 張保皐의 淸海鎭도 이 航路의 중계지이고 고대 이래 中
國과 일본의 航路로도 널리 이용되었다.

그러면 먼저 『高麗圖經』에 기록되어 있는 海道를 따라 이 南方 航

路의 중요한 기착지를 더듬어 보겠다. 『高麗圖經』에서 주목을 끄는 것은 徐兢이 海道(海路)에 대해서 깊은 주의를 기울이고 있다는 사실이다. 徐兢은 『高麗圖經』의 전체 40권 가운데서 航路에 대해 주로 설명한 海道부분이 5권(35권, 36권, 37권, 38권, 39권)에 이를 정도로 많은 분량을 할애하여 기술하면서 뱃길에 대해 관심을 쏟고 있다. 이는 이 당시의 麗・宋文物交流에 있어서 海道가 차지하는 비중이 그만큼 높고 중요하다고 하는 사실을 직접적으로 설명해 주는 것이다.

『高麗圖經』(海道)에 의하면 그의 일행은 北宋 徽宗의 宣和4년(1122년, 高麗 예종 17년) 5월 16일에 神舟를 비롯한 8척의 배를 타고 明州를 출항하여 5월 19일에 定海縣에 이르러 이곳에서 3주야간 供佛祀神의 의식을 마친 후 高麗로 향하였다. 5월 24일 동남풍을 타고 20리를 지나 虎頭山에 이르고 다시 수십리를 나가 蛟門(三蛟門)과 宋栢湾 蘆浦에 당도하여 닻을 내려 정박하였다. 5월 25일에 浮稀頭와 白峰, 笂額門, 石師岸을 지나 沈家門에 당도하여 다시 닻을 내렸다. 5월 26일 定海縣東部의 海岸에 이르러 서北風이 심히 강해 이곳에 상륙하여 이틀을 묵은 후, 5월 28일 赤門을 나서 海驢焦를 지나 蓬萊山을 바라보며 항해를 하였다. 그런데 이곳을 지나면 中國의 山은 다시 나오지 않는다고 기술하고 있는데 이 봉래산은 아마도 중국 수역의 끝으로 여겨진다. 그 후 半洋焦를 지나 밤새 항해를 하였고 5월 29일에 白水洋을 지나 위험한 黃水洋을 거쳐 黑水洋의 大海로 들어섰는데 이곳에서부터가 中國의 沿海를 완전히 빠져 나온 것이다.

6월 1일에도 계속해서 항해하여 6월 2일 아침에 일어나니 正東으로 병풍 같은 山 하나가 보이는데 夾界山이라 한다. 夷族(高麗人)이 이곳을 中國과 高麗의 경계로 삼는다고 하였다. 따라서 이 夾界山은 高麗의 水域으로서 고려인들은 이곳을 기점으로 麗・宋間의 경계수역으로 구분한 것 같다. 그러므로 徐兢이 宋의 明州, 定海縣을 빠져 나와 中國의 연안 해역으로 航海를 시작한 5월 24일부터 약 1주일의 항해 끝에 高麗의 水域으로 들어선 것이다.

6월 3일 五嶼를 거쳐 排島(排垜山), 白山을 지나자 배의 항행이 매우 빨라졌고 白山東西쪽에 黑山島가 바라 보였다. 옛날에 中國의 使臣이 이곳에 묵었으니 官舍가 남아 있고 그 위에는 주민의 部落이 보인다. 高麗의 大罪人이 죽음을 면하여 이곳으로 유배되어 생활하는데 中國使臣의 배가 이르면 黑山島의 산마루에 봉화불을 밝히고 여러 산들이 차례로 서로 호응하여 왕성까지 봉화불이 이어지는데 이것은 흑산도에서부터 시작된다. 이로 볼 때 中國使臣이 흑산도에 이르면 항해의 위험에서 일단 벗어나고 항해로부터의 공포에서 정신적인 안정을 얻는 것이다. 이로부터 大月嶼, 小月嶼을 지나 蘭山島(天仙島) 白衣島그(白甲苫)을 지나 그 동쪽의 跪苫으로 나아갔으며 이 섬의 밖으로 春草苫 (外嶼)를 지났는데 노송나무가 울창하다.

6월 4일에 檳榔焦를 지나 보살섬을 거쳐 竹島에 이르러 정박하였다. 徐兢은 이 竹島의 풍속과 인심에 대해 山은 여러 겹이고 수풀이 짙푸르게 무성하며 山 앞에 흰돌로 된 암초가 수백덩어리가 있는데 크기가 같지 않고 흡사 쌓아 놓은 옥과 같았다고 한다. 使臣이 돌아오는 길에 이곳에 다시 들렸는데 마침 추석달이 돋아 올라 섬과 골짜기와 船舶과 기물이 온통 금빛이었다. 주민들 사이에는 우두머리가 있었고 사람마다 일어나 춤추고 그림자를 희롱하며 술을 들고 피리를 불고 노래하니 마음과 눈이 즐거웠다. 6월 5일에는 竹島에서 멀지 않은 苫苫島에서 묵었다. 6월 6일에 群山島(古群山島)에 이르러 정박하였다. 이 山은 열두봉우리가 잇달아 둥그렇게 둘려 있는 것이 城과 같다. 高麗에서 보낸 여섯 척의 배가 와서 맞아주고 무장병을 싣고 짐을 울리고 호각을 불며 호위하였다. 群山島 남쪽에 橫嶼가 있고 案苫이라고도 한다. 6월 7일에 橫嶼에서 묵고 8일에 일찍 떠나 남쪽의 紫雲苫을 돌아 富用倉山을 지나갔다. 이는 芙蓉山으로 洪州(충남 홍성) 경내에 있다. 자운섬 동남쪽 수백리 지점에 洪州山이 있는데 다시 軋子苫을 지나 곧바로 馬島에 이르러 정박하였다. 馬島에는 客館이 있는데 安興亭이라 하며 海岸의 환영과 군졸의 기치는 群山島와 같았다.

6월 9일에 南風이 몹시 강하였으나 馬島를 출발하여 九頭山과 그 근처에 있는 唐人島를 지나 雙女焦를 거쳐 大青嶼와 和尙島와 牛心嶼, 聶公嶼, 小青嶼를 지나 紫雲島에 정박하였다. 6월 10일에 이곳을 떠나 急水門을 지나 蛤密에 당도하여 정박하였다. 6월 11일에 龍骨에 정박하고 6월 12일 禮成港 碧瀾亭에 도달하여 다음날 陸路를 따라 王城(開京)으로 들어갔다.

이상 徐兢一行의 航海日程은 使臣의 행차이기 때문에 중간에 여러 가지 儀式과 풍랑으로 인한 지체를 생각하지 않을 수 없다. 그들이 宋의 明州를 떠나 定海縣에서 3일이 걸렸다. 도중 각처(群山島, 紫雲苫, 紫燕島 등)에서 迎送儀禮가 있었으므로 群山島에서 禮成港까지의 航路 일정도 평상시의 일정으로 보기 어렵다. 中國의 定海縣에서부터 群山島까지에 약 10여일이 소요된 것을 알 수 있으나 여기에는 使臣의 행차에 수반된 儀式日程이 포함된 것으로 중간의 梅岑으로부터 해양을 횡단하여 群山島에 이르는 데는 약 9일이 걸렸음을 살필 수 있다.

그러나 이들이 돌아간 날짜를 보면 이와는 전혀 다르다.

同年 7월 15일에 禮成港을 출항하여 8월 27일에 定海縣에 도달하였는데 그 소요일수는 약 42日로 高麗에 건너 올 때의 일수에 비하면 거의 3배의 시일을 소비하였는데 그 원인은 계절풍 때문이었다. 즉 布帆船을 이용하던 당시에는 風勢를 이용하여 항해하는 것이 가장 중요한 것이었다. 대륙 특히 中國의 동남지방과 한반도의 항해에는 계절풍을 이용하는 것이 일반적이었으니 "使人의 航路는 갈 때는 南風을 이용하고 돌아 올 때는 北風을 이용하였다."(高麗圖經)는 기사는 이를 설명해 주는 것이다. 麗・宋 교역에 있어서 宋商이 高麗에 온 시기가 늦가을에 많았던 것은 바로 서남계절풍을 이용한데 그 원인이 있다. 徐兢일행의 내함은 하기의 南風을 이용하였으므로 해령으로부터 群山島 까지에 약 9일밖에는 소요되지 않았다. 그러나 그들의 귀국 航路는 逆風이었으므로 群山島 부근에서 이 역풍을 만났기 때문에 상당한 기간(30여일) 풍랑을 피하여 머물지 않을 수 없었으며 이러한 여름풍랑은 오늘날의 태풍에 해당되기 때문에 태풍을 만나면 난파되는 일은 흔히 있었을 것이다.

5. 海難事故와 麗・宋人의 漂流

바다를 통한 麗・宋의 文物交流는 무수한 海難事故를 수반하게 되는 것은 흔히 있는 일이다. 특히 그들의 항해가 태풍이 부는 계절, 여름을 이용하여 高麗로 올라오는 경우와 겨울의 서북풍을 타고 宋으로 돌아가는 항해이기 때문에 海難事故는 빈번한 것으로 생각된다. 徐兢이 高麗로 올 때 西北風이 강해 梅岑으로 상륙하였는데 이곳에 宝陀院이란 절이 있고 그 절에는 靈感觀音像이 있다.[15] 옛날 新羅상인이 中國의 五~山(山西省 五臺縣의 名山)에 가서 그곳 觀音像을 파내어 新羅로 돌아가려다 암초를 만나 배가 달라붙고 나가지 않음에 이 암초위에다 그 觀音像을 놓았다. 그런데 보타원의 宗岳이란 중이 관음상

---

15) 『高麗圖經』 卷 34.

을 보타원에 봉안하였다. 그 뒤부터 바다를 항해하는 船舶이 왕래할 때는 반드시 여기에 와서 福을 빌면 감응하여 海難事故가 일어나지 않는다는 전설이 내려오는데 麗·宋의 海道에서 겪는 무수한 수난을 佛心(觀音)으로 극복하려는 麗·宋人의 마음을 전설화한 것으로 생각된다.

正使를 따라 8척의 巨船을 타고 高麗에 使行한 徐兢 자신도 항해의 무서움을 다음과 같이 적고 있다. 즉,

바닷길은 어려움이 대단하였거니와, 일엽편주로 바다에 떠있을 적에, 오직 종묘사직의 福이 波神으로 하여금 순종하게 하였음에 힘입어 건너온 것이요, 그렇지 않았다면 어찌 사람의 힘으로 도달해 낼 수 있었겠는가 큰 바다에 있을 때 돛단배로 풍랑을 만났다면 다른 나라로 흘러들어 갔으리니, 생사가 순식간에 달라졌을 것이다. 일반적으로 바다에서는 세가지 위험을 싫어하니, 癡風과 黑風, 海動이 그것이다. 치풍이 일어나면 바다는 연일 성내어 외치며 그칠 줄 모르니 사방을 분간하지 못한다. 폭풍은 때 없이 성내어 불어 닥치고 하늘빛이 어두워 낮과 밤을 분간하지 못한다. 해동이 일어나면 바다의 밑바닥에서부터 끓어오르는 것이 마치 거센 불로 물을 끓이는 것과 같다. 큰 바다 가운데서 이것을 만나면 죽음을 면하는 자가 적다. 또, 물결이 배를 밀어내는 것이 툭하면 몇 리나 되니, 몇 길의 배로 파도 사이에 떠 있는 것은 터럭 끝이 말의 몸에 있는 것 정도도 못된다. 상륙할 때에 가까워져서는 온 배의 사람들이 초췌해져 거의 산사람의 기색이 없었으니, 그들의 근심과 두려움을 헤아려 알 수 있을 것이다.

麗·宋간의 이와 같은 위험한 海路를 타고 宋南은 물론이고 고려인들도 적극적으로 中國에 진출하였고 때로는 풍랑을 만나 배를 잃고 漂流하다가 다행히 中國의 明州지방에 도착하여 구제된 예가 한국과

中國측의 사료에 다음과 같이 전해온다. 즉 『高麗史』에는 12차례 中國에 漂流한 高麗인에 대해 기록하고 있다.

宣宗 5년(1008)에 宋이 明州지방에 漂流한 楊福등 男女 23人을 귀국시켰고, 宣宗 5年에는 明州에서 耽羅 漂風人 用葉등 10人이 돌아왔다. 이듬해 宣宗 6年에 明州로부터 高麗의 漂風人 李動甫등 24人이 돌아왔으며 肅宗 2年(1097)에 高麗의 漂風人 子信등 3인을 宋에서 돌려보냈고 肅宗 4年(1099) 托羅船舶인 趙遙등 6人을 宋에서 귀국시켰다.

睿宗 8年(1113)에는 珍島縣民 漢白 등 8人이 托羅島에 매매하러 갔다가 폭풍을 만나 明州에 漂流하여 도착하니 宋정부에서 각 絹 20匹 米20石을 주고 돌려보냈다.

仁宗 6年(1128)에 高麗인 金鐵衣등 6人이 바다에서 폭풍을 만나 漂流하다 宋에 도착하였다. 毅宗 9年(1155)에 高麗漂風人 知里先등 5인을 귀국시켰으며 毅宗 9年에 高麗漂風人 30여명을 역시 高麗로 돌려보냈다.

明宗 4年(1174)에 高麗 漂風人 張和등 5人을, 明宗 16年(1186)에는 高麗 漂風人 李漢 등 6人이 돌아왔고 高宗 16年(1229)에 宋南 都綱이 金仁美등 2명과 濟州漂風民 梁用才 등 28人과 함께 귀환하였다.

한편 中國측의 기록(續資治通鑑長編 및 開慶四明續志)에 나타나고 있는 漂流高麗인에 대한 기사를 보면 다음과 같다.

乾德 元年(963)에 登州에서 高麗國王(王昭)이 時贊 등을 조공을 위해 파견했는데 이들은 도중에 폭풍을 만나 바다에 빠져 익사한 자가 90여인이었고 時贊 등은 간신히 죽음을 면했는데 宋 황제는 詔勅을 내려 이들을 위로하고 구휼하였다.

咸平 3年(1000)에는 明州에서 高麗國의 民間人 池達 등 8人이 폭풍을 만나 배가 깨여져 明州鄞縣에 漂流해오니 조칙을 내리고 그들을

조칙을 내리고 그들을 登州에 올라 오도록하여 식량과 의복을 마련해서 귀국토록 하였다. 또 天禧 3年(1019) 登州에서 高麗의 禮~卿 崔元信이 秦王水口에서 폭풍으로 배가 뒤집혀 貢物을 모두 잃고 많은 사람이 익사함에 신하를 보내어 이들을 위로하였고 天禧 4年(1020) 高麗 夾骨島의 백성인 闊達이 폭풍을 만나 明州 앞 定海縣 연안으로 漂流해 오니 明州에 詔를 내려 그들을 위문하고 양식을 지급하여 되돌아갈 수 있도록 하였다.

熙寧 9年(1076)에 高麗에서 幸忠 등 20人이 풍랑을 만나 漂流하다 秀州 萃亭縣에 이르렀는데 조정에서 비단을 하사하고 돌아가게 하였다. 元豊 3年(1080)에는 高麗의 使臣 柳洪 등이 폭풍을 만나 朝貢品을 모두 분실하여 表를 올려 自劾하였다. 또한 이 당시 高麗國 托羅人 崔擧등이 폭풍을 만나 배를 잃고 漂流하다가 泉州연안에 이르렀는데 후에 明州를 거쳐 귀국하게 하였다. 寶祐 6年(1258)에 高麗인 6명이 駕船을 타고 白陵縣에 와서 목직을 收買하고 10월 13일에 폭풍을 만나 방향을 잃고 漂流하다 明州 石~山에 이르렀는데 조사하여 본즉 이 6인의 신분은 高麗의 구밀사(?) 李藏用의 家奴인 張小斤三과 高麗의 萬戶土軍인 金光正, 金安成, 金萬甫, 盧善才 등 4인과 환속한 승려인 金惠和등이다.

이상을 살펴 볼 때 10~13세기의 麗·宋관계는 바다를 통하여 활발하게 무역거래가 이루어졌고 1076년에서 1174년까지의 약 100년 동안에 宋에서 송환된 高麗의 漂流民은 12회에 걸쳐 140餘人에 이르고 있고 이 12회중에 明州지방에서 宋환한 것이 7회 90餘人으로 麗·宋관계에서 明州가 차지하는 지역적 중요성을 살필 수 있다. 뿐만 아니라 高麗의 난파선 가운데 17회가 明州 부근의 海岸에서 구제되었음을 알 수 있다. 바다를 통한 이러한 兩國간의 교역은 두나라의 경제적 발전

은 물론이고 文化交流에도 큰 몫을 차지하였을 뿐만 아니라 兩國민의
우호증진에도 기여한 바가 크다.

그런데 宋代에는 바다를 이용한 외국과의 활발한 文物交流가 촉진
되었을 뿐만 아니라 高麗를 비롯한 많은 외국인이 中國을 찾아오다가
풍랑을 만나 漂流되었을 때 지방관이 이들을 구휼하는 숙(?)例까지
마련하였다. 즉,

외국의 藩舶이 풍랑을 만나 沿海州界에 표착하였을 때 船主가 바다
에서 죽고 배만 파손되어 들어온 경우 관에서 이를 구제하고 배에 실
麗있는 화물을 기록하여 그 친속을 찾아줄 수 있도록 조처하였다.[16]
또한 市船司의 관리나 中外南人 가운데 對外貿易에 공헌이 있는 자와
외국남선이 海難事故를 당했을 때 이를 구제한 자는 정부에서 특히
이들을 장려하며[17] 이와 반대로 해외무역에 방해를 한 자는 이를 처
벌하였다.[18] 특히 宋의 조정에서는 高麗와의 교역이 빈번해지고 海難
事故 또한 빈번해지자 眞宗의 大中祥符 9年(1916) 2월에 明州 지방에
조문을 내려 이르기를

지금부터 新羅(高麗를 말함) 배가 漂流하여 海岸에 이르면 사람 수
에 따라 양곡을 주고 위무를 잘한 후에 바람이 자면 고향으로 돌아가
게 하라[長篇卷86 大中祥符 9年2月條]하였고 이후 계속해서 고려해선
이 明州 지방에 漂流해오자 天禧 初年에 다시 이에 대한 지방 관리의
물음에 규정을 정하기를 양곡을 지급하고 조난을 당한 (高麗의)백성을
특별히 우대하여 대우할 것을 정하니 이는 明州지방 官衙의 특례가
되었다.

---

16) 『嶺外代答』 卷 3, 航海 外夷.
17) 『宋史』 卷185, 食貨志, 香條
18) 『宋會要輯稿』 職官 44.

親麗官僚의 대표격인 曾鞏의 漂流高麗인에 대한 대접은 극진한 바가 있다. 즉, 宋의 神宗 元豊 元年(1078) 10월 3일에 權知福州에서 明州의 知州로 개관한 증공은 高麗國의 托羅國人 崔擧등이 폭풍을 만나 배를 잃고 천주에 표류해오자 曾鞏은 그들을 明州를 거쳐 귀국하도록 하였는데 이때 泉州의 官衙에서는 그들이 여행할 수 있는 여행증명서(沿路口卷)을 발급하고 사람을 시켜 압송해오자 曾鞏은 조정에서 高麗인에 대한 대우가 시원치 못함을 인정하여 앞으로는 주식을 잘차려 주고 위로하면서 절에서 편히 쉬도록 한 후 식물을 충분히 공급하였다. 이 밖에도 의장이나 관대를 지급하여 특별히 연희도 베풀어 漂流민이 후한 대접을 받아 예의가 있는 나라인 大宋의 관리로 일컬어졌다. 이로부터 曾鞏은 조정에 건의하여

금후 高麗를 비롯한 외국인의 배가 풍랑을 만났거나 혹은 漂流되어 연안의 여러 고을에 도착했을 때 주식을 차려주고 위로하며 관에서는 그들이 편히 쉴 수 있도록 하였다. 또 귀국을 희망하는 자는 조정의 뜻을 잘 알려 조정이 그들에게 仁恩과 厚待의 뜻을 지니고 있음을 충분히 인식시키도록 하였다.[19]

그런데 高麗人의 海難과 漂流에 대해서는 이상과 같이 기록이 남아 있으나 宋人의 해난이나 漂流에 대한 高麗측의 기록은 거의 볼 수 없는 것이 유감스럽다.

앞에서도 언급하였지만 高麗 顯宗때로부터 南宋이 멸망하기 직전(1278)까지 260여년간에 高麗에 來航한 宋商의 총수는 약 5천명으로 추산되며 來航한 회수도 120여회에 이르므로 宋商의 對高麗貿易이 얼마나 왕성하였는가를 살필 수가 있다. 그리고 宋商의 來航은 계절적으로 7월·8월에 집중되어 있는데 이는 다름 아닌 칠팔월의 西南秀節風

---

19) 『曾鞏集』 卷 32.

을 이용한데 중요한 원인이 있고 이밖에 北風이 부는 11월에 來航한 경우가 많다. 일반적으로 宋商의 高麗 항해는 여름(7·8월)의 서남풍으로 왔다가 11월의 北風을 타고 돌아가는 것이 보통인데 11월의 역풍을 이용하여 來航한 것은 高麗에서 거행되는 八關會(仲冬11월 개최)와 밀접한 관계가 있어 어려운 航路를 무릅쓰고 온 것이다. 이에 따라 宋상의 海難事故도 무수히 일어났으며 특히 小黑山島, 大黑山島를 비롯한 전라도의 서남해역과 고군산도를 비롯한 충청남도의 근해 연안 지역에 破船한 예가 적지 않았다.

宋商이 高麗에 싣고 오는 무역품으로는 宋의 특산품인 方物, 珍寶를 비롯하여 高麗의 상류사회에서 즐겨 찾는 도자기, 비단, 茶, 금은세공품, 약재 등이었다.

그리고 對高麗貿易에 활약한 대상들은 주로 江南의 明州, 泉州, 溫州, 福州人들이 주를 이루었으니 이들 가운데는 그대로 高麗의 수도 개경에서 高麗에 귀화한 예도 있었다. 『宋史』「高麗傳」에 王城(개경)에 華人 수백 명이 있으니 그들은 거의 거의 閩人(江南人)이다.[20] 상선을 타고 高麗에 들어오면 그 재주를 몰래 살펴보고 그대로 高麗의 관리로 머물러 살게 하였다고 기술하였다. 宋代의 文豪이며 反高麗派이던 蘇軾도 宋의 泉州(福建省)에는 高麗에 왕래하며 장사하는 海商이 많다고 하였다.

禮成港을 중심으로 한 宋商의 활동이 이렇게 활발하게 전개된 것은 앞에서도 말한 바대로 宋代에 이르러 各地域別로 특산품이 개발되면서 생산이 크게 일어나 이에 따라 상업자본이 발전한 것이 그 중요한 원인이고 宋朝의 對外貿易정책도 宋商의 활동을 적극화 시켰던 것이다. 이밖에 唐末에 青海鎭(莞島)의 張保皐를 중심으로 한 新羅人의 海

---

20) 『宋史』 高麗傳.

上活動과 아랍인을 비롯한 南蠻人의 中國진출도 宋商에게 많은 영향을 끼쳤다. 이에 대해서『宋史』互市舶法에서

大食[아라비아], 古羅[인도 서남海岸의 구라], 闍波[쟈바], 占城[참파], 勃泥[보르네오], 麻逸[필리핀의 파네이섬], 三佛齊[팔렘방]의 諸藩이 宋과 貿易을 통하여 來宋하였는데 금은, 동전, 비단, 도자기, 향료, 약제, 물소뿔, 상아, 산호, 호박, 구슬, 소목 등과 교역하였다고 서술하고 있다.

이를 미루어 볼 때 10~13세기에 宋을 중심으로 하여 東아시아의 국제貿易은 매우 활발하게 전개되었고 특히 황해를 끼고 南方선로를 이용한 麗·宋간의 해상교역은 번창하였음을 살필 수 있다. 아울러 高麗인의 中國(宋) 진출도 험난한 바다를 이용하여 활발하였다는 사실을 알 수 있다. 그러므로 흔히 일반론적으로 宋代를 唐대와 비교하여 閉鎖的인 國粹主義시대로 말하는 것은 서북방 실크로드의 陵路를 통한 대외교역면에서의 주장이다. 따라서 海路를 통한 海外文化交流面에서 볼 때 宋代는 대외진출이 활발한 시대이고 麗·宋 해상교역도 번창하였다고 결론을 내릴 수 있다.

(『中國과 東아시아世界』, 國學資料院, 1996.12)

제 2 부
宋·麗文化交流論

I. 宋·麗의 문화교류의 성격

1. 宋代史의 왜곡과 高麗官制

麗·宋 양국의 문화교류에 관해서는 많은 연구가 진행되었다. 여기에서는 이러한 연구성과와는 좀 궤를 달리하여 문제를 제기할까 한다. 먼저 宋代의 역사적 사실이 실제보다 많이 왜곡되어 내려왔고, 이러한 왜곡사실은 송과 관계가 깊었던 고려에도 영향을 주었다는 점입니다. 「高麗史」 卷 76, 百官志 서문에 보면

> 高麗 太祖는 나라를 세운 초창기에 新羅·泰封의 制度를 참작하여 官廳을 설치하고 職務를 分擔하여 모든 事務를 處理하였다. 그후 (太祖)2年에는 三省, 六尙書, 九寺, 六衛를 設置하였는데 大體로 唐나라의 制度를 模倣하였다. 成宗때에 이르러 各種 制度를 크게 改新하여 內外의 官職을 制定하였다.(中略) 文宗, 睿宗때 조금씩 加增하였으나 大體로 成宗때의 옛 제도를 답습한 것이다. 그 이후의 子孫들도 그것을 繼承, 保存하였다

라고 있다. 이상의 『高麗史』 서문에 나타나고 있는 내용을 요약하면
  ① 고려의 제도는 신라와 태봉의 제도를 참작하고(고려 건국때)
  ② 2년 후에는 대체로 당나라의 제도를 모방하였고
  ③ 成宗대에 이르러 제도를 크게 개신하여 내외의 관직을 제정하였고
  ④ 그 후에 조금씩 가증하였다 라고 정리된다. 여기에서 주목할 만한 것은 고려와 동시대의 宋의 제도에 대한 이야기는 전혀 없다는 사실이다. 이것은 잘못된 것으로 생각된다.

사실 고려의 관제내용을 구체적으로 검토하여 보면, 唐보다는 宋의 제도가 훨씬 큰 영향을 주었다는 사실을 알 수 있는데도 실제로 百官志 서문에는 이상과 같이 宋制에 대한 이야기가 없다는 것은 고려에서도 宋에 대한 평가를 높이하지 않은 것이라 생각된다. 이러한 사실은 비단 고려만이 아니라 당시의 宋代 사람들도 자기가 살고 있던 시대를 좋게 보지 않았던 것입니다. 그것은『宋史』職官志의 서문에서도 宋承唐制라하여 宋의 관제가 마치 唐의 제도를 계승한 것처럼 서술하고 있는데 이것은 사실과 맞지 않는 것이다. 제가 생각할 때 중국의 역사서술에서 唐代는 상당히 미화되어 있고 宋代는 실제보다 왜곡된 면이 적지 않다. 이는 중국사의 올바른 이해를 위해서, 그리고 東아시아 역사의 문화적 교류의 실상을 정확히 파악하기 우해서도 바로잡아져야 할 문제라고 생각된다. 송대사를 왜곡시킨 책임은 누구보다도 당대를 지나치게 미화시킨 宋代人 스스로의 책임이 크다.

宋代人들은 자기가 생활하던 宋代보다는 그 이전의 唐代를 높여서 이야기하는 것을 좋아하는 경향이 있고, 이와는 반대로 송의 직접 전대인 五代에 대해서는 극단적으로 이를 부정하고자 하는 자세를 가지고 있었다. 唐宋八大家, 唐宋시대라는 병칭어는 이미 宋代에서 사용되었고 이후 唐과 宋은 사회・문화적으로 마치 나란히 가는 듯, 관련이 있는 것처럼 서술되었으며 이리하여 宋代의 뿌리가 되는 五代를 부정하게 되었다. 다시 말해서 宋代 사람들은 宋代의 뿌리를 五代가 아니라 唐에서 찾으려는 데서 宋을 왜곡시키게 된 원인을 찾을 수 있다. 실제로 五代의 무인체제와 宋의 문신관료체제는 정치, 사회, 문화의 구조상에서 본질적으로 다른 면이 있는 것은 사실이다. 이로 인해 마치 五代와 宋代는 근원적으로 서로 다른 이질성을 지니고 있는 것으로 단정하여 왔다. 그러나 五代가 시간적으로 宋代와 연속되어 있고 공간적으로도 宋이 華北을 중심으로 창업하였다는 점, 그리고 宋太祖를 비롯하여 宋初에 등장하는 중요인물들의 대부분이 五代에 활약하던 인물이라는 점에서 볼 때 五代와 宋은 떼어서 생각할 수 없는 시간, 공간, 인간적인 연속성을 가지고 있다. 그럼에도 불구하고 五代와 宋代가 동떨어진 시대로 인식되면서 宋代를 五代를 뛰어넘어 唐에다 접목시켜 唐宋시대로 파악하려 드는 것은 宋代인, 특히 新舊五代史 편찬에 참여한 歐陽修, 薛居正 등 유교주의적 宋代 사대부 문신관료의 五代사 평가에 원인하는 바가 크다 할 것이다.

다음으로 宋代史의 평가절하는 宋을 멸망시킨 정복왕조(遼·金·元) 특히 元의 책임이 크다. 중국시대사 왕조의 멸망사를 볼 때 왕조의 붕괴는 내부적 원인과 외부적 요인을 들 수 있는데, 이민족의 침입에 의하여 멸망한 예는 서주의 4세기 초의 진(서진)을 들 수 있다. 그런데 西晉이 五胡에게 망한 것은 北宋과는 성격이 다르다. 북송은 金과 동맹하여 실지를 회복하려고 지금까지 평화관계에 있던 遼를 공격한데서 군사외교적 실책을 범하고 동맹국인 금의 군사력에 대해 아무런 대비를 하지 못한데 멸망의 원인이 있다. 정복왕조의 출현과 이들 왕조의 군사력은 중국 역사상 그 유예를 찾을 수 없는 특이한 것이고 이로 인해 북송·남송은 망하고 중국사상 처음으로 전국토가 이민족 지배하에 들게 된 것도 宋代를 평가절하 시킨 요인으로 작용하게 되었다.

이와 같이 宋은 이민족에 의해 멸망한 불운한 왕조로서 宋代史에 대한 평가는 북송보다 남송시대가 더욱 왜곡된 면이 강하다. 그것은 같은 宋代라 하더라도 北宋代의 역사적 사실에 대해서는 즐겨 논하고 이 때문에 사문은 비교적 상세하다. 그러나 建炎 이후(남송)에 대해서는 대단히 간략하다. 특히 남송시에 대한 무관심과 때로는 혐오감이 강하여 결과적으로는 계통적 사료나 그 시대인물들의 증언 같은 것은

남기지 못하였다. 이리하여 현존사료가 원대에 들어와서 元제국이나
북방민족을 찬양하고 절대시하는 사가에 의해 일방적으로 단죄하는
의미로 정리도니 점이 적지 아니하다. 이는 明·淸代에도 계속되었고
王夫之의 『宋論』은 그 대표적인 예라 하겠다.

2. 宋文化의 성격과 高麗文化

그러면 宋代문화가 중국사에서 차지하는 위치에 대해서 왜곡된 사
실의 구체적인 실례를 정치, 경제, 사회, 문화면에서 살펴보고 이것이
동아세아 각국, 특히 고려문화에 미친 영향을 고찰하여 보겠다.

먼저, 정치면에서 보면 宋의 건국은 唐末 五代의 무인체제를 청산하
고 사대부 문신관료체제를 확립하고 중앙집권력 황제지배체제가 완성
되었다. 이를 뒷받침하기 위해서 唐代的 三省六部체제가 변형되었으며
군사제도에 있어 부업군인제인 禁軍制가 확립되었으며 문신관료를 확
보하기 위한 방법으로 科擧制의 완성을 가져왔다.

한편 사회경제적으로는 唐의 귀족사에서 사대부 서민사회로 발전하
였고 地主, 佃戶制와 兩稅法이 전국적으로 실시되었다. 이러한 사회경
제적 발전을 기반으로 농업생산성의 증가와 농촌사회의 발전, 그리고
상업도시가 발달하면서 화폐경제와 상업혁명을 가져오게 된 것이다.
이와 함께 문화적인 면에서 볼 때에도 宋代는 중국 역사상 가장 중국
적 문화의 발전을 이룩한 시기로 꼽을 수 있다. 宋代 문화의 발전상에
대한 구체적인 실례를 들면 다음과 같다.

첫째, 중국문화의 특색을 말할 때에 보수성, 전통성, 그리고 계속성
을 드는데 宋代 문화의 성격은 제한적이기는 해도 혁신적인 면이 강

하게 나타나고 있다. 그리고 六朝·隋唐문화와는 다른 참신성을 보이고 있다. 특히 사상적인 면에서는 중국문화의 기초가 되어 온 유교를 새로운 각도에서 재해석하여 학문적 수준과 사상적 내용면에서 한 차원 높은 경지에 올려놓았을 뿐 아니라 동양적인 전제군주체제의 이론적 기반을 마련하고 사대부 서민사회를 옹호하는 새로운 사상(性理學)으로 발전시켰다.

둘째, 宋代 문화를 사회발전적 시각에서 진단할 때 宋 이전의 귀족문화 성격을 청산하면서 서민 사대부문화로 정착하고 있음을 확인할 수 있다. 六朝·隋唐시대의 귀족문화를 문벌주의, 형무주의, 전통주의적인 성격으로 규정한다면 宋代 문화는 이와는 다른 요소가 있는데, 그것은 宋代에 들어와서 군주독재정치와 서민생활의 발전이라는 특성과 밀접한 관계가 있다. 宋代의 서민은 지식과 교양을 갖기를 원하였고, 이에 따라 종래 귀족계층에 국한되어 있던 문화향유층이 宋代에 와서 서민대중에게까지 넓혀져 갔다. 특히 산업과 생산기술의 발달이 사회의 분업화를 촉진하게 되면서 서민의 자신감은 그 이전 시대보다 상승되었고, 이는 서민문화의 창조적인 힘의 원동력이 되었다. 예컨대 농·공·상업이 자급자족 상태를 벗어나 자영적인 발전단계에 들어서면서 서민의 창의력을 필요로 하였고 그 결과 실학적인 지식이 향상되었다. 그리하여 농학이나 수리, 토목기술을 비롯하여 천문과 의학, 약학, 조박, 그리고 도자기, 인쇄기술, 제지, 방직, 제염, 양조 등 각 방면에 걸쳐 서민생활에 필요한 실용적인 기술의 발전과 새로운 창의성이 나타나게 되었다. 宋代에는 문화의 창조자와 향유자가 도시는 물론 농촌에까지 확대되어 나갔으며, 이런 점에서 宋代 문화는 서민성과 함께 전국적인 대중성을 갖게 되었다.

셋째, 宋代는 사대부 서민사회의 대두와 함께 지주계층의 형성, 문신관료에 의한 황제전제체제의 확립 등 사회·경제·정치면에서 그 이전 시대와는 성격을 달리하고 있으며, 이러한 시대적 성격을 반영하여 사상과 학문면에서도 새로운 바람이 일기 시작하였다. 宋代 사대부의 의식 가운데는 六朝·隋唐시대와 같은 정치, 사회에 대한 무관심 내지는 부정적 생각과는 다른 사대부의 책임의식이 깊이 작용하고 있다. 이러한 경향은 비단 현실적인 정치와 사회면에서만이 아니고 학문과 문화면에서도 깊게 강조되었다. 이리하여 도교와 불교에 의한 신비주의와 내세관이 사상과 학문을 지배하던 당대까지의 문화 성격을 청산하고 정치 경제적 실용주의와 사회질서의 윤리성 문제가 학문연구의 주요과제로 부각되어 학문의 새바람을 불러일으키게 되었다.

중국의 정신문화가 그 주변에 미친 영향을 볼 때에 한자나 유교, 불교와 그리고 율령체제는 漢·唐시대를 거치면서 東亞문화의 기본요소를 새로운 방향으로 발전시켜 동아 각국의 문화 발전에 중대한 작용을 하였는데 그 대표적인 예로써 宋學(朱子學)을 꼽을 수 있습니다. 漢·唐의 유학은 五經에 대한 해석(훈고)으로 일관하였다. 더욱이 당 太宗이 孔穎達로 하여금『五經精義』를 편찬하게 하여 오경해석을 통일하자 오경에 대한 해석마저도 획일화되어 지식인의 관심 밖으로 밀려나게 되었다. 이렇게 사상적인 공백은 자연히 불교와 도교에 의하여 채워져 갔으며 위·진 남북조·수당시대의 사상계를 불교와 도교가 주도한 것은 우연한 일이 아니다. 그러나 당·송의 사회적 변혁은 학문과 사상적인 면에서도 바람을 일으키기에 충분하였고 유학사상에도 새로운 변화를 가져와 려말에 고려에 전파되고 조선시대의 사상계에 큰 영향을 미쳤고, 일본의 덕천막부의 무사도정신의 기틀을 마련한 것은 잘 알려져진 사실이다.

넷째, 宋代는 과학의 발전에서도 획기적인 시대이다. 중국뿐 아니라

세계사의 사대발명으로 알려진 인쇄기술, 화약, 나침반은 宋代에 들어와서 발명된 것은 잘 알고 있는 사실이다. 활판인쇄술의 발명은 仁宗의 慶曆 연간(1041~1048)에 畢昇이 처음으로 교니활자를 발명한데서 비롯된다. 膠泥활자는 다량의 서적출판에 편리하게 이용되었고, 다시 나무활자로 개량되어 활판 인쇄기술의 발전에 큰 역할을 하게 되었다. 그 결과 11세기에 종래와는 비교가 안되는 대량의 도서가 출판되었으니 정부는 유교의 경전을 비롯하여 역사서, 철학서, 법전과 자연과학에 관한 서적(농업, 의학, 수학, 병법)을 다수 출판하여 중앙과 지방의 관청에 보급하였다. 도서의 보급면에서 볼 때 宋代는 그 이전시대와는 비교할 수 없을 정도로 다량의 도서출판이 가능하였고 이는 사대부 문신관료의 문집, 지방지의 출판을 가져왔으며 고려의 인쇄술과 팔만대장경간행에도 영향을 준 것입니다. 한편, 이와 같은 도서출판을 가능하게 한 것은 제지기술의 발전과 밀접한 관계가 있다. 송의 제지업의 중심지를 보면 成都의 촉전, 蘇州의 채전, 宣城의 선지가 이름이 높았다. 四川의 황도지, 湖北의 蒲圻紙, 江西 撫州의 초초지, 건양의 초지 등 대량의 인쇄용지가 생산되었다. 杭州에는 유명한 인쇄소가 20여 곳이나 있었는데 陳氏의 인쇄소에는 인쇄공(각공)을 수 십명 두고 당대 이래 뛰어난 인물의 문집과 소설을 100여종이나 인쇄하였다. 특히 사천지방의 촉본과 강남의 부건본은 우수한 판본으로 국내는 물론이고 고려를 비롯한 해외에까지 널리 알려지고 있다.

화약을 처음 발명한 사람은 누구인지 분명하지 않다. 唐代에 방사가 연금·연단을 하는 과정에서 유황·초석·목탄을 혼합하여 화약을 제조하였다는 기록이 있으나 폭발력은 미미하고 또 화약을 만들 목적으로 제작된 것은 아니다. 당말에 원시적인 화기(飛火)가 출현한 사실이 宋人 路振이 편찬한 『구국지』에 보인다. 화약은 宋代에 들어 와서 본

격적으로 개발되었으니 仁宗의 康定 원년(1040)에 曾公亮이 편찬한 병서 『武經總要』에 화약제조법이 자세히 기록되어 있다. 宋代의 화약 은 기술적으로 대단히 뛰어났는데 그 예로 金과의 전쟁에서 화약이 사용되었다. 중국에서 발명된 화약은 13세기경에 이슬람을 경유하여 십자군 병사에 의하여 유럽에 전파되었다.

나침반도 宋代에 발명되었는데, 이를 이용하여 항해를 한 사실이 남 송말의 朱彧이 편찬한 『萍州可談』에 자세히 나온다. 이때의 나침반은 자석의 침을 물 위에 띄워서 방향을 표시한 유치한 단계이나 나침반 으로서의 구실은 충분히 감당하였다.

이밖에도 고려자기에 영향을 준 宋代의 자기기술도 괄목할 만한 바 가 있다. 도자기 생산은 서민생활의 발전으로 수요가 증가하고, 특히 도시의 소비생활에 따르는 식생활의 향상과 상업무역의 번영이 질좋 은 송자의 대량생산을 가져오게 하였다. 또 도자기 제작의 기술도 발 전하고 자기를 굽는데 필요한 화력으로 석탄을 이용함으로써 고열을 올릴 수 있었던 것도 宋代 자기 발달의 원인이 되었다. 宋代의 도자기 생산지로는 처음에는 화북의 資州窯가 석질도자기로 유명하여 고려자 기에 큰 영향을 주었다. 또 定州窯는 관의 주문생산을 맡아서 백자와 흑자를 제작하였다. 그 후 臨按窯에서 청자가 제조되어 그 기법이 발 달하였다. 임안·耀州窯에서도 일정규격과 문양을 지닌 관용품을 생산 함과 아울러 대량의 민간용 생활 도자기를 생산하였다. 북송말 정화연 간에는 관요가 수도 開封에 설치되어 분업공정의 생산체제를 갖추고 정밀한 제품을 만들어 내었고 남송에서도 官窯에서 우수한 청자를 생 산하였다. 民窯는 五代 이래 왕실의 보호를 받으면서 발전하였고, 宋 代에도 景德鎭, 越州, 象山, 建州, 泉州, 吉州窯가 유명하였으니, 관요 를 능가하지 못하였다. 자기는 唐末 이래 중요 무역품이 되었고, 청자기는 남송·원대에 걸쳐 동아시아 각국을 비롯하여 남해 서역지방으로 수출되었다.

3. 宋·麗의 文化 交流

① 東亞의 정세변화와 宋·麗通交

이상과 같은 특성을 가지고 있는 宋의 문화와 같은 시대의 고려의 문화는 서로 어떤 작용을 하면서 문화적 발전을 이룩하고 있었는가에 대해 그 실상을 살펴보겠다. 두 나라의 문화교류에 밀접한 작용을 하게 되는 宋·麗의 통교는 東亞의 정세변화에 영향을 받으면서 전개되어 내려왔다. 宋·麗 통교는 시기적으로 3기로 나누어 설명하는 것은 학계에 널리 알려져 있다.

제1기는 962년(고려 光宗 13년, 宋 太祖 건륭 3년)부터 遼의 침려로 국교가 단절되는 999년(고려 穆宗 2년, 宋 眞宗 함평 2년)까지의 약 37년간이고 제2기는 1071년(고려 文宗 25년, 宋 神宗 희령 4년)부터 북송이 멸망하는 1126년(고려 仁宗 4, 宋 徽宗 정강 2년)까지의 55년간이며 제3기는 1127년(고려 仁宗 5년, 南宋 高宗 건염 1년)부터 고려 사신이 마지막으로 다녀간 1164(고려 毅宗 18년, 南宋 孝宗 융흥 2년)까지의 37년간이다.

제1기는 宋의 건국과 함께 고려와의 국교개설의 필요성이 두 나라의 정부를 중심으로 전개된 시기이고 宋의 건국 직후 30여년이라는 단기간이기 때문에 양국간의 교섭 또한 활발하게 전개되지 못하였다. 그위에 거란의 압박에 의하여 고려의 和遼疎宋政策으로 국교의 단절을 초래하게 되었다.

제2기의 通交는 文宗 25년(1071)에 고려에서 民官侍郎 金悌를 파견한 시기로부터 국교가 재개되어 북송이 망하는 1126년까지의 55년간이다. 이 시기는 고려측에서 볼 때에 오랜 국교 단절을 극복하고 宋문화를 적극적으로 받아들이려는 文宗의 강력한 모화사상과 宋측에서도 神宗이 등극하여 이제까지의 대요 소극책을 버리고 적극적 자세로 환원하면서 聯麗反遼策을 강구하려고 한데서 두 나라가 다같이 통교의 필요성을 갖게 되었다. 사실상 양국의 국교재개는 文宗 25년에 고려측에서 사신을 파견한데서 시작되었으나, 이보다 앞서 宋측에서는 이미 神宗이 즉위하면서 고려와의 국교재개를 위하여 노력을 기울이고 있다. 따라서 제2기의 국교재개는 먼저 宋 神宗의 적극적인 反遼 외교정책의 일환으로서 親麗反遼政策이 주도하였으며 고려 文宗의 모화사상이 이와 긴밀하게 관계를 맺어 나타난 결과라 하겠다.

다음 제3기는 遼가 망하고(1125) 宋이 金의 남침을 받아 강남으로 달아나는 국제관계의 변화 속에서 진행되기 때문에 이와 같은 국제정치의 초기를 잘 반영하고 있다. 즉, 南宋 高宗의 建炎 2년(仁宗 6년, 1128)에 송의 刑部尙書 楊應誠이 金에 잡혀간 이제(徽宗, 欽宗)를 모셔오기 위해서 고려에게 길을 빌려 달라고 요청하고 고려는 정중하게 이를 거절하였다. 宋의 국서가 宋使를 통하여 전달된 것은 仁宗 8년에 宋의 進武校尉 王正忠에 의한 것이 마지막이었으나 宋使의 파견도 仁宗 13년을 끝으로 단절되었다. 그러나 高麗使의 派宋은 계속되고 있었다. 이는 고려의 親金策의 영향과 宋의 강남 이주에 따른 對金策의 어려운 시대적 상황을 반영한 것이기도 하나 宋의 二帝 송환에 보인 고려의 냉담한 반응도 宋의 고려관에 크게 작용한 것이다.

이상과 같은 宋·麗의 통교에 나타나고 있는 특색은 첫째, 동아시아의 국제질서에서 종래에 볼 수 없던 남(송)·북(遼, 金)의 대립이

宋·麗양국의 관계에 직접 영향을 주고 있다는 사실. 둘째, 이와같은 남북의 대립속에 서로 宋과 고려는 끊임없이 통교를 회복하려는 노력을 계속하고 있다는 사실. 셋째, 양국의 통교가 문화교류에 크게 영향을 미치고 있다는 점을 꼽을 수 있다.

② 宋人의 高麗 문화 인식

이상과 같은 양국간의 통교를 통하여 宋代 지식인들이 그 당시의 고려문화에 대해서는 어떠한 생각을 가지고 있었는가를 살펴보겠다. 이를 위한 자료는 흔하지 않으나 宋의 문신관료의 고려인식에 대해 曾鞏·徐兢·蘇軾을 중심으로 살펴보겠다.

당송팔대가로 宋代의 문화창달에 주도적 역할을 曾鞏의 고려에 대한 시각은 역사적 인식을 그 기초로 하여 출발하고 있다. 즉, 曾鞏에 의하면

中國은 隋의 전성시대 3차에 걸쳐서 大兵을 출병하였으나 그 성곽하나도 빼앗지 못하고 번번히 패하여 마침내 隋나라가 멸망하는 계기가 되었고 高麗는 무력으로 쉽게 복속시킬 수 없는 나라.

라 하여 隋·唐이 총력을 기울여 동방을 정복하려 하였으나 일성도 차지하지 못한 사실을 들어 고려를 힘으로 굴복시키는 것은 어렵다고 보았다.

그러면 이와 같은 고려인의 민족성이 어디에 뿌리를 두고 있는 것인가. 이에 대해 曾鞏은 고려의 문화적 수준이 주변의 제국과는 다르다는 사실을 들고 있다. 즉, 고려는 문화적 수준에 있어 중국 주변의 국가와는 달리 문학에 능통하고 지적인 인식이 뛰어나서 이를 덕으로

회유함이 가능하며 무력에 의한 복종은 어렵다는 입장을 강조하고 있다. 일찍이 曾鞏이 明州의 知州로 부임하였을 때 난파되어 온 고려 상인에 대하여 이를 구제하여 보살펴 주었고, 조정에 대해서는 제외국인의 구제를 인도주의적 입장에서 제도적 방안을 건의하고 있다.

그러나 曾鞏의 고려인식에서 깊은 인상을 느낄 수 있는 것은 전통적 중화주의를 배경으로 한 조공과 현실적으로 행하여지고 있는 麗·宋간의 사절 내왕에서 야기되는 물질주의적 폐단을 문제로 제기하고 있는 점이다. 曾鞏은 지금 其使(麗使)가 자주 오는데 宋의 관원이 그들로부터 여러 가지 명목으로 예물을 받는 것이 상례로 되어 있음을 들어 이를 우려하고 있다. 그는 예부터 주변국가의 臣事來朝에 대하여 중원은 이를 예로 영송하였고, 그들이 진봉하는 폐백물은 이를 돌려주어 중국이 물질을 가벼이 여기고 예의를 중하게 생각한 사실을 강조하고 있다. 그러나 宋代에는 고려 사신이 宋에 건너와서 송나라의 지방관에 바치는 예물을 비롯하여 조정에 진납하는 진공품은 대단하여 우려할 만한 것이라고 구체적으로 이를 예시하고 있다.

즉, 신종의 희령 6년(1073)에 고려사신과 副使가 明州와 通判에게 보낸 고려의 토산물을 당시의 시장 값으로 환산하면 200관 이상 299관에 이른다고 하였고, 희령 5년과 9년에는 명주의 知州, 通判에게 보낸 토공물은 100관 이상 199관에 이른다고 하였다. 이와 같은 고려사절이 宋朝 연변 및 조정에 바치는 宋 증산품은 실로 막대한 것이어서 고려의 재정형편으로서는 견디기 어려운 것임을 우려하고 있다.

그에 의하면 일주에서 知州와 通判이 고려 사절로부터 수령한 물품은 돈으로 환산하면 실로 30만전에 달하는 것으로 明州로부터 京師에 이르기까지 10여주를 거치는데 주마다 폐백품을 가지고 갔으니 이는 고려의 재화로서는 감당키 어려운 것으로 보고 우려를 표시하고 있다.

曾鞏의 고려관은 고려에 대한 정확한 역사적 인식과 고려의 문화적 수준, 그리고 고려의 국세에 대한 바른 이해를 바탕으로 하면서도 중국의 전통적인 중화주의에 입각하고 있음을 살필 수가 있는 것이다.

다음은 徐兢의 고려문화에 대한 인식을 살펴 보겠다. 宋人의 고려에 대한 기록 가운데서 비록 도는 없어졌으나 가장 완벽하게 남아있는 것이 徐兢이 찬한 『宣和奉使高麗圖經』이다. 이밖에 宋代의 관인이 고려의 사정을 기술한 것으로는 吳栻의 『鷄林記』20권, 王雲의 『鷄林志』30권, 孫穆의 『鷄林類事』3권 등이 있었으나 대부분 없어졌고, 王雲·孫穆의 저서와 같이 다편적으로 전하여지는데 불과하다. 『高麗圖經』은 徐兢이 북송말의 徽宗 宣和 5년(고려 仁宗 원년, 1123)에 正使인 路允迪, 副使인 傅黨卿을 수행하여 國信所提轄人船禮物官으로서 고려에 건너와 약 1개월간 체류하면서 직접 보고 들은 바를 돌아가 도경으로 만들어서 황제에게 보고한 것이다. 徐兢은 사행에 앞서 고려에 대한 기록을 검토하였고, 특히 崇寧 중에 편찬된 王雲의 『鷄林志』의 영향을 많이 받은 것 같다. 徐兢의 고려문화를 보는 기본 입장은 두 가지 측면을 지니고 있음을 알 수가 있다.

먼저, 선진적인 중국문화가 후진적 고려사회에 유입되어 후진사회가 어떻게 선진화(중국화)되어 갔느냐 하는 입장이다. 여기에는 선진문화가 직접 후진사회에 유입 통용되는 경우와 그것이 변형되면서 통용되는 양면성을 지니고 있다는 입장이다. 이와 같은 과정을 통하여 후진사회의 문화(夷俗)가 선진화되고 있는 점을 긍정적으로 서술하고 있다. 이것은 徐兢 자신이 奉使라고 하는 막중한 임무를 띠었고, 또 그의 도경은 황제에게 보고한다는 구속력을 띠고 있었기 때문에 후진사회의 선진화는 바로 중국 천자의 덕치와도 밀접한 관련을 지니고 있으므로 이 점을 강조하고 긍정적인 방향에서 이를 서술하고 있다는 제한성은 없지 않다.

다음으로 선전 중국문화가 후진 고려사회에 유입되었음에도 불구하고 고려사회의 고유한 문화(夷俗)가 변질되지 않고 자체적으로 단절성을 지니고 있는 특수상황에 대한 관찰이다. 이는 徐兢의 관점에서 볼 때에 긍정하기 어려운 오랑캐의 풍습에 속하는 문제이지만 자기가 소속되어 있는 중국 문화와의 비교라고 하는 입장에서 흥미와 호기심으로 이를 서술하고 있다.

그러면 첫째 관점에서 중국의 선진문화가 후진 고려사회에 어떻게 유입되었고, 또 그것이 어떻게 변형되었는가에 대한 고려문화관을 보자.

> 高麗는 本朝(宋朝)의 官服을 입고 있으며 그 國相服은 宋나라 中書省의 宰相, 執政, 樞密院의 執政이 착용하는 笏頭라고 하는 옷과 같은 것이다(『高麗圖經』 卷 7, 국상복)

라 하여 宋의 제복이 고려에 통용되고 있음을 말하고 있다. 고려의 국상복은 실은 宋의 복장과 동일하다. 宋의 紫袍, 方圓毬文帶, 佩金魚는 宋에서는 흔히 홀두, 또는 홀두대라 한다. 이는 재상복으로 宋의 太宗 때 만들어져 신하에게 사여된 것으로 고려에서도 복장을 사용하고 있다는 것이다. 또 이러한 국상복 이외에 시종복, 경감의 복이 있는데 이것들도 宋과 동일하다(『高麗圖經』 卷 7, 國喪服)고 보았다.

그는 고려에 인재가 왕성하며 나라에 벼슬하는 자는 귀신이 되며 족망으로 서로 겨루고 나머지는 혹 進士로 뽑힌다. 세록받는 관리직에는 등급이 있으니 職이 있고 階가 있고 勳이 있고 賜가 있고 功臣이 있고 衛가 있다. 이것은 본조(宋朝)의 관제를 본받고 開元禮(唐六典)을 참작하여 만든 것이다. 그러나 명실이 맞지 않고 청탁이 혼돈되어 한갓 형식에 불과하다(『高麗圖經』卷 8, 人物)고 하였다. 宋의 사료에 의하면 (고려의) "官에는 中書省과 樞密院이 있고 거기에 平章事, 參知政事와 中樞使가 있다. 이밖에 翰林學士 知制誥가 있는데 대체로 中朝(宋朝)의 官制를 모방하였다."(『長編』元豊 6년 9월)고 있다. 宋에서는 중서문하성이라 하고 고려에서는 내사문하성 혹은 중서문하성이라 하였는데 중추원은 成宗때 韓彦恭이 宋에 왔다가 돌아가서 송제를 본따서 설치하였고, 중서문하성과 중추원은 고려의 최고 기관으로 宋에서는 兩府라 하였는데 고려에서도 이를 兩府라 하였다.

"高麗는 朝貢을 통하여 오랫동안 중국의 영향을 받았으므로 君臣上下가 거동할 때에 禮文이 있다"(『高麗圖經』卷 9, 儀物 1) 그리고 "高麗도 이러한 夷狄 가운데서 文物禮儀의 나라이다. 그 음식은 俎豆를 사용하고 문자는 楷書와 篆書에 맞춰 쓰고 서로 주고 받는데 절하고 무릎을 꿇으니 공경하고 삼가는 것이 족히 숭상할 만한 것이다"(『高麗圖經』卷 22, 雜俗) "高麗는 땅이 넓지 못하나 백성이 매우 많다. 四民의 業 중에 儒를 귀히 여기므로 그 나라는 글을 알지 못하는 것을 부끄럽게 여긴다."(『高麗圖經』卷 19, 庶民)

이와 같은 고려문화의 높은 수준은 중국의 문물을 받아 들이고 자제의 교육에 힘슨 바의 결과로 보고 있으며 고려는 비록 연·한의 변두리 편벽한 곳에 살기는 하지마는 제·로의 기풍과 운치를 지니고 있다고 다음과 같이 격찬하고, "근자에 사신이 가서 알았지만 臨川閣에는 장서가 수 만 권에 이르고 淸燕閣은 經史子集 4部의 책으로 메워져 있다. 國子監을 세우고 儒官을 선책 하여 그 인원이 잘짜여져 있고 황사를 새로 열어 太學의 月書李考를 펴서 諸生의 등급을 매기고 있다."(『高麗圖經』卷 40, 同門 遊學)

"위로는 조정의 관리들이 偉儀가 우아하고 文體가 넉넉하며 아래로는 민간 마을에 經館과 書舍가 두 셋씩 늘어서 있다. 그리하여 백성의

子弟로 결혼하지 않은 자들이 무리지어 살면서 스승으로부터 經書를 배우고 장성하여서는 벗을 택해 각각 부류에 따라 절간에서 강습하고 졸병과 어린아이에 이르기까지 鄕先生에게 글을 배운다. 아아 훌륭하기도 하구나"(同上)라고 高麗인의 향학열을 칭찬하고 있다. 그러나 중국문화를 적극적으로 받아들여 이를 정치・교육의 기반으로 삼고 있으면서도 그들 본래의 전통문화(夷俗)를 그대로 고수하고 있다는 사실에 대해서도 "겉으로는 중국의 제도를 모방하고 있으나 실제로는 풍습이 尨雜하여 夷俗을 끝내 고치지 못하였고 冠婚喪祭는 禮(禮記)에 의한 것이 드물다"(『高麗圖經』卷 22, 雜俗1) "초기에 12등급의 관원을 두고 오랑캐의 언어로 명칭을 붙이고 淨化하지 않다가 皇化를 입게 되면서 官을 설치하고 府를 두어 中華를 모방하여 부르기는 하였으나 職에 임하여 일을 처리할 적에는 오히려 夷風을 그대로 따르므로 이따금 형식만 갖추고 실제는 맞지 않는다. 그러나 의리를 사모하는 뜻은 역시 가상하다."(『高麗圖經』卷 16, 官府) 하였으니 선진문화(중국문화)의 영향을 받아 夷俗(후진문화)을 탈피하여 나가고 있다는 점을 강조하고 이를 긍정적인 방향에서 평가하고 있다. 이는 宋人의 華夷論에 바탕을 둔 전통적인 중화사상이라 하겠다.

다음으로 이와는 반대로 선진문화의 영향에도 불구하고 후진문화를 그대로 유지하고 있다는 사실에 대해서는 이를 다음과 같이 비판적인 각도에서 기술하고 있음을 살필 수가 있다.

"먼저 高麗는 정치가 심히 어질어 부처님을 좋아하고 殺生을 경계하기 때문에 국왕이나 相臣이 아니면 羊과 돼지고기를 먹지 못한다."(『高麗圖經』卷 23, 도재) "그들의 풍속은 관리나 병졸이 紀律이 엄하기는 하나 평소에는 사소한 禮를 일삼지 않는 것 같다"(『高麗圖經』卷 22, 答禮) 또한 옛 사서에 "그 풍속이 깨끗하다 하였으며 지금도 그러하다."고 적고 있다.

고려인의 성품에 대해서는 "그들은 욕심이 많고 賄賂가 성행하며 길을 다닐 제 달리기를 좋아하고 섰을 적에는 허리 뒤에 손을 얹는 자가 많으며 부인이나 僧尼가 다 남자의 절을 하니 이것은 가히 해괴한 것들이다."(『高麗圖經』卷 22, 雜俗) "사람들은 은혜 베푸는 것이 적고 女色을 좋아하며 분별없이 사랑하고 재물을 중히 여기며 남녀혼인도 경솔히 합치고 헤어지기를 쉽게 하여 典禮를 본받지 않으니 진실로 웃을 일이다."(『高麗圖經』卷 19, 民庶)라 하였다.

徐兢의 고려에 대한 인식은 선진문화(중국문화)와의 동질성에 대해서는 이를 긍정적으로 평가하면서 고려 문화의 우수성을 이와 결부시키고 있으며, 후진문화(고려의 夷俗)에 대해서는 이를 특수성으로 서술하고 기이한 것으로 파악하여 부정하고 있다. 또한 선진문화가 후진문화를 동화하여 선진화되어가고 있는 과정으로 서술한 부분이 상당히 많이 보이는데 여기서는 중국황제의 덕치교화주의에 연관시키려는 의도가 강하게 엿보이고 있다.

다음에는 唐宋八大家의 한 사람이며 구법당 정치가인 蘇軾의 고려문화에 대한 인식을 살펴보자.

蘇軾(東坡)은 고려에 대해 철저히 反高麗的 자세를 취한 것은 구법당의 입장에서 비롯된 정치적 영향이 크다. 그러나 蘇軾의 고려에 대한 정보(지식)은 가장 광범위하고도 객관적인 것임에도 불구하고 극히 지엽적인 문제를 내세워, 그것도 상당한 오류를 범하면서, 반고려관을 전개하고 있다. 려·송 양국의 사신 왕래에 있어서 宋측이 입는 피해가 막대하다는 사실을 구체적인 수치로 예시하였다. 즉 고려사절의 1회 입공에 드는 비용은 약 10여만 관에 이르는데 여기서는 사신이 머무는데 필요한 정관의 수리비와 입항의 調發費用, 그밖에 잡비를 포함시키지 않았다고 주장하고 있다. 이에 비하여 고려 사신이 가져오는 진공품은 별로 가치가 없는 것으로 양국의 사절교류는 송측은 추호의 이도 없고, 오히려 오해가 있을 뿐이라고 通高麗五害論을 주장하고 있다.

그러나 蘇軾의 이와 같은 반고려의 입장은 당시의 麗 · 宋무역관계에서 살펴보면 너무나 잘못된 주장이다. 왜냐하면 고려가 宋에 진공한 공품은 실로 막대한 것이라는 실례는 사료에서 입증하고 있기 때문이다. 뿐만 아니라 앞에서 살핀 바와 같이, 明州 의 知州인 曾鞏은 고려의 사신이 가져오는 진공품이 막대하여 소국인 고려의 재정으로서는 감당하기 어려운 것임으로 송은 마땅히 이를 사양해야 한다고 말하고 있으니 蘇軾과는 정반대의 주장을 하고 있다. 曾鞏의 주장이 합리적이며 당시의 양국관계를 정확히 파악한 것으로 생각된다. 그것은 고려의 진공품과 宋의 회사품을 비교할 때에 쉽게 이를 알 수 있기 때문이다. 그 위에 蘇軾이 주장하는 려사뇌대비십여만관설은 정확한 수적 근거가 없는 과장된 것으로 보인다. 蘇軾이 주장하는 通麗五害論을 비판해 보겠다.

그는 고려의 진공품에 대해서 이를 모두 완호무용지물이라고 혹평하고 있다.

다음 二害論에서 내세우고 있는 바는 사신의 경비문제이다. 이는 전통적 중화주의에 비추어 볼 때에 매우 편협한 것으로서 외국 사절의 중국체류에 소요되는 경비를 내세워 유해론을 주장함은 그 예를 다른 시대에서는 찾을 수 없는 옹색한 주장이라 하겠다.

二害論에서도 이 당시의 국제정세를 잘못 파악한데서 오류를 범하고 있다. 즉 고려가 거란에 조공한 것은 사실이나 宋에서 받아온 물품을 거란에 다시 바쳐야만 거란이 고려와의 내왕을 인정할 형세는 아니다. 그것은 거란이 1004년에 宋과의 전연의 맹약을 체결하여 송으로부터 막대한 세폐를 받고 있었으므로 고려가 宋으로부터 가져온 물품을 요구하였을 것인가는 의문이 간다. 거란으로 볼 때에는 宋과 고려가 통교하는 것을 상당히 경계하고 이를 강력하게 억제하고 오직 거란에만 조공을 요구하고 있는 상태이다. 그러므로 이와 같은 국제정세로 볼 때에 東坡의 주장은 오히려 정반대라 하겠다.

四害論에서는 고려가 겉으로는 宋을 흠모하고 있으나 그 본심은 다른데에 있다는 주장이다. 고려의 宋에 대한 신사는 北路(거란)을 돕기 위하여 송에 사신을 파견하였다는 것이다. 고려의 宋에 대한 조공은 거란과의 관계에서 볼 때에 고려로서는 지극히 위험한 외교행각이라는 점을 생각할 때에 東坡의 사해론도 사실과 거리가 너무 먼 것이다.

五害論에서는 宋이 거란과의 국제관계를 염려하여 고려와 통교하는 것은 위험천만이란 주장이다.

蘇軾이 이상과 같은 주장을 하게 된 배경은 첫째, 신종시대에서 철종시대로 帝位가 바뀌는 틈을 이용하여 신법당의 친고려 정책을 뒤엎고 국제정세에 어두운 섭정의 宣仁太后와 幼帝(哲宗)을 설득시켜 종래의 친고려관이 잘못되었음을 구체적으로 입증하고, 신종시대에 신법당에 의하여 진행된 聯麗制遼政策을 전면적으로 부정함으로써 구법당의 정치적 위치를 강화하려는 불순한 동기가 작용하고 있으며, 문화적으로 중화주의를 강조하면서도 편협한 華夷論에 얽매여 고려 문화를 과조평가한데서 이와 같은 오해론을 내세우게 된 것으로 파악된다.

4. 宋·麗文化 交流研究의 문제

송대사에 대한 왜곡문제가 송대사 연구에 여러 가지 문제를 가져다주었을 뿐 아니라 宋과 문화교류를 추진하고 있던 주변국가, 특히 고려의 송문화 내용에도 영향을 주었다는 사실을 파악할 수 있다. 이러한 문제의식을 바탕으로 앞으로 宋麗 문화교류연구는 다음과 같은 새로운 방향모색이 이루어져야 할 것이다.

먼저 현재 史料上에 보이는 宋·麗문화의 내용과 실제로 나타나고 있는 사실사이에 존재하는 괴리를 파악하여 그 틈을 메우는데 연구의 초점이 두어져야 할 줄로 믿는다. 예컨대, 앞에서 지적한 바와 같이 『宋史』職官志나 『高麗史』百官志의 내용과 실제상에 있는 관제내용과는 서로 떨어져 있는데 그것을 연구자의 새로운 노력에 의하여 사실 그대로 복원해야 할 것으로 생각된다.

다음으로 생각해야 할 문제는 송·려 양국 간의 문화교류에 있어서 宋측에서 바라보는 고려문화와 반대로 고려에서 인식하는 宋 문화에 대한 시각의 차이를 차별화하여 분리시킬 것이 아니라 공동분모를 모색해서 상호공통점을 추출해야 될 것으로 생각된다. 예컨대 馬端臨이 『文獻通考』에서 지적한 바와 같이 宋麗의 교섭은 宋에서는 정치성이 강하고 반대로 고려는 문화적 욕구가 강하다고, 두 나라의 교류내용의 차이를 논하고 있는데 교섭사에서의 이러한 시각차를 분리시켜 宋의 고려에 대한 문제는 정치사적으로, 이와는 반대로 고려의 宋에 대한 문제는 문화적인 측면만을 떼어서 생각할 수 없다고 본다.

끝으로 비단 宋·麗 문화교류에 국한되는 것은 아니지만, 문명교섭사에서 가장 중요한 문제는 고문화와 저문화의 접촉과정에서 나타나는 이질문화의 수용성과 배타성을 다함께 중요한 내용으로 파악하면서 거기에서 파생하는 변형문화 내용에 대해서도 관심을 가져야 할 것으로 생각된다. 宋·麗의 문화교류연구는 앞으로 시각을 달리해서 연구해야 할 바가 많다는 점을 강조하고 싶다.

II. 宋의 國書에 보이는 高麗觀

1. 國書에 나타난 高麗觀

① 宋 使臣의 고려 파견

麗·宋의 通交는 宋의 건국 직후인 太祖의 乾隆 3년(962)에 고려에서 廣評侍郞 李興祐 등을 파견한 데서 시작하여[1] 南宋의 孝宗 隆興 2년(1164)까지 약 200여년 간 계속되었다. 그 중간에 遼의 고려침입으로 인하여 약 72년간 사절의 왕래가 두절되기도 하였다.

이 기간 동안에 高麗의 사신이 宋에 건너간 수는 57회이고 宋의 사신이 고려에 온 것이 30회에 이른다.[2] 이와 같은 사절의 왕래횟수에서 우리는 고려와 宋에 대한 사신파견이 宋의 그것에 비하여 적극적이었음을 살필 수 잇거니와, 唐代나 明·淸시대에 빈번히 왕래한 사실에 비하면 소원한 바가 없지 않다. 그러나 이와 같은 소원함은 당시의 국제적인 환경으로 볼 때에 북방에서 군사적인 압박을 가하고 있는 遼와 金의 눈을 피하여야 하는 위험부담과 함께 전통적으로 주로 이용하던 육로를 피하여 그 상시로서는 死路에 가까운 海路를 통하여

---

1) 『宋史』卷 1, 太祖本紀 乾隆 3年 11月 丙子條에 "高麗國遣李興祐等來朝"라고 있고 『高麗史』卷 2 光宗 13年 冬 및 『高麗史節要』卷 2에 "遣廣評侍郞 李興祐等 如宋獻方物"이라 있다.
2) 『宋史』卷 5, 太宗本紀 淳化 5年 6月條에 "高麗遣使 以契丹內侵乞師"리고만 기록하고 있으나 『高麗史』卷 3, 成宗 13年 6月 및 『高麗史節要』卷 2, 成宗 13年 6月條에는 "遣元郁如宋乞師 以報前年之役 宋以北鄙甫寧 不宜輕動 但優禮遣還 自是與宋絶"이라 하였으니 이 때부터 兩國間의 國交는 고려에서 일방적으로 사신을 하견하고 있고 宋에서는 고려에 사신을 파견하지 않고 있다.

이루어졌다는 사실에 주목하지 않을 수 없다.

이와 같은 험로를 통하여 이루어진 양국관계의 긴밀성을 이해하는 데 있어서 두 나라 사이에 교환된 國書는 중요한 의미를 갖는 것이다. 물론 國書의 내용을 살펴보면 의례적인 존칭과 외교적인 수식용어를 나열한 지극히 형식적인 면도 없지 않으나, 이와 같은 수식어를 제외한다 하더라도 양국관계를 이해하는 데 필요한 구절이 적지 않게 담겨져 있음을 알 수가 있다.

여기에서는 주로 宋에서 고려에 보내진 國信書를 통하여 宋代 관인의 고려관이란 입장에서 이를 검토하고자 한다. 그런데 宋의 고려에 보내진 國書(詔書)는 宋使가 직접 가져와서 고려왕에게 전달하는 경우와 高麗使의 귀국 길에 보내온 회답서의 형식, 그리고 宋商을 통하여 전달되는 세 가지 방법이 있음을 살필 수가 있다.[3]

려·송의 통교를 정치사의 전개에 맞추어 시기적으로 구분하면 편의상 3기로 잡을 수가 있다. 제1기는 962년(宋 太祖 乾隆 3, 高麗 光宗 13)부터 요의 침려로 국교가 단절되는 999년(宋 眞宗 함평 2, 高麗 穆宗 2)까지의 약 37년간이고, 제2기는 1071년(宋 神宗 희령 4, 高麗 文宗 25)부터 북송이 멸망하는 1126년(高麗 仁宗 4)까지의 55년간이며, 제3기는 1127년(南宋 高宗 건염 1)부터 고려사가 마지막으로 다녀간 1164년(南宋 孝宗 융흥 2, 高麗 毅宗 18)까지의 37년간이다.

송의 고려에 대한 여러 가지 자세를 이해하기 위하여 위의 3기간 동안에 파견된 송사의 성명과 관직을 정리하여 보면 다음 〈표 1〉과 같다. 고려사신의 파송에 관한 것은 송고와 직접 관련이 없으므로 생략하였다.

---

3) 宋에서 보내온 國書는 『宋史』 高麗傳과 『宋大詔令集』 卷 237, 政事 90 四裔 10 高麗 및 『高麗史』 世家에 있다.

〈표 1〉 宋使의 고려파견

宋 代			高麗 時代		서기	官職名	使臣名	使臣의 任務
太祖	乾德	원년	光宗	14	963	册命使	時贊等 90人	册 王
太宗	太平 興國	원년	景宗	1	976	左司禦副率	于延超	册 封
						司農寺丞	徐昭文	
〃	太平 興國	3년	景宗	3	978	太子中允	張泊	來 聘
〃	〃	4년	〃	4	979	供奉官 閤門祗候	王僎	册 王
〃	〃	8년	成宗	2	983	大中大夫 光祿少卿	李巨源	册 王
						朝議大夫 將作少卿	孔維來	
〃	雍熙	2년	〃	4	985	太常卿	王著	加册王
						秘書監	呂文仲	
						監察御史	韓國華	對遼聯盟
〃	端拱	원년	〃	7	988	禮部侍郞	呂端	加册王
						左諫議大夫	呂祐之	
〃	淳化	원년	〃	9	990	光祿卿	紫成務	册 王
						太常少卿	趙化成	
〃	〃	3년	〃	11	992	光祿卿	劉式	册 王
						秘書少監	陳靖	
神宗	熙寧	3년	文宗	24	1070	（兩浙發運使 羅拯遣）	黃愼	國交再開
〃	〃	5년	〃	26	1072	醫官	王愉·徐先來	文宗治療
〃	元豊	2년	〃	33	1079		王舜封·刑慥 朱道能·沈紳 邵化及	
〃	〃	3년	〃	34	1080	醫官	馬安世	文宗治療
〃	〃	7년	宣宗	1	1084	左諫議大夫	楊景略	祭奠使
						禮賓使	王舜封	
						右諫議大夫	錢勰	弔慰使
						西上閤門副使	宋球	
哲宗	元祐	8년	宣宗	10	1093	明州報信使	黃仲	
徽宗	崇寧	2년 2월	肅宗	8	1103	明州敎練使	張宗閔 許從	
〃	〃	〃 6월	〃	〃	〃	戶部侍郞	劉逵	
						給事中	吳拭	
〃	大觀	3년	睿宗	4	1109	敎練使·都兵馬使	任郭	

宋 代	高麗時代	서기	官職名	使臣名	使臣의 任務
〃　　〃　　4년	〃　5	1110		王襄·張邦昌	
〃　重和　원년	〃　13	1118	閣門祗候	曹誼	
〃　宣和　2년	〃　15	1120	承信郎	許立	
			進武校尉	林大客	
〃　〃　3년	〃　16	1121		姚喜	
〃　〃　4년	仁宗 즉위	1122	持牒使進武校尉	姚喜	
〃　〃　5년 정월	〃　1	1123	持牒使	許立	册王 弔慰
〃　〃　〃　6월	〃	〃	禮部侍郎	路允迪	
			中書舍人	傅墨卿	
欽宗 靖康 원년	〃　4	1126	閣門祗候	侯章·歸中孚	
高宗 建炎 원년	〃　5	1127	敎練使明州副使	張誘	
〃　〃　2년	〃　6	1128	刑部尙書	楊應誠	
			防禦使	韓衍	
〃　〃　4년	〃　8	1130	進武校尉	王正忠	
〃　紹興　5년	〃　13	1135	迪功郎	吳敦禮	

위 표에 의하면 제1기에 송의 사신이 고려에 온 것은 9회이고, 고려에서 간 것은 27회에 이른다. 사신의 왕래 횟수로 보아도 고려 측에서 일방적으로 다수의 사절이 파견된 반면에 송으로부터는 37년 동안에 9회에 불과하므로 대단히 소원하였음을 알 수가 있다.

이 시기의 송의 국서는 대부분이 고려왕에 대한 책봉과 가봉 등 외교적인 것이다.[4] 그 가운데서 양국의 국교가 시작되면서 송 太祖의 건륭 4年(光宗 13)에 고려에 보낸 제서[5]가 주목을 끄는 것은 송 太

---

4) 『宋大詔令集』에 의하면 封冊詔書는 다음과 같다. 太平興國 원년(景宗 1) 王伷封高麗國王制, 同 3년 高麗國王 王伷檢校大傳加食邑制, 同 7년(成宗 1) 王治拜官封高麗國王詔, 淳化 원년(成宗 8) 高麗國王 王治加恩制, 同 5년(成宗 12) 賜高麗璽書.

5) 이 制書는 『高麗史』나 『高麗史節要』 및 『宋大詔令集』에는 실려 있지 않고 『宋史』 「高麗傳」에 있다. 전달한 것이 누구인지는 不明한지만 建隆 3년 12월에 宋에 갔다가 이듬해에 돌아온 高麗使 李興祐편인 것이 분명하다.

祖의 고려왕에 대한 관점이라 하겠다. 太祖는 자신을 평하여

　　나는 簿德으로 외람되게 鴻名을 물려받아 사신이(고려로부터) 오게
　　되었으니 마땅히 정중하게 命을 내려야 하겠다[6]

라고 자신을 겸양하고 있고, 이에 반하여 고려왕에 대해서는

　　高麗國王 昭는 太陽의 정기가 뭉쳐 遼左에서 영웅으로 추대되어 箕
　　子가 남긴 風化를 익히고 朱蒙의 옛날 풍속도 보수하였다…… 아! 萬
　　里를 와 朝貢하니 성실한 忠誠이 갸륵하다[7]

고 칭찬하고 있다. 물론 이는 외교적 수식사로 해석할 수도 있으나 이
후의 조서가 대부분 판에 박힌 듯한 문장으로 되어 있는 것에 비한다
면 지극히 이례적이라 하겠고, 이것은 송의 건국 초라는 시대적 상황
과도 관련이 있는 것으로 보아야 할 것이다. 이 밖에 雍熙 3년(成宗
4)의 北伐遣使諭高麗詔에 宋使 韓國華가 려·송 동맹으로 거란을 벌
하자는 파병요청을 하고 있는 것이 예외라 하겠다.[8]
　使臣의 관직도 초기에는 낮고 후기로 내려올수록 그 직책이 올라가
고 있으며, 고려 사신과 비교할 때에 떨어지고 있음을 알 수 있다.

② 宋의 國書 내용 분석

　제1기의 조서 내용은 책봉·가봉이 중심을 이루고, 따라서 외교적
수사로 일관하고 있다는 것이 특징으로 나타나고 있으며, 시기적으로

---

6)『宋史』「高麗傳」.
7)『同上書』.
8)『同上書』.

보아서도 송의 건국 직후 30여 년이라는 단기간이기 때문에 양국 간의 교섭 또한 활발하게 전개되지 못하였다고 생각된다. 그 위에 거란의 압박에 의하여 고려의 和遼疎宋政策으로 국교의 단절을 초래하게 되었다.

제2기의 통교는 文宗 25年(1071)에 고려에서 民官侍郎 金悌를 파견한 시기로부터 국교가 재개되어 북송이 망하는 1126년까지의 55년간이다. 이 시기는 고려 측에서 볼 때에 송과의 오랜 국교단절을 극복하고 송 문화를 적극적으로 받아들이려는 文宗의 강력한 모화사상과9) 송 측에서도 神宗이 등극하여 이제까지의 대요 소극책을 버리고 적극적 자세로 환원하면서 聯麗反遼策을 강구하려고 한 데서 두 나라가 다 같이 통교의 필요성에 입각하여 처음부터 긴밀성을 띠게 되었다. 사실상 양국의 국교재개는 文宗 25년에 고려 측에서 사신을 파견한 데서 시작되었으나, 이보다 앞서 송 측에서는 이미 神宗이 즉위하면서 고려와의 국교재개를 위하여 노력을 기울이고 있다. 즉 神宗은 1068년(희령 元年, 文宗 22)에 江淮兩浙荊湖南北路의 都大制發運使 羅拯으로 하여금 고려와의 국교재개를 위한 조처를 취하도록 당부하고 있고, 이에 羅拯은 黃愼을 고려에 파견하여 고려의 의사를 타진하고 있음을 살필 수 있다.10) 黃愼은 고려 文宗의 적극적 국교 재개 사실을 羅拯에게 보고하였으며, 神宗 희령 9년(文宗 24)에 羅拯은 이를 神宗에게

---

9) 『高麗史』 卷 8, 文宗 12년條에 이미 宋과의 國交再開를 위하여 耽羅와 靈岩의 材木을 伐材하여 大船을 만들어 계획을 세웠으나 臣下의 반대로 중단하였다.

10) 『宋史』 神宗本紀에는 그 내용이 없으나 『高麗史』 卷 8, 文宗 22년 秋 7월 辛巳條에는 전후 사정을 다음과 같이 기록하고 있다.
"宋人黃愼來見言 皇帝詔 江淮兩浙荊湖南北路 郡大制發運使 羅拯曰 高麗古稱君子之國 自祖宗之世 輸款甚贄 後阻絶久矣 今聞其國主賢王也 可遣人輸之 於是拯遣愼等來傳天子之意王悅館待優厚."

상주하였고, 조정논의에서 거란을 도모하기 위하여 고려와의 결맹을 하는 것이 가하다는 神宗의 허락을 얻게 되었다.

따라서 제2기의 국교재개는 먼저 송 神宗의 대외관계 타개책의 일환으로서 親麗反遼定策11)이 주도하였으며 고려 文宗의 모화사상이 이와 긴밀하게 관계를 맺어 나타난 결과라 하겠다.

이와 같은 국교재개과정에서 보이고 있는 송 측의 고려관은 앞서 黃愼에 의한 神宗의 고려관에서 뚜렷이 보이고 있는 바와 같이 "고려는 예로부터 군자의 국이며 그 임금 또한 현왕"이란 표현은 호의적으로 본 것이라 하겠다. 뿐만 아니라 神宗은 고려의 문화적 수준이 높다는 것을 인식하여 조서를 보낼 때에는 반드시 문장에 뛰어난 사신을 선발하여 著撰하도록 하였고, 그 가운데서 우수한 것을 다시 가려서 고려에 보내고 있는 사실을 알 수 있다.12) 이와 같은 神宗의 고려에 대한 신중한 태도는 사절의 인선에도 특별한 주의를 기울이고 있음을 살필 수 있으니, 고려에 파견될 사신과 書狀官의 인선이 끝나면 이들을 중서에 소집하여 문장의 우열을 시험하여 이에 합격하여야만 고려에 파견하였다.13)

그 구체적인 예로서 고려 文宗의 訃音이 전해지자 楊景略·王舜封을 祭尊使로 錢勰·宋球 등을 吊尉使로 파견하였는데 楊景略이 書狀官으로 李之儀를 대동하려 하자 神宗은 李之儀의 문장이 뛰어나지 못함을 살피고 그 대신에 학문이 博洽하고 기량이 정수한 자를 중서에

---

11) 『宋史』 卷 487, 「高麗傳」. "(神宗) 熙寧 三年 拯以聞 朝廷議者 亦謂可結之 以謀契丹 神宗許焉命拯 諭以供擬腆厚之意"
12) 『宋史』 卷 487, 「高麗傳」 神宗 熙寧 9年條 및 『高麗史』 卷 9, 文宗 26年 6月條에 "常以其國 尙文每賜書詔 必選詞臣著撰 而擇其善者"라 있다.
13) 『高麗史』 卷 9, 文宗 26年 6月條에 "所遣使者 其書狀官 必召赴中書 試以文 乃遣之"라 하였다.

서 새로 가려 뽑아 다시 시험을 거친 후 파견하였다.[14] 이로 미루어 볼 때 황제의 고려에 대한 자세는 매우 신중하며 주의 깊은데, 이러한 배경에는 고려문화에 대한 높은 인식을 하고 있는 위에 고려인의 품위를 인식하여 문장과 학문 그리고 인격에 있어서도 손색이 없는 인물을 고려에 파견하려는 의도가 뚜렷이 엿보이고 있다.[15]

神宗대로부터 시작되는 제2기에는 고려에서 송에 파견된 사신은 36회이고 송에서 건너온 사신의 횟수는 17회이다. 이때에도 국서는 고려의 사신을 통하는 방법과 직접 송사가 가져온 경우가 있다. 국서의 내용도 册王·進奉·回賜·吊尉 등 다양하다. 송사가 가지고 온 국서의 내용은 단순한 책봉서이나 송에 간 고려사를 통하여 전해지는 국서는 책봉의 내용과 같이 무미건조한 것이 아니라 다양성을 지니고 있고, 특히 文宗 26년에 국교가 재개되면서 고려사 金悌편에 전달된 勅書五道의 내용은 주목을 끌며 이 勅書五道의 정신은 이후의 송의 국서에 반복하여 잘 나타나고 있음을 살필 수 있다. 5도의 내용은 다음과 같다.[16]

　1 道. 百字의 策書로 貢輸를 닦아 琛賛의 儀를 폈고 여러 幅의 文辭는 忠勤함이 至極한지라 自尉됨이 크다.
　2 道. 事大의 忠節을 지키고 面內의 精誠을 굳게 하여 朝廷에 마음 둠이 寤寐間에도 우러나니 훌륭한 侯王으로 褒嘆하여 마지않는다.

---

14) 『宋史』「高麗傳」元豊 6年條에 "常以之儀 文稱不著 宜得學問博洽 器守整秀者 召赴中書 試以 文乃遣"이라 하였다.
15) 高麗의 文化水準에 대한 인식은 다음 哲宗代에도 그대로 지속된 것 같으니 宋에 사신으로 갔다 돌아온 李資義의 다음과 같은 보고서에서 엿볼 수 있다.
　"帝聞 我國 書籍多好本 命館伴 書所求書目錄 授之乃曰 雖有卷第不足者 亦須傳寫附來"(『高麗史』卷 10, 宣宗 8年 6月 丙午條)
16) 詔書의 내용은 『高麗史』卷 9, 文宗 26年 및 『宋史』「高麗傳」에 있다.

3 道, 使臣 金悌의 귀국하는 편에 國信物色과 따로 衣帶·錦綺 등을 보낸다.

4 道, 使臣 金悌가 進奉한 物品內容을 두루 살피고 이에 대한 回答으로 銀器 등을 보낸다.

5 道, 고려에서 宋帝의 聖壽齊를 베푼다는 말을 金悌를 통하여 들었고, 使節이 이곳에 와서 齊修함이 매우 誠勤하니 좋은 祝願을 披瀝하여 더욱 정성을 빛내었다.

위의 勅書五道의 내용을 요약하면 고려왕은 사대충절이 극진하고 훌륭한 侯王으로 精誠이 지극하며 고려의 사신 또한 중국에 있어서의 행동이 誠勤함을 알 수 있다는 것이다.

이와 같은 송제의 고려왕에 대한 관점은 神宗의 원풍 원년(文宗 32)에

卿은 義를 사모하고 仁風을 景仰함에 한결같이 朝廷의 중함을 생각하고 方舟으로 入貢하여 恭順한 精誠을 닦았으니 마땅히 褒嘉의 恩賜를 입을 것이다. 使臣을 보내어 朕의 懷抱를 말하게 하나니 멀리 卿의 俊明함을 생각할 때 나의 眷遇함을 體得할 것이다. 사신을 보내어 卿에게 國信物 등을 別錄과 같이 갖추어 賜하나니 도착하며 領納하라[7]

와 같이 기술되어 있다.

다음 元豊 2년(文宗 33)의 조서의 뜻도

卿은 累代의 仁風을 景仰하는 뜻을 繼述하고 자주 貢賦의 儀를 닦아 왔다 ……, 이에 復命함에 露章을 보니 정성어린 陳述에 亮節을 嘉尚히 여기는 바이다[8]

---

7) 『高麗史』 卷 9, 文宗 32년 6월 甲寅條. 이때의 宋使는 左諫議大夫 安燾와 起居舍人陳睦 등이다.

8) 『高麗史』 卷 9, 文宗 33년 7월 辛未條. 宋使는 王舜封 那偕 등 88人이다.

와 같이 표현하고 있다.

元豊 3년(文宗 33)에 高麗史 柳洪 등이 宋으로부터 돌아올 때 송제 神宗이 勅書八道를 고려에 보내오니 그 내용은 다음과 같다.

其 1. 卿은 德을 行함에 어긋남이 없고 職分을 닦음이 謹嚴하였다. 이에 정성스러운 글월을 펴보니 勤款함을 환하게 볼 수 있도다.

其 2. 進獻한 謝恩物을 살펴보니 …… 그 내용을 자세히 알았노라. 使節을 갖추고 글을 올려서 禮를 닦으니 沈順함에 嘉嘆한다.

其 3. 卿은 나라를 지킴에 整齊함이 있고 職事를 힘씀에 解弛하지 않고 勤修함을 잘 알겠노라. 柳洪 등이 돌아감에 國信物色과 아울러 別途로 表帶와 衣帶를 賜하노라.

其 4. 卿은 純一한 德을 삼가 三韓을 慰撫하고 오래 勤勞를 쌓으매 疚癏가 支末에 끼쳤다 하니 …… 바라건대 (약을) 잘 服用하여 快癒토 록 하라. 멀리 괴로워하는 것을 생각할 때 朕의 근심이 크다.[19]

그 후 睿宗 5년(송 대관 4) 6월 辛巳에 宋이 王襄(兵部尙書) 張邦昌 (中書舍人)을 보내왔다. 이때의 조에 이르기를,

卿은 累代로 훌륭한 名聲을 누리면서 東藩을 지켜 다스려 왔으며 卿 이 바친 貢物이 뜰에 널렸도다. 그 義가 嘉尙하여 禮로 報答하지 않을 수 없다 ……

라고 하였다.

이상의 『高麗史』 조문에 나타난 송 神宗의 고려 文宗에 대한 인식은 충성으로써 사대를 다하고 중화의 예도로써 민속을 교도하며 인과 덕 을 가지고 정치에 임하는 현군이라는 의식이 뚜렷이 엿보이고 있다.[20]

---

19) 『高麗史』 卷 10, 文宗 34년 秋 7월 癸亥條

20) 이와 같은 입장은 文宗이 崩御한 후 元豊 7년(宣宗 원년) 宋의 祭尊使 楊

　이상과 같은 송제의 고려왕에 대한 관점은 대체로 이후에도 그대로
지속되고 있음을 살필 수 있다. 제2기에 전달된 조서를 시기별로 정리
하면 다음 〈표 2〉와 같다.

〈表 2〉 宋帝가 高麗에 보낸 詔書

詔書傳達時期			전달자	出　典
	高　麗	宋		
肅宗	4년 6월 癸未	哲宗 元符 2년	高麗使·尹瓘	『高麗史』권 11
〃	8년 6월 壬子	徽宗 崇寧 2년	宋國信使 劉逵 등	〃
睿宗	4년 6월 戊寅	〃 大觀 3년	高麗使 金商祐 등	〃 권 13
〃	5년 6월 辛巳	〃 〃 4년	宋使 王襄	〃
〃	11년 6월 己丑	〃 政和 6년	高麗使 王字之	〃
〃	12년 5월 丁巳	〃 〃 7년	〃 李資諒	〃 권 14
〃	13년 7월 辛巳	〃 重和 원년	宋使 曹誼	〃
仁宗	원년 6월 甲午	〃 宣和 5년	宋使 路允迪	〃
〃	4년 7월 丁卯	欽宗 靖康 원년	宋使 侯章	〃

　다만 仁宗 4년(宋 정강 원년)의 조서는 金이 남침을 당하고 있는
절박한 상황을 반영하여 麗·宋의 오랜 관계는 골육지친과 같은 것이
므로 함께 거병하여 金을 칠 것을 요청하고 있음이 특이한 내용이다.
　제3기는 遼가 망하고 宋이 金의 남침을 받아 江南으로 달아나는 국제
관계의 변화 속에서 진행되었기 때문에 이와 같은 국제정치를 초지에는
잘 반영하고 있다. 즉 南宋 高宗의 건염 2년(仁宗 6)에 宋의 刑部尙書
楊應誠이 가져온 조문에는 금에 잡혀간 이제(徽宗·欽宗)를 맞이하기
위해서 고려에게 길을 빌려 달라고 요청하고 있다. 고려는 정중하게 이
를 거절하였으며,[21] 동 4년(仁宗 8)에 宋使 尹彦頤편에 보낸 조서는 앞

　景略, 副使 王舜封, 吊尉使 錢勰 등이 고려에 와서 文宗을 祭하는 『高麗史
』의 祝文에도 나타나고 있다.

서 建炎 2년의 二帝 迎入을 위한 假道의 심정을 술회하고 이에 대한 고려의 조처가 불가피함을 양해하면서도 서운하게 개탄하고 있다.[22]

宋의 국서가 宋使를 통하여 전달된 것은 仁宗 8年 宋의 進武校尉 王正忠에 의한 것이 마지막이었으나[23] 宋使의 파견도 仁宗 13年을 끝으로 단절되었다. 그러나 高麗使의 派宋은 계속되고 있었다.[24] 이는 고려의 親金策의 영향과 宋의 江南 이주에 따른 對金策의 어려운 시대적 상황을 반영한 것이기도 하나 宋의 二帝送還에 보인 고려의 냉담한 반응도 宋의 고려관에 크게 작용한 것이다.

이상 사신의 왕래와 宋의 국서를 통하여 파악할 수 있는 내용은, 첫째로 고려가 문화적으로 선진문화를 충실히 받아들여 주변의 후진변방지역보다도 문화수준이 앞서 있다는 것을 읽을 수 있고[25] 다음으로 고려왕은 전통문화를 잘 유지하여 국가의 통치에 뛰어난 능력을 발휘하고 있으며, 셋째로 中朝와의 관계에 있어서는 충절과 성실성으로 임하고 있다는 사실을 파악할 수 있다.

---

21) 『高麗史』卷 15, 仁宗 6年 6月 丁卯條.
22) 『高麗史』卷 15, 仁宗 6年 12月 甲寅條.
23) 『高麗史』卷 15, 仁宗 8年 4月 甲戌條.
24) 宋使의 파견은 단절되었으나 『高麗史』에 의하면 高麗에서는 일방적으로 계속 사신을 南宋에 보내고 있고 그들이 돌아오는 편을 통해 詔書가 다음과 같이 고려에 전달되고 있다.
   仁宗 10年(紹興 2) 5월 癸未: 高麗使 崔惟請.
   仁宗 15年(紹興 7) 4월 癸卯: 高麗使 金稚規.
   宋使가 마지막으로 南宋에 간 것은 毅宗 18年(孝宗 隆興 3) 借內殿崇班 趙多曦, 借右侍禁 朴光通 등이다.
25) 『宋朝事實類苑』卷 40, 文章 46 高麗使先狀에 "高麗海外諸夷中 最好儒學 祖宗已來 數有賓貢進士及第者"라 하여 고려가 중국의 先進文化를 他民族에 비해 善好 하고 있음을 지적하고 있고, 이어 熙寧 4년에 宋에 간 高麗使 金悌와 朴寅亮의 詩詞에 대해 절찬하고 있는 점 등은 宋代官人의 高麗文化 인식에 있어서 고려의 文化水準을 높이 의식한 것으로서 이는 宋代官人의 일반적인 高麗觀이었다.

Ⅲ. 宋代 朝廷과 官僚의 高麗觀

1. 머리말

10~13세기 동아시아세계의 문화의 중심지대는 宋이 지배하는 중국
이다. 이 선진문화지역에 있었던 宋의 사대부관료가 고려를 비롯한 변
방지역(후진문화지역)을 어떠한 시각으로 관조하고 있었는가라는 문
제는 흥미 있는 논제라 생각된다. 그것은 선진문화권에 있었던 宋의
문화 담당층(士大夫官人)이 후진사회를 조명한 내용은 당시로서는 지
역 간의 문화수준을 가늠하는 데 중요한 척도가 될 수 있을 것이며
이를 통하여 변방 후진문화의 상호비교 관찰이 가능하기 때문이다. 뿐
만 아니라 선진문화 담당층이 자신의 문화내용과는 이질성을 띤 후진
문화를 어떻게 파악하였는가는 바로 선진문화의 독자성과 변방문화의
이질성의 내용을 이해하는 데에 있어서도 중요한 암시를 제공하여 주
는 것이기도 하다. 송을 중심으로 한 당시의 국제관계는 宋·遼(거란)
를 주축으로 하는 대립 관계와 麗·西夏·倭·越을 종으로 하는 종적
관계가 국제질서의 기본을 이루고 있었다.

宋代 士大夫官僚의 고려에 대한 관심은 크게 세 가지 방향으로 구
분할 수가 있다. 첫째는 친고려관이고 둘째는 반고려관이며 셋째는 중
립적 입장이다. 친고려관의 성립배경은 고려의 문화내용이 宋의 그것
과 어떤 점에서 동질성을 지니고 있는가라는 시각이다. 다시 말하자면
선진문화(송 문화)와 후진문화(고려 문화)와의 유사성의 입장에서 출
발하고 있다. 이러한 입장에서 고려문화를 바라보는 척도는 선진문화
가 기준이 되며 그것이 고려사회에 어떻게 침투되어 운영되고 있는가

에 초점을 두고 있다. 이와 같은 시각으로 바라볼 때에 선진문화에로의 동화라는 관점에서 고려문화를 높게 평가하고 이를 긍정적으로 보고 있으며 친고려관이 형성되게 마련이다. 다음 반고려관의 관점은 고려문화의 독자성(夷俗)을 철저하게 부정적 각도에서 관찰함으로써 이를 東夷의 저질문화로 평가하여 부정하는 경향이 뚜렷하게 보인다. 끝으로 중립적 관점은 선진문화가 고려사회에 유입되어 후진문화(夷俗)를 어떻게 변형시켰는가 하는 관점으로서 이는 전통적인 중화주의와 함께 유교의 덕치주의와도 밀접한 관련성을 가지면서 전개된 대외관이라 하겠다.

宋代 士大夫官人의 고려에 대한 인식은 직접 사절로 고려에 와서 체험하여 형성되는 경우와 고려에서 간 사절이나 그 밖의 사람들로부터 간접적으로 얻어진 지식에 의하여 형성되고 이 밖에 문헌이나 다른 방법으로 얻어진 정보에 의하는 경우로 상상된다. 이와 같은 여러 방법에 의하여 형성된 그들의 高麗觀은 11~13세기의 宋의 국제관계에서 고찰할 때에 대체적으로 친고려 내지는 중립적 고려관이 우세한 경향으로 나타나고 있었다고 볼 수 있다.

그런데 宋代의 가장 뛰어난 문인의 한 사람으로 꼽히고 있고 司馬光의 사후에는 실제로 구법당의 우두머리로서 북송 후기의 정계를 한동안 이끌어 나간 蘇軾(東坡)의 高麗觀은 철저히 부정적인 입장을 취하고 있었다는 점은 매우 중요한 문제로서 우리의 주의를 끌고 있다. 왜냐하면 蘇軾의 위치에서 볼 때에 그가 갖고 있는 고려에 대한 정보(지식)는 가장 광범위하고도 객관적인 것을 얻을 수 있었음에도 불구하고 극히 지엽적인 문제를 내세워, 그것도 상당한 오류를 범하면서, 반고려관을 전개하고 있다는 사실은 麗·宋의 국제관계로 보나 文豪 蘇軾의 정치적 위치로 보거나 대단히 불행한 역사적 사실로 인식되기 때문이다.

본인은 蘇軾이 주장하고 있는 반고려관의 성격을 분석하고 그와 같은 입장을 취하게 된 정치적 동기를 파악함으로써 麗·宋의 문화관계를 조명하고자 한다.

2. 蘇軾(東坡)의 通麗五害論

蘇軾이 反고려관을 황제에게 上奏한 것은 神宗이 崩하고 哲宗이 즉위한 후의 元祐 8년(1093) 2월 1일과 2월 15일의 일이다.(蘇東坡,『奏議集』卷 13).

그는 여기에서 먼저 麗·宋 양국의 사신 내왕에 있어서 宋 측이 입는 저해가 막대하다는 사실을 구체적인 수치로 예시하면서 고려사절의 1회인 공에 드는 비용은 약 10여만 관에 이르며 여기에는 사신이 머무는 데 필요한 亭館의 수리비와 人船의 調發費用, 그 밖에 잡비를 포함시키지 않았다고 주장하고 있다. 이에 비하여 고려사신이 가져오는 진공품은 별로 가치가 없는 것으로 양국의 사절교류는 宋 측은 絲毫의 利도 없고 오히려 五害가 있을 뿐이라고 通麗五害論을 내세우면서 반고려관을 주장하고 있다.

그러나 蘇軾의 이와 같은 반고려의 입장은 당시의 麗宋交易關係에서 살펴보면 너무나 거리가 먼 주장이다. 왜냐하면 高麗가 宋에 진봉한 貢品은 실로 막대한 것이라는 실례는 사료에서 구체적으로 입증하고 있기 때문이다.(『宋會要輯稿』 蕃夷 7, 歷代朝貢,『宋大詔令集』卷 237 政史 90, 四裔高麗 및『高麗史』卷 9, 文宗 26年 6月 甲戌條) 뿐만 아니라 당시 明州의 知州로 있던 曾鞏은 고려의 사신이 가져오는 진공품이 막대하여 小國인 고려의 재정으로서는 감당하기 어려운 것

으로 宋은 마땅히 이를 사양해야 한다고(『元豊類藁』 卷 35) 말하고
있으니 蘇軾과는 정반대의 주장을 하고 있음을 알 수 있다. 우리는 曾
鞏의 주장이 합리적이며 당시의 양국관계를 정확히 파악한 것으로 생
각한다. 그것은 고려의 進奉品과 宋의 回賜品을 비교할 때에 쉽게 이
를 알 수 있기 때문이다. 그 위에 蘇軾이 주장하는 麗使接待費十餘萬
貫說은 정확한 수적 근거가 없는 과장된 것으로 보인다. 다음에 제시
하는 通麗五害論을 분석하여 보면 위의 수치가 얼마나 과장되고 감정
적이며 논리성을 상실하고 있는가를 쉽게 이해할 수 있을 것이다.

그러면 蘇軾의 반고려관이 가장 구체적으로 예시된 通麗五害論을
하나하나 비판해 보겠다.

그가 고려의 진봉품에 대해서

> 所得貢獻, 皆是玩好無用之物, 而所費皆是帑凜之實, 民之膏血, 此一害
> 也(東坡奏議集 卷 13)

라 한 것은 전혀 사실과 맞지 않는 억지 주장이다. 왜냐하면 고려의
진봉품은 金器·銀器·羅綾·生布·人蔘 등으로 이러한 물품은 당시
의 송나라 궁정 내에서 환영받는 진품으로 상품으로서의 교환가로 따
진다 해도 절대적 고가임에 틀림이 없기 때문이다. 東坡의 관직이 禮
部尚書로 翰林侍讀學士란 현직에 있었기 때문에 고려의 진봉품을 모
를 리 없었는데도 이를 무용지물로 운운한 것은 다분히 고의성을 띤
것으로밖에 해석할 길이 없다.

다음 二害論을 보면

> 所至借人馬什物, 攪燒行市, 修飾亭館, 民力倍有倍費, 此二害也(同上)

이는 전통적 중화주의에 비추어 볼 때에 매우 편협한 것으로서 외
국사절의 중국체류에 소요되는 경비를 내세워 有害論을 주장함은 그
예를 찾을 수 없는 옹색한 주장이라 하겠다. 일반적으로 중국의 주변
제국이 中原국가에 조공하는 것은 유교적 華夷論과 德治主義에 근거
하고 있으며 전통적으로 中原국가가 이를 환영하여 온 외교적 관례이
다. 그럼에도 불구하고 東坡의 주장은 이와 같은 전통적 외교관례를
무시한 극단적 배외사상이라 하겠다.

　三害論을 보면

　　　高麗所得賜豫, 若不分遣契丹, 則契丹安肯聽有來貢, 顯是借冠兵而資盜
　　　糧, 此三害 也(同上)

이는 당시의 麗·遼(거란) 관계를 잘못 파악하고 있는 실례이다. 東坡
의 주장대로 고려에서 거란에 조공을 한 것은 사실이나 宋에서 賜豫
한 물품을 遼에 다시 나누어 바쳐야만 거란이 고려와의 내왕을 인정
할 형세는 아니다. 그것은 거란이 1004년에 宋과의 전연의 맹약을 체
결하여 宋으로부터 막대한 세폐를 받고 있었으므로 고려의 宋으로부
터의 賜豫品을 요구하였을 것인가는 의문이 간다. 거란으로 볼 때에는
宋과 高麗가 통교하는 것을 상당히 경계하고 이를 강력하게 억제하고
오직 거란에만 조공을 요구하고 있는 상태이기 때문에 이와 같은 국
제정세로 볼 때에 東坡의 주장은 오히려 정반대라 하겠다.

　四害論에서는

　　　高麗名爲慕義來朝, 其實爲利, 度其本心終必爲北虜用, 何也, 虜足以制
　　　其死命, 而我不能故也……(同上)

高麗의 宋에 대한 臣事는 전통적인 중화주의에 입각한 사대적 외교의 일환이며 특히 선진 宋의 문화를 동경하여 이루어진 것임은 고려뿐 아니라 宋의 사대부 관료가 인정하고 있는 사실이다. 고려가 사절의 내왕에 있어서 부수적으로 실리를 탐하지 않은 바는 아니나 실리를 위하여 조공한 것은 아니다. 더구나 北虜(거란)를 돕기 위하여 宋에 사신을 파견하였다는 것은 전혀 사실에 부합하지 않는 것이다. 오히려 高麗의 宋에 대한 조공은 거란과의 관계에서 볼 때에 고려로서는 지극히 위험한 외교행각이라는 점을 고려해 보면 東坡의 사해론도 사실과 거리가 너무 먼 것이다.

끝으로 그의 五害論을 보자.

> 慶曆中, 契丹欲渝盟, 先以增置塘泊爲中國之曲. 今乃招來有與國使頻歲
> 入貢, 有 曲甚於塘泊, 幸今契丹恭順, 不敢生事, 萬一異日有桀黠之虜, 以
> 此藉口, 不知朝廷何 以答之, 此五害也.(同上).

이는 慶曆 중(1040~48)에 宋이 西夏와의 7년 전쟁을 하는 와중에 거란이 또한 국경분쟁을 야기하여 결국 전에 체결한 전연의 맹약을 어기고 宋에게 세폐증가를 요구하여 이에 宋이 굴복한 것을 들고 있으며 麗·宋의 빈번한 사신내왕이 거란에게 트집을 잡힐 위험성을 내세우고 있는 것이다. 이러한 주장은 앞서의 第四害論과 모순되는 것이며 또한 지금까지의 그의 논리의 예리한 점에서 비교하여 볼 때에 대단히 막연하고도 구차한 것이라 하겠다.

蘇軾 通麗五害論은 문맥의 명석함이나 내용의 논리전개에 있어서 일도양단의 시원함을 읽을 수는 있으나 그의 주장을 사실에 입각하여 분석하여 볼 때에 전혀 실상과 부합하지 않는 반대를 위한 반대에 지나지 않음을 파악하게 된다. 그와 같은 주장을 하게 된 배경은 첫째

神宗·哲宗의 帝位교차 시에 국제정세에 어두운 聽政宣仁太后와 幼帝
(哲宗)를 설득시켜 종래의 親高麗觀이 잘못되었음을 구체적으로 입증
하고 있고 둘째 神宗시대에 신법당에 의하여 진행된 聯麗制遼政策을
전면적으로 부정함으로써 구법당의 정치적 위치를 강화하려는 불순한
동기가 작용하고 있으며 끝으로 교화적으로 中華主義를 강조하면서도
편협한 華夷論에 얽매여 고려문화를 과소평가한 데서 이와 같은 오해
론을 내세우게 된 것으로 파악된다.

3. 曾鞏의 高麗觀

蘇軾과 曾鞏은 여러 면에서 매우 유사성을 지니고 있다.[1] 그러나
고려를 보는 관점에서는 판이한 입장을 취하고 있음은 주목할 일이다.
曾鞏의 고려관은 우선 역사적 인식에서 출발하고 있다. 즉

> 隋之全盛 煬帝之世 大兵三出 天下騷 然而不能朝其軍 及至唐室 以太
> 宗之英武 李勣之善將 至於君臣 皆東嚮以身督戰 而不能拔其一城 此臣之
> 所謂難以力服也[2]

라 하여 隋·唐이 총력을 기울이여 동방을 정복하려 하였으나 하나의
城도 차지하지 못한 사실을 들어 고려를 힘으로 굴복시키는 것은 어

---

1) 『宋史』卷 319, 曾鞏傳에 의하면 그는 일찍 文名을 떨쳐 歐陽修에게서 인정
받아 그의 門下에서 修學하고 嘉祐 2년(1057)의 科擧에 蘇軾과 함께 합격
하였다. 이때의 知貢擧는 歐陽修로 蘇軾의 試驗答案文章은 歐陽修의 격찬하
는 바가 되었다. 두 사람은 歐陽修의 直系 弟子로 唐宋八大家에 꼽히고 다
같이 舊法黨에 속하였다.
2) 『元豊類藁』卷 35, 明州擬辭高麗送遺狀

렵다고 보았다. 이는 北宋 말에 고려에 다녀온 徐兢이

　　고구려가 마침내 唐의 劉仁軌에 의해 굴복하기는 하였지만 그것은
　　어디까지나 힘에 의한 굴복이지 그 마음을 굴복시킴이 아니다

라고 주장한 것과 일치하며, 고려인이 쉽사리 굴하지 않는다고 하는
사실을 宋代 관인이 특히 강하게 인식하고 있었던 것은 당시의 麗·
遼 관계에 있어서 비록 수차에 걸친 거란의 남침이 있었지만 쉽게 굴
복하지 않을뿐더러 遼와 강화한 후에도 마음은 宋에다 항상 두고 있
는 고려인의 문화사대주의에 깊은 인상을 받고 있었음에 원인하는 것
이다. 고려인의 민족성이 현실적으로 그러할 뿐 아니라 역사적으로도
隋·唐의 예에서 그 사실을 宋代 관인은 깊이 인식하고 있었음을 증
명하고 있는 것이다.

　그러면 이와 같은 고려인의 민족성이 어디에 뿌리를 두고 있는 것
인가, 이에 대해 曾鞏은 고려의 문화적 수준이 後晋의 제국과는 다르
다는 사실을 들고 있다. 즉 "竊以高麗爲蠻夷中 爲通於文學 頗有知識可
以德懷 難以力服也"[3]라 하는 것과 같이 고려는 문화적 수준에 있어
서 중국 주변의 다른 국가와는 달리 문학에 능통하고 지적인 인식이
뛰어나서 이를 덕으로 회유함이 가능하며 무력에 의한 복종은 어렵다
는 입장을 강조하고 있다.

　曾鞏은 역사적인 입장에서 볼 때에도 고려를 힘에 의해 굴복시킨다
는 것은 사실상 어렵다는 것이 이미 唐代에 입증되었고 현실적으로도
고려가 遼에 힘으로 굴복하고 있는 듯 보이나 사실은 굴복한 것이 아
닌 것으로 인식하고 있다. 그것은 중국 주변의 모든 국가에 비하여 고

---

3) 『同上書』.

려인의 문화수준이 높고 이를 배경으로 쉽사리 힘에는 굴복하지 않는
다고 인식하고 있다. 이와 같은 역사적 인식과 고려인의 지적 수준이
높다는 사실을 배경으로 한 그의 고려관은 蘇軾과는 매우 대조적인
면을 보이고 있다. 먼저 曾鞏이 明州의 知州로 부임하였을 때 난파되
어 온 고려 상인에 대하여 이를 구제하여 보살펴 주었고 조정에 대해
서는 諸外國人의 구제를 인도주의적 입장에서 제도적 방안을 건의하
고 있다.[4]

그러나 曾鞏의 고려관에서 깊은 인상을 느낄 수 있는 것은 전통적
중화주의를 배경으로 한 조공과 현실적으로 행하여지고 있는 려·송
간의 사절내왕에서 야기되는 물질주의적 폐단을 문제로 제기시키고
있는 점이라 하겠다. 그는 먼저 고려 사절이 중국에 들어와서 행하는
여러 가지의 경비지출의 과다함에 대하여 깊은 관심과 우려를 표시하
고 있다. 전통적으로 중국은 주변 국가에 대하여 베푸는 입장에 있었
는데 지금에 와서는 오히려 많은 것을 받아들이는 것은 옳지 않다고
다음과 같이 주장하고 있다. 즉

　　今其使數來 邦域之臣 受其贄遺著於科條以爲常制 則臣竊有疑焉 蓋古
　　者相聘贄 有珪璋及其卒事 則皆還之以明輕財重禮之義[5]

라는 것과 같이 지금 其使(麗使)가 자주 오는데 宋의 관인이 그들로부
터 여러 가지 명목으로 예물을 받는 것이 상례로 되어 있음을 들어

---

4)『元豊類藁』卷 32, 存恤外國人 請著爲令에 다음과 같이 있다.
　　"臣昨任明州 日有高麗國界託羅人 崔擧等因風失船飄流 至泉州界得捕魚船 投
　　救全度從此隨魚船 同力採捕得食自給 後於泉州自陳願來明州候有便船 刮歸本
　　國 泉州給與沿路口券 差人押來 臣尋爲置酒食犒設 送在僧寺安泊 逐日給與食
　　物 仍五日一次別設酒食 具狀奏聞"
5)『元豊類藁』卷 35, 明州擬辭高麗送遺狀.

이를 우려하고 있다. 그는 예부터 주변국가의 臣事來朝에 대하여 中原
은 이를 禮로 進奉하였고 그들이 진봉하는 幣帛物은 이를 돌려주어
중국이 물질을 가벼이 여기고 예의를 중하게 생각한 사실을 다음과
같이 말하고 있다. 즉

令蠻夷使來 邦域之臣與之相接 示之以輕財重禮之義 使知中國之所以爲貴
此人 事之所宜先 則當還其贄如古之聘禮 還其珪璋 此誼之所不可已也[6]

라 하여 주변국가의 사절이 진봉하는 물품은 이를 되돌려 주는 것이
예부터 내려오는 聘禮의 참 뜻이라 하여 전통적인 中華思想에 입각한
交聘의 참 뜻을 財貨에 두지 않고 禮義에 있음을 거듭 강조하고 있다.
이와 같은 中華主義 입장에서 볼 때에 고려사신이 宋에 있어서의 지
방관에 바치는 禮物을 비롯하여 조정에 진납하는 진봉품은 우려할 만
한 것이라고 구체적으로 이를 예시하고 있다. 즉

竊見接送高麗使副儀內一項 高麗國進奉使副 經過州軍 送知州通判土物
竝無答謝書候 進奉使回日依例估價 以係官生帛就整數量 加回答檢會[7]

라 하였고, 이어서

熙寧六年 高麗國進奉有使副 送明州知州・通判 土物共估錢二百貫以上
九十九陌 熙寧五年及九年 有進奉使無副使 送明州知州通判 土物共估 計
價錢一百貫以上九十九陌 其土物奉聖旨 竝依例令收估價回答[8]

---

6)『同上書』.
7)『同上書』.
8)『同上書』.

이라 하였으니 神宗의 熙寧 6년(1073)에 고려사신과 副使9)가 明州의
知州 通判에게 보낸 고려의 토산물을 당시의 시장 값으로 환산하면 2
백 관 이상 299관에 이른다고 하였고, 熙年 5년과 9년에는 副使가 없
어 明州의 知州通判에게 보낸 토공물은 백관 이상 199관에 이른다고
하였다. 이와 같은 고려사절의 宋朝 沿邊 및 조정에 바치는 送贈物品
은 실로 막대한 것이어서 고려의 재정형편으로서는 견디기 어려운 것
임을 曾鞏은 다음과 같이 우려하고 있다. 즉

> 且彼贄其所有以明州 一州計之 知州通判所受爲錢三(一作一二)十萬 受
> 之者旣於義未安 其使自明而西以達京師 歷者尙十餘州 當皆有贄 以彼之
> 力 度之蠻夷小國 其於貸財 恐未必有餘也 使其有親附中國之心 而或憂於
> 貸財之不足 臣竊恐有中國之義 而非陛下所以畜之幸之之意也10)

라 하였으니 그에 의하면 일주에서 知州와 通判이 고려사절로부터 수
령한 물품을 전으로 환산한 물품 값은 실로 30만(혹은 1·20만) 전에
달하는 것으로 明州로부터 서쪽으로 京師에 이르기까지 10여 州를 거
치는데 매 州마다 幣帛品을 가지고 갔으니 이는 고려의 재화로서는
감당키 어려운 것으로 보고 우려를 표시하고 있다. 실로 蘇軾의 反高
麗觀과는 근본적인 차이를 보이고 있음을 알 수 있는 것이다. 따라서
고려사신이 가져오는 물품 가운데 특히 宋의 관인이 좋아하는 물품은
관용으로 이를 활용하고 그 밖의 폐물은 옛날과 같이 사신들에게 마
땅히 이를 돌려주어야 한다고 주장하였다.11)

---

9)『高麗史』卷 9 및『高麗史節要』卷 5, 文宗 27년(宋 熙寧 6년) 8월 丁亥條
　에 의하면 이때 宋에 간 使臣은 太僕卿 金良鑑 中書舍人 盧旦으로 謝恩의
　임무를 띠고 건너갔으며 正·副使의 표시는 없으나 金이 正使이고 盧가 副
　使임이 틀림없다.
10)『元豊類藁』卷 35.

曾鞏의 고려관은 고려에 대한 정확한 역사적 인식과 문화적 수준 그리고 고려의 국세에 대한 바른 이해를 바탕으로 하면서도 중국의 전통적인 중화주의에 입각하고 있음을 살필 수가 있는 것이다.

4. 徐兢의 高麗觀

宋人의 고려에 대한 기록 가운데서 비록 圖는 없어졌으나 가장 완벽하게 남아 있는 것이 徐兢이 찬한 『宣和奉使高麗圖經』이다.[12] 이는 그가 북송 말의 徽宗 宣和 5년(高麗 仁宗 원년, 1123)에 正使인 給事中 路允廸, 副使인 中書舍人 傳墨卿을 수행하여 國信所提轄人船禮物官으로서[13] 고려에 건너와 약 1개월간 체류하면서 직접 보고 들은 바를 돌아가 『高麗圖經』으로 만들어서 皇帝에게 보고한 것이다. 그는 사행에 앞서 고려에 대한 기록을 검토하였고 특히 崇寧 中에 編纂된 王雲의 『鷄林志』의 영향을 많이 받았으나 단지 여기에는 圖가 없는 것을 아깝게 생각하여 이를 보완하려는 뜻을 이미 지니고 있었다.[14]

徐兢의 고려를 보는 기본입장은 두 가지 측면을 지니고 있음을 알

---

11) 『元豊類藁』 卷 35.
"臣愚竊欲自今高麗使來贊 其所有以爲好於邦域之臣者 許皆以詔旨 還之其資於官用 以爲酬幣已有故事者 許皆以詔旨與之如故"
12) 宋代의 官人이 高麗의 사정을 기술한 것으로는 吳栻의 『鷄林記』 20卷, 王雲의 『鷄林志』 20卷 孫穆의 『鷄林類事』 3卷 등이 있었으나 대부분 없어졌고, 王雲・孫穆의 저서와 같이 단편적으로 전하는 데 불과하다. (金庠基, 「宋代의 高麗本에 대하여」, 『東方文化交流史論攷』(乙酉文化史, 1948) 및 高柄翊, 「鷄林類事의 編纂年代」, 『歷史學報』 10(1958) 참조).
13) 『宋史』 徽宗本紀 및 『高麗史』 世家, 『宣和奉使高麗圖經』(이하 『圖經』이라 略함) 序.
14) 『高麗圖經』 序. "臣嘗觀崇寧中 王雲所撰鷄林志 始疏其說而未圖其形 此者使行取以稽考爲補已多"

수가 있다.

첫째는 선진적인 중국문화가 후진적 고려사회에 유입되어 후진사회가 어떻게 선진화(중국화)되어 갔느냐 하는 입장이다. 여기에는 선진문화가 직접 후진사회에 유입 통용되는 경우와 그것이 약간씩 변형되면서 통용되는 양면성을 지니고 있다는 입장이다. 이와 같은 과정을 통하여 후진사회의 문화(夷俗)가 선진화되고 있다는 점을 긍정적으로 서술하고 있다. 이것은 徐兢 자신이 奉使라고 하는 막중한 임무를 띠었고 또 그의 圖經은 皇帝에게 보고한다는 구속력을 띠고 있기 때문에 후진사회의 선진화는 바로 중국 천자의 덕치와도 밀접한 관련을 지니고 있으므로 이 점을 강조하고 긍정적인 방향에서 이를 서술하고 있는 것이다.

둘째 입장은 선진중국문화가 후진고려사회에 유입되었음에도 불구하고 고려사회의 고유한 문화(夷俗)가 변질되지 않고 자체적으로 계속성을 지니고 있는 특수상황에 대한 관찰이다. 이는 徐兢의 관점에서 볼 때 결코 긍정하기 어려운 오랑캐의 풍습에 속하는 문제이지만 자기가 소속되어 있는 중국문화와의 비교라고 하는 입장에서 흥미와 호기심으로 이를 서술하고 있다.

먼저 첫째 관점에서 중국의 선진문화가 후진고려사회에 어떻게 유입되었고 또 그것이 어떻게 변형되었는가에 대한 고려관을 보자. 여기에서 그는 선진문화의 전달자라고도 할 수 있는 송의 사신을 고려가 어떻게 맞이하고 있느냐에 상당한 관심을 표명하고 있다. 이에 대해

> 高麗는 王氏 이래로 대대로 本朝의 藩屛이 되어 왔고 主上께서 鎭撫하시는 덕이 심히 후하였기 때문에 언제나 使節이 그곳에 가면 시설하는 諸具가 극히 화려하고 찬란하였다. 恩澤이 四海에 미쳤다(『圖經』卷 28, 供張 1)

고 하였고, 宋使가 체류하는 고려의 館舍에 대해서

館舍를 건립한 것에는 制度의 사치스러움이 王의 居處를 능가하는
점이 있다(『圖經』 卷 27, 館舍)

고 극찬하고 있다. 그리고

近年에 使臣이 高麗國에 갈 때마다 儀仗의 화려함과 호위하는 군사
의 많음을 있는 대로 갖추어 詔書를 맞이하고 旌節을 인도하는 禮儀가
심히 근실하고 정성스러웠다.(『圖經』 卷 24, 節仗)

라고 하여 고려의 송사 접대에 대해서 지극히 만족스러운 표현을 하
고, 이와 같은 정중함은 송 문화의 영향, 천자의 은혜에 감사하는 것
으로 풀이하고 있다. 그리고 그가 접한 고려 관인의 행동에 관하여

高麗는 朝聘을 통하여 오랫동안 중국의 영향을 받았으므로 君臣上下
가 擧動할 때에 禮文이 있다(『圖經』 卷 9, 儀物 1)

고 하여 중국의 예의와 문물이 고려에서 행하여지고 있음을 지적하고
있다. 이어서

고려도 여러 夷狄 가운데서 文物禮儀의 나라이다. 그 음식은 俎豆를
사용하고 文字는 楷書와 隸書에 맞춰 쓰고 서로 주고받는 데 절하고
무릎을 꿇으니 공경하고 삼가는 것이 족히 숭상할 만한 것이다. (『圖
經』 卷 22, 雜俗)
고려는 땅이 넓지 못하나 백성이 매우 많다. 四民의 業中에 儒를 귀
히 여기므로 그 나라는 글을 알지 못하는 것을 부끄럽게 여긴다(『圖經』
卷 19, 民庶)

라 하였고 특히 고려의 인물에 대해서는 "夷狄中에는 고려의 인재가
가장 왕성하다"(《圖經》 卷 8, 人物)고 보고 있다.

이와 같은 고려문화의 높은 수준은 중국의 문물을 받아들이고 자제
의 교육에 힘쓴 바의 결과로 보고 있으며 고려는 비록 연·한의 변두
리 편벽한 곳에 살기는 하지만 齊·魯의 기풍과 운치를 지니고 있다
고 다음과 같이 격찬하고 있다. 즉,

> 근자에 사신이 가서 알았지만 臨川閣에는 장서가 數萬卷에 이르고
> 淸燕閣은 經·史·子·集 4部의 책으로 메워져 있다. 國子監을 세우고
> 儒官을 선택하여 그 人員이 짜여져 있고 황사(黌舍)를 새로 열어 太學
> 의 有書李考를 펴서 諸生의 등급을 매기고 있다.(『圖經』 卷 40, 同文
> 儒學)

> 위로는 朝廷의 관리들이 偉儀가 우아하고 文體가 넉넉하며 아래로는
> 民間 마을에 經館과 書舍가 두셋씩 늘어서 있다. 그리하여 百姓의 子
> 弟로 결혼하지 않은 자들이 무리지어 살면서 스승으로부터 經書를 배
> 우고 長成하여서는 벗을 택해 각각 부류에 따라 절간에서 강습하고 졸
> 병과 어린아이에 이르기까지 鄕先生에게 글을 배운다. 아아 훌륭하기
> 도 하구나!(同上)

라고 고려인의 향학열을 칭찬하고 있다.

그러나 중국문화를 적극적으로 받아들여 이를 정치·교육의 기반으
로 삼고 있으면서도 그들 본래의 전통문화(夷俗)를 그대로 고수하고
있다는 사실에 대해서도

> 겉으로는 중국의 제도를 모방하고 있으나 실제로는 풍속이 尨雜하여
> 夷俗을 끝내 고치지 못하였고 冠婚喪祭는 禮(禮記)에 의한 것이 드물
> 다(『圖經』 卷 22, 雜俗 1)

고 예리한 시각으로 보고 있다. 또 고려의 관제에 대해서는

> 초기에 12等級의 관원을 두고 오랑캐의 언어로 명칭을 붙이고 淨化
> 하지 않다가 皇化를 입게 되면서 官을 설치하고 府를 두어 中華를 모
> 방하여 부르기는 하였으나 職에 임하여 일을 처리할 적에는 오히려 夷
> 風을 그대로 따르므로 이따금 형식만 갖추고 실제는 맞지 않는다. 그
> 러나 義理를 사모하는 뜻은 역시 가상하다.(『圖經』卷 16, 官府)

하였으니 선진문화(중국문화)의 영향을 받아 夷俗(후진문화)을 탈피
하여 나가고 있다는 점을 강조하고 이를 긍정적인 방향에서 평가하고
있다. 이는 宋人의 華夷論에 바탕을 둔 정통적인 중화사상이라 하겠다.
   다음으로 이와는 반대로 선진문화의 영향에도 불구하고 후진문화를
그대로 유지하고 있다는 사실에 대해서는 이를 다음과 같이 비판적인
각도에서 기술하고 있음을 살필 수가 있다.

> ① 高麗는 政治가 심히 어질어 부처님을 좋아하고 殺生을 경계하기
> 때문에 國王이나 相臣이 아니면 羊과 돼지고기를 먹지 못한다.(『圖經』
> 23, 권 屠宰)
>   ② 高麗의 風俗은 官吏나 兵卒이 紀律이 嚴하기는 하나 平素에는 사
> 소한 禮를 일삼지 않는 것 같다.(『圖經』卷 22, 答禮)
>   ③ 옛 史書에 고려를 실었는데 그 風俗이 깨끗하다 하였으며 지금도
> 그러하다. 그들은 매양 중국인의 때가 많음을 비웃는다. 그래서 아침에
> 일어나면 먼저 목욕을 하고 문을 나서며 여름에는 날마다 두 번씩 목
> 욕을 하는데 냇가 한가운데서 많이 한다. 男女 分別없이 의관을 언덕
> 에 놓고 물굽이를 따라서 벌거벗되 괴상하게 여기지 않는다.
>   고려의 刑行도 그들의 성격과 깊은 관계가 있으니 오랑캐들의 성격
> 이 본디 인자하여 죽을죄라도 거의 용서하며 산골이나 섬으로 流配하
> 고 사면해 주는 것은 세월의 다소와 죄의 경중을 헤아려 용서하여 준
> 것이다.(『圖經』卷 16, 囹圄).

고려인의 성품에 대해서는

> 그들은 욕심이 많고 賄賂가 성행하며 길을 다닐 제 달리기를 좋아하
> 고 섰을 적에는 허리 뒤에 손을 없는 자가 많으며 부인이나 僧尼가 다
> 男子의 절을 하니 이것은 가히 駭怪한 것들이다(『圖經』 卷 22, 雜俗)

라 하였다. 그는 특히 일반민의 성품에 대해

> 사람들은 은혜 베푸는 것이 적고 女色을 좋아하며 분별없이 사랑하
> 고 財物을 중히 여기며 男女婚姻도 경솔히 합치고 헤어지기를 쉽게 하
> 여 典禮를 본받지 않으니 진실로 웃을 일이다(『圖經』 卷 19, 民庶)

라 하였다.

徐兢의 고려에 대한 인식은 선진문화(중국문화)와의 동질성에 대해
서는 이를 긍정적으로 평가하면서 고려 문화의 우수성을 이와 결부시
키고 있으며, 후진문화(고려의 夷俗)에 대해서는 이를 특수성으로 서
술하고 기이한 것으로 파악하여 부정하고 있다. 또한 선진문화가 후진
문화를 동화하여 선진화되어 가고 있는 과정으로 서술한 부분이 상당
히 많이 보이는데 여기에서는 중국 皇帝의 덕치교화주의에 연관시키
려는 의도가 강하게 엿보이고 있다.

5. 맺는말

이상에서 宋代 관인의 고려관을 살펴보았다.

먼저 국서를 통한 고려에 대한 관점은 皇帝의 詔勅文이 책봉과 加

封이라는 외교적인 發令狀과 같은 형식적인 용어의 나열이라는 제한
성을 지니고 있으면서도 이를 통하여 宋帝의 高麗王에 대한 인식은
선진중국문화의 충실한 신봉자로서, 후진문화권에서는 보기 드물 정도
로 유교적 교양과 인간적 信義性을 갖추고 있는 忠順한 侯王으로서,
그리고 중국 주변의 어떤 민족보다도 문화수준이 높은 면을 지니고
있다고 보았고, 그 위에 고려는 선진중국문화에 대하여 慕華라는 표현
으로 이를 적극적으로 받아들이려는 입장을 취하고 있는 국가라는 호
의적인 태도를 취하고 있다.

다음 蘇軾의 고려와의 通交五害論은 그 기본 입장이 처음부터 고려
에 대하여 부정적인 방향에서 출발하고 있다. 선진문화지역의 엘리트
관료가 후진사회를 이해의 자세가 아니라 철저한 부정의 논리로 이를
규정하려는 지극히 감정적이고도 독선적인 사고가 작용하고 있고, 그
배경에는 哲宗 초기의 元祐의 更化期를 맞이하면서 종래의 신법당이
추진하던 일체의 정책을 부정하려는 정치적 보복주의가 대외관계에
있어서도 깊게 작용하고 있음을 알 수 있다. 구법당의 대표적 인물로
꼽히는 蘇軾의 이와 같은 잘못된 고려관은 바로 북송 말의 대금외교
를 그르치는 宋代 官人의 국제관계에 대한 인식의 일면을 보는 것 같
기도 하다.

蘇軾과는 여러 면에서 유사성을 지니고 있으면서도 高麗觀에 있어
서만은 대조적인 입장을 취하고 있는 것이 曾鞏이다. 그의 고려관은
전통적인 중화 주의적 朝貢思想에 바탕을 두고 蘇軾과는 반대로 중국
이 중화일 수 있는 것은 德에 의한 夷狄의 感化에 있는 것이지 결코
물질적인 이해에 있지 아니라는 점을 강조하고, 고려는 역사적으로 볼
때에도 물질이나 힘에 의해 일시적인 정복은 가능할지 모르나 결코
그들의 마음까지는 정복할 수 없는 문화민족이라는 입장을 취하고

있다.

　끝으로 官位로 보면 높은 직위에 있지 아니하였으나 고려에 직접
와서 고려사회를 관찰하고 이를 토대로 하여 독자적인 高麗觀을 기술
한 것이 徐兢이다. 그의 『高麗圖經』은 1개월이라는 단기간에 고려사회
의 전반을 관찰하여 서술하였다는 점과 더욱이 皇帝에게 보고한다고
하는 제한성 때문에 여러 곳에 문제가 없는 것은 아니다. 그러나 선진
문화의 고려유입과 고려문화의 독자성, 그리고 선진문화와 후진문화의
교류에서 나타나고 있는 이질성이라는 관점에 입각하여 객관적으로
고려를 관찰하였다고 보겠다. (『邊太燮博士華甲紀念史學論叢』1985년)

제 3 부
宋朝의 西夏政策

I. 北宋 仁宗朝 西夏 政策의 변천에 관하여

1. 머리말

漢族이 그 주변에 산재하고 있었던 대외민족에 대한 정책은, 秦, 漢 이래로 복잡한 양상을 가지고 내려왔으며 그것은 곧 漢族의 흥망과 관계되는 중요한 문제라고 생각된다.

宋代에 있어서도 그 주변의 제 민족과의 외교 관계는 중요한 대외 문제로서 그들에 대한 정책은 북송과 남송을 통하여 여러 가지 형태로 변천되어 내려왔다.

본고에서는 북송의 전성기[1]로 알려져 있는 仁宗朝(서기 1023~1063)에 西夏國 李元昊의 卽位와 反宋稱帝 및 侵宋을 단행하는 明道원년 (1032년)에서 慶曆 4년(1044년)에 걸친 宋朝의 對西夏 정책의 변천을 살펴보려는 것이다.

西夏는 西藏族에 속하는 黨項族(Tangut)의 일파인 平夏部의 拓跋 氏에 그 기원을 찾을 수 있다. 西夏의 漢族에 대한 관계는 李繼遷의 반란을 제외하고는 비교적 장기간 종속적인 군신관계로 평화를 유지 하여 내려왔다. 그런데 仁宗朝에 들어와서 明道 원년에 서하의 英主 李元昊의 출현으로 宋과 西夏와의 관계는 새로운 양상을 나타내게 되 었다. 景宗 元昊는 雄毅大略하고 문무 겸비한 偉人으로서 일찍부터 反 宋 태도를 취하고 있었으며 明道 원년에 卽位하여 문물제도를 정비하 고 국방력을 증강한 후 寶元 원년(1038)에 자립하여 皇帝를 칭하고 국 호를 大夏라 하여 宋의 陝西路를 대거 침입하여 칠년전쟁(1038~1044)

---

1) 吉田淸治 著, 「北宋 全盛期의 歷史」(弘文堂 1941年)參照.

을 유발하였다.

　西夏의 이와 같은 행동은 여러 가지 의미를 내포하고 있다. 첫째, 西夏사상 최초로 皇帝를 칭하고, 자립적인 국가를 건설하여 漢族의 羈縻에서 벗어나려는 것이다.

　둘째는 서하의 침입이 종래의 사소한 邊亂과는 달리 宋朝의 정치, 경제, 사회, 여러 분야에까지 깊은 영향을 미쳤다.

　셋째는 宋, 西夏의 이와 같은 전쟁을 기회로 澶淵의 맹약 이래 지속되어 오던 宋과 거란과의 관계가 변화되었다는 사실이다.

　이와 같이 西夏의 침입이 宋과 西夏 및 거란에게 미친 역사적 의의의 중요함에도 불구하고 이 방면에 관한 연구[2]는 드물고 연구 자체도 직접적인 宋, 西夏관계를 다룬 것이 아니라 주변의 西羌族을 圍繞한 宋, 西夏관계를 취급하였고 그 이외의 것은 서하의 입장에서 다루어진 논문[3]으로서 宋朝의 입장에서 연구된 것은 아니다. 그러므로 본고에서는 宋朝의 입장에서 서하에 대한 제반 정책이 여하히 다루어졌는가를 검토해 보려는 것이다. 여기에서 다루게 되는 仁宗朝의 對西夏 정책은 시기적으로 4단계로 구분하여 고찰할 것이다.

　첫째는 明道 원년에서 寶元 원년에 걸친 宋朝의 對西夏 撫摩政策이다. 서하에서는 제도의 개혁과 군비의 확장 및 거란과의 친선 강화 등

---

2) 宋西夏관계를 다룬 論文으로는 宮崎市定, 「西夏の 興起と 靑白鹽問題」, 『東亞經濟硏究』 第 18卷 2號 1934年, p.22~37.
　中島敏 「西羌族を めぐる 宋夏の 抗爭」, 『歷史學硏究』 第1卷 5號, 1934年. pp.472~479.
　山本澄子, 「五代 宋初の 黨項民族及び その 西夏建國との 關係」, 『東洋學報』 33- 1, 1950.
3) 中島敏 「西夏に 於ける 政局の 持移と 文化」, 『東方學報』 東京 第六册 1936年, pp.714~720.
　岡崎精郎, 「西夏の 李元昊と 禿髮令」, 『東方學』 19輯 1959年, p.77~86.

侵宋을 위한 준비가 진행되고 있음에도 불구하고 宋則에서는 종래에 유지된 歲賜에 의한 撫摩策이 통용될 것으로 간주하고 아무런의 대책을 講究함이 없이 시종 撫摩政策을 취한 것이다.

둘째는 康定 원년(1040)에서 慶曆 원년(1041) 2월에 걸치는 强硬政策 다시 말하면 攻策이다. 계속적인 서하의 침공에 수비만을 취한 불리함을 탈피하고 적극적으로 攻討하려는 정책이다. 그러나 攻策은 당시 宋軍이 지니고 있던 전투력에서 볼 때 수행하기 곤란한 것으로 慶曆 원년 2월 渭州 好水川大戰의 실패로 좌절되고 말았다.

셋째는 好水川大戰 이후에 취한 신중한 守備策으로 邊城의 방비강화와 40여만 禁軍의 증가 그리고 土兵과 蕃兵을 이용하여 西夏의 방어에 주력한 것이고.

넷째가 和議政策으로 서하가 주장하는 「稱帝和議」 및 「卒和議」와 宋이 요구한 「稱臣和議」가 장기간을 두고 주장되어 오다가 거란의 친송적인 태도와 서하의 경제적 파탄이 결국 서하로 하여금 稱帝를 굽히고 25만 5천의 歲賜를 취하고 「稱臣和議」를 체결하게 된 것이다.

이상의 네 가지 정책이 어떤 배경을 가지고 형성되었고 그와 같은 정책이 가지는 중요한 내용은 뭣이며 그것은 과연 타당한 對西夏 정책인가를 평가하여 보려는 데 본고의 주안점이 있다.

서하의 침입이 宋代 사회전반에 미친 영향은 큰 것이고 이러한 사회전반적인 영향을 충분히 검토하고 그것을 기초로 하여 對西夏 정책을 고찰해야 할 줄 생각한다. 그러나 이에 대한 이렇다 할 연구가 없으므로 우선 당시에 진행된 외교적인 사실만을 가지고 고찰된 본고는 대서하 정책의 피상적인 검토에서 벗어나지 못함을 자인하면서 앞으로 더욱 이 방면에 연구가 추진될 것을 바라는 바이다.

2. 撫摩政策

北宋 4대 仁宗의 明道 원년 (1032)에 그 父 李德明을 이어 왕위에 오른 李元昊가 寶元 원년(1038)에 稱帝를 하고 스스로 大夏의 皇帝가 된 후, 종래의 군신관계를 깨뜨리고 宋의 서북 변경을 침입하여 7년 전쟁을 유발하였다. 그런데 明道 원년에서 寶元 원년에 걸친 7년간 (1032~1038)은 서하가 宋을 침입하기 위하여 계획적인 군비의 증강과 공공연한 反宋태도를 취하고 있는 데 대하여, 宋에서는 시종 撫摩策을 쓰고 있었다. 宋이 西夏의 反宋태도와는 달리 撫摩策을 쓴 배경을 살펴보면,

첫째로, 元昊시대에도 종래에 유지되어 오던 종속관계가 계속될 것으로 간주하였기 때문이다. 종래의 漢族과 夏國人과의 종속관계를 보면 唐代에까지 올라가 고찰할 수 있으니, 宋史의 「夏國傳」에 의하면,

> 「唐貞觀初 有拓跋赤辭者 歸唐 太宗賜姓李 置靜邊等州 以處置之 其後 折居夏州者 號平夏部 唐末 拓跋思恭 鎮夏州 統銀·夏·綏·宥·靜五州 地 討黃巢有功 復賜李姓」[4]

이라고 하여 夏州[5]를 중심으로 그 隣州인 銀 綏 宥 靜州를 본거지로 한 夏國과 漢族과의 교섭기원은 貞觀 초의 拓跋赤辭와 唐末의 拓跋思 恭을 들 수 있다. 宋代에 들어와서도 太祖의 乾德 5년(967)에 李彝興을 계승한 克睿가 權知州事檢郊太保 定難軍節度使로 임명되고, 그 후

---

4) 『宋史』 卷 四百八十五, 「列傳」 第二百四十四 夏國上 (以下 「宋史夏國傳上」 이라 略함)

5) 宮崎市定, 「西夏の 興起と 靑白鹽問題」 p.25에서 "夏州의 位置는 지금의 綏遠 省 河套內의 西拉烏蘇河와 合櫃圖河間"이라고 하였다.

太祖의 北漢 공략에 공을 세웠으며, 그 子 李繼筠도 太平興國 3년에 (978)에 定難軍節度觀察留後로 임명되고, 太宗의 北漢토벌에 군사를 파견하여 공을 세웠다., 그의 弟 繼捧은 태평흥국 7년(982)에 夏, 銀, 綏, 宥의 4州를 宋에 헌납하니 宋은 이것을 계기로 繼捧을 影德節度使에 임명하였다. 그런데 그의 族弟되는 繼遷은 宋에 굴복하지 않고 斤澤에 거하여 定難軍留後라고 자칭하고 반항을 하니, 太宗의 端拱 원년 (998)에 宰相 趙普의 獻策에 의하여 繼捧에게 夏州刺使를 제수하여 夏, 銀, 綏, 宥, 靜의 5州를 다스리게 하고, 宋朝의 趙姓을 下賜하여 巡撫하고 繼遷을 토벌하게 하였다.

그 후 繼遷은 淳化 2년 (991)에 宋에 來降하여 銀州觀察使에 임명되고, 趙保吉이란 성명을 宋에서 받았으나 그의 對宋 태도는 다시 돌변하여 서북 변경을 침입하니 宋에서는 그 방어에 고심하였다. 거란은 宋·西夏의 이와 같은 전란을 기회로 繼遷을 西平王에 책봉하고 眞宗의 咸平 2년(999)에 宋의 北邊을 침입하여 5년간의 전쟁 후 宋朝에서 30만의 세폐를 받고 景德 원년(1004)에 澶州에서 맹약을 체결하였다.[6]

景德 원년에 繼遷을 계승한 李德明(趙德明)은 宋朝의 회유에 응하여 定難軍節度使 西平王에 책봉되어 德明 일대(1004~1032)는 歲賜[7]에 의한 화평이 계속되었다. 繼遷代의 일시적인 反宋을 제하면 漢族과 夏國과의 관계는 비교적 장기간 평화가 유지되었고, 남방물자를 필요로[8] 하는 서하에 있어서 이러한 歲賜에 의한 종속 관계는 元昊시대에

---

6) 秋貞實造, 「澶淵의 盟約과 其의 史的意義」『史林』 卷 20-1.2.4號, 1953年, 1號 p.1~36參照.

7) 『續資治通鑑長編』(以下 「長編」이라고 略함)卷 60 景德二年 六月 甲午條에 銀帛緡錢四萬兩匹 茶二萬斤을 西夏에 주는 것으로 되어 있고『同書』卷 63 景德三年 九月 丁丑條에 金帛緡錢四萬貫兩匹의 具體的인 細目은 銀이 一萬兩 錢이 一萬匹 帛이 二萬貫으로 되어 있다. 宮崎市定 「西夏의 興起와 靑白鹽問題」 p.33의 (註1) 참조.

도 계속될 것으로 생각하여 撫摩政策을 취한 것이다.

둘째로 對西夏 撫摩政策을 취한 것은 西夏의 국세를 종전과 같이 과소평가하여 對西夏 방어의 위급성을 인정하지 아니하였다는 점이다.

『涑水記聞』 卷 8에 의하면 知秦州 曹瑋는 일찍부터 西夏가 장차 入寇할 것을 경고하여 邊地의 방어를 청하였으니

知秦州曹瑋奏 羌人潛謀入寇 請大益兵爲備

이라고 하였는데 이에 대한 조정의 반응은 『同上書』에

上大怒以瑋 虛張勢恐喝(下略)

이라 하여 방어의 실현을 보지 못하였다. 景祐 원년(1034)8月에 環慶路 都部署 劉平도,

臣前在陝西 元昊車服僭竊 且叛矣 宜嚴備之[9]

라고 방비의 강화를 주장하였으나 용납되지 못하였다., 同年 12월에 屯田員外郎 張亢도

德明死 其子 元昊 喜誅殺 勢必難制 宜亟防備[10]

이라고 방비 강화를 주장하였으나,

「敵歲享金帛 甚厚 今其主 屠而歲歉 懼中國 見伐特張言耳 非其實也」[11]

---

8) 日野開三郎, 「五代北宋の歲幣歲賜と財政」, 『東洋史學』 第六輯, 1952年, p.23에 서 「歲賜가 西夏의 財政上에 준 影響은 契丹의 財政에 미친 影響보다 훨씬 重要한 意義를 지닌다」고 結論을 내리고 있음.
9) 『長編』 卷 115, 景祐元年 八月.
10) 『同上書』 同卷, 景祐元年 十二月.

라고 서하의 세력을 약하게 보고 金帛에 의한 歲賜로 종속 관계가 유
지될 것으로 생각하게 되고, 따라서 張亢의 방어론을 「非實」이라고 하
였다. 이러한 西夏情勢에 대한 과소평가는 寶元 원년에 元昊의 反宋稱
帝에 접한 朝臣의 반응에서도 살필 수가 있다. 즉,

「反元昊 反書聞 朝廷卽議出兵 羣臣爭言 小醜可卽誅滅」[12]

이라고 서하의 칭제와 반란을 간단하게 평가하고 있고, 右正言 吳育은
서하의 칭제가 豪勢에 불과하니 誅滅하는 것보다는 巡撫함이 可하다
고 다음과 같이 말하고 있다.

元昊 雖名蕃臣 其尺賦斗租 不入縣官 窮漠之外 服叛不常 宜畏置之 以
示不足責 且彼已僭服夸示酋豪 勢必不能自削 宜援國初江南故事 稍易其
名 可以順撫而收之[13]

라고 巡撫를 주장하고 있다. 서하 국세에 대한 이와 같은 과소평가는
宋의 대서하 정책에 여러 가지 蹉跌을 가져오면서 慶曆 원년에까지
지속해 나갔던 것이다.

셋째로 撫摩策을 취하고 방비를 강화하지 않은 것은 거란과의 관계
를 의식한 것이다. 전연의 맹약 이래 거란과의 맹약조건[14]을 지키기
위하여 군비의 증강을 하지 아니 하였는데 서하를 방비하기 위한 서
북방의 군비강화는 그것이 거란에게 군비확장으로 誤認되어 그로 인

---

11) 『同上書』同卷.
12) 『同上書』卷 123, 寶元二年 三月 丙午條.
13) 『同上書』同卷.
14) 秋貞實造, 「澶淵の盟約と其の史的 意義」, 『史林』 卷20의 1號 p.21~22의 註
    61 참조.

하여 화약이 깨어질까 염려한 때문이다.

　景祐 원년(1034) 12월에 거란이 幽州에 대병을 주둔 시킴에 宋에서
는 이것을 경계하여 대군을 보내어 거란의 군사행동에 대비하려 하였
으나 參知政事 蔡齊는 「三策」을 奏上하면서,

　　　契丹 必不渝盟15)

이라고 말하여 거란과의 맹약이 아직 변하지 않는데 구태여 방어를
강화함은 거란에게 전쟁을 일으키게 하는 구실을 제공한다고 주장하
고 방비의 강화를 반대하고 있다. 寶元 2년(1039) 6월에 서하의 침입
으로 宋의 서북변 방어를 강화하지 않을 수 없게 되자 兵馬의 點集과
城寨의 수축 이유를 거란에게 告하고16) 양해를 구하고 있다. 北宋代
에 서북방 변지에 대한 방비 강화에는 澶淵의 맹약 이래 늘 거란의
눈치를 살피고 있었다. 따라서 서하의 침입 이전에 대외적으로 확실한
구실이 없는 서하 변방의 강화란 용이한 문제가 아니다.

　이상과 같은 세 가지 배경하에서 宋은 서하에 대해서 7년간 시종
撫摩政策을 취하였으니 明道 원년(1032) 11월에 工部郎中 楊告를 旌節
告使로 임명하여 서하에 파견하고, 元昊를 定難軍節度使 西平王에 제
수하여17) 종전과 같은 종속관계를 유지하려 하였다. 그 후 寶元 원년
(1038)까지 宋은 서하에 대해서 何等의 疑懼를 표시하지 아니하였으
니 寶元 원년 秋九月에

---

15) 『長編』 卷 115, 景祐元年 十二月 丁卯條 및 『宋史』 卷 286, 列傳 第45 蔡齊.
16) 『涑水記聞』 卷 12, 寶元二年 六月.
17) 『長編』 卷 111, 明道元年 十一月 癸巳條

> 元昊 攻酈延 自德靖 塞門 赤城路 三道竝入 酋豪有諫者 輒殺之 山遇
> 數止 元昊不聽 山遇畏誅 遂挈妻子 叩延子來降 且言 元昊將反狀[18]

이라고 元昊의 종부되는 山遇가 延州에 來降하여 장차 元昊의 反宋을
밀고한 데 반하여,

> 時 知延州郭觀 以爲自德明 納疑四十年 有內附者 未嘗留 不敢受 奏入 詔
> 令約回山遇 不可 卽命監押韓周 執山遇等 械錮送元昊 示朝廷不疑之意[19]

라고 조정의 대서하 정책이 德明대와 변함이 없고, 山遇가 말하는 元
昊의 反宋을 의심치 않는다는 것을 山遇를 서하에 執送함으로써 표시
하였다. 寶元 원년 秋九月이면 서하가 反宋稱帝를 하는 1개월 전이고,
또 山遇의 反宋侵入을 경고하고 있는데도 그것을 의심치 아니하고 계
속하여 撫摩策을 취하고 있다.

이상 明道 원년에서 寶元 원년에 걸쳐 宋朝에서 취한 撫摩政策을
평가하여 보면 그것은 서하의 사정을 잘 살피지 못한 너무나 안이한
미봉책이라고 하지 않을 수 없다. 그것은 元昊의 侵宋 준비와 서하의
국세를 살펴보면 알 수가 있다.

元昊의 反宋 태도는 그가 왕위에 오르기 이전에 이미 지니고 있어
서, 德明의 臣宋을 간하였으나 德明은 그러한 元昊의 反宋 태도를 輒
戒하여,

> 吾久用兵 終武益 徒自疲耳 吾族三十年衣錦綺 此聖宋天子恩 不可負也[20]

---

18) 『同上書』卷 122, 寶元 元年 秋九月.
19) 『同上書』同卷.
20) 『宋史』「夏國傳」上 , 및 『長編』 卷 111, 明道·元年 十一月 壬辰條

라고 親宋 태도를 취해야 하는 이유를 말하고 있는 데 반하여 元昊는,

　　衣皮毛 事畜牧 蕃性所便 英雄之生 當王覇耳 何錦綺爲21)

라고 反宋的이며 자립적 태도를 취하였다. 종래에는 元昊의 反宋 침입
이 남방물화를 抄掠하기 위해서 취해진 행동이라고 주장되었는데22)
元昊의 反宋침략의 동기가 단순히 남방 물자를 貪하고 人畜을 掠하려
고 취해졌다는 종래의 주장은 위에서 말한 元昊의 反宋 태도로 미루
어 본다면 본질적으로 차이가 있다.

　「衣皮毛 事畜牧」은 「蕃性所便」이라고 말한 것은 元昊의 자주적인
태도를 나타낸 것이므로 德明의 事大政策에 반대한 것이며23) 「英雄之
生 當王覇耳 何錦綺爲」라고 말한 것은 남방물자에 의존하였던 父王의
태도에 이의를 표시한 것으로 해석된다. 그러므로 元昊의 反宋稱帝는
단순히 남방물자를 탐하여 취해졌다는 경제적인 면 보다는 종래의 주
종관계에서 벗어나 宋과 대등한 국제적 지위를 유지하려는 정치적인
면이 더 강하게 작용한 것이다. 왜냐하면 元昊가 明道 원년에서 寶元
연간에 걸쳐 侵宋 준비를 하는 데는 군비의 증강에 못지않게 제국건
설에 필요한 제도의 개혁을 단행하여 국제적으로 손색이 없는 國體의
정비에 힘을 기울이고 있음을 보아서도 알 수 가 있다.

---

21) 『同上兩書』 兩卷
22) 中島敏, 「西羌族をめぐる宋夏の抗爭」 p.479의 結語에서 「西夏의 侵寇는 結
　　局 南方 豊澤의 地의 物資와 人畜을 掠하려는 것이다」라고 있다. 또 日野
　　開三郎는 「五代北宋の歲幣歲賜と財政」 p.22에서 「西夏의 對宋政策은 끝까
　　지 抄掠行動에서 脫하지 않고 있다(中略)이것은 西夏가 中央集權的組織을
　　가지는 高度의 國家로 生長하지 못한 것을 나타낸 것이다」라 西夏의 對宋
　　侵略을 抄掠行動으로 말하고 있다.
23) 岡崎精郎, 「西夏の李元昊と禿髮令」,『東方學』 第十九輯, 1959, p.78 參照.

즉 明道 원년에는 중국에서 賜한 李, 趙, 姓이 「不足重」하다는 이유로 「嵬名」씨로 바꾸고 「吾祖」라고 自號하였다. 明道 2년에는 宋의 연호인 明道의 明자가 그 父 德明의 諱와 相付한다는 이유로 明자를 피하여 顯道라고 칭하였으며 3월에는 銀夏의 舊俗을 개혁하기 위해 禿髮令을 실시하여 「三日不從」하면 「共殺之」하기까지 급속히 개혁을 추진하였다.24) 5월에는 興州를 興慶府로 승격시켜 國都의 면모를 갖추고 중국의 제도를 모방한 관제의 개혁과 문무관 및 귀천의 복식을 분별하였다.25) 그다음에 景祐 원년 (1034) 春정월에는 중국 연호를 완전히 버리고 顯道 삼년을 開運 원년으로 고치고26) 景祐 삼년에는 서하 고유의 문자를 제정하고27) 있다.

이상의 여러 개혁의 동기는 종래의 중국 문화를 西夏의 蕃性에 맞도록 개혁하려는 것과 小蕃의 국가체제를 버리고 대국의 체제로 정비하려는 것이다. 元昊가 侵宋 이전에 이렇게 제도의 개혁을 급속히 추진한 것은 稱帝의 배경으로 이용하려는 의도로 해석할 수 있다. 그것은 寶元 2년 정월28)에 宋에게 보낸 그의 稱帝 이유를 설명한 上表文에서 엿볼 수 있다. 즉,

> 表曰 臣祖宗 本出帝胄 當東晉之末 運創後魏之初 其遠祖思恭 當唐李
> 率兵 拯難 受封賜姓(中略)臣偶以狂斐 制小蕃文字 改大漢衣冠 衣冠旣就
> 文字旣行 禮樂旣張 器用旣備 吐蕃 嗒坦 張掖 文河 莫大從伏 稱王則不
> 喜 朝帝則是從29)

---

24) 『宋史』「夏國傳」上 및 岡崎精郎, 「同上論文」 p.81 參照.
25) 『宋史』「夏國傳」上
26) 『同上書』.
27) 中島敏, 「西夏に於ける政局の推移と文化」 p.714~720 參照.
28) 『涑水記聞』 卷 11에는 寶元 元年 十一月 丙寅條로 되어 있다.
29) 『宋史』「夏國傳」上 및 『長編』 卷 123,, 寶元 二年 正月.

라고 하여 제반에 걸친 제도와 문자가 개혁되어 제국의 체제를 갖추고 있으나 칭제를 하지 않으면 주변의 국가들이 불복종하기 때문에 稱帝를 한다고 주장하고 있다. 그러므로 이러한 稱帝 이유를 표방하기 위해서 그의 개혁이 단행되었고, 그 개혁의 배경에는 대제국 건설이란 원대한 포부가 숨어 있었다. 이와 함께 元昊의 칭제와 侵宋의 동기가 남방물자를 탐하여 단행되었다는 종래의 주장에 의문을 갖게 하는 또 하나의 사실은 慶曆 3년 夏四月에 서하가 칭제를 철회하면 保安軍에 権場을 설치하고 歲賜로 絹十萬疋 茶 三萬斤을 줄 것을 宋이 제의하였으나30) 이를 거부한 사실이다. 이 13만의 歲賜는 德明 대에 준 歲賜에 비하면 二倍餘에 해당하는 것으로 이와 같은 歲賜를 줄 것을 제의하였고, 칭제 철회를 요구하였으나 칭제를 굽히지 않은 것을 볼 때 그의 칭제 反宋은 단순한 남방물화를 抄掠하기 위해서 취해진 것은 아니라고 생각한다.

또 對宋 물화의 교역에 있어서 취한 그의 태도에서도 서하의 戰馬와 宋의 물화와를 비교하여 「以戰馬 資鄰國 已是失計」31)라 하여 서하의 戰馬를 宋의 金帛과 교환하여 제공하는 것은 失計라고 말하고 있는 것으로 볼 때 그의 남방 물화에 대한 탐욕이 侵宋을 단행한 근본적인 원인이라고는 볼 수는 없을 것 같다. 그것은 어디까지나 宋과 대등한 입장을 유지하려는 것이니 이를 실현하기 위하여 막대한 군비의 증강을 하고 있다. 서하가 侵宋을 단행하기 위해 실시한 군사력의 증강을 살펴보면, 『宋史』의 「夏國傳」上에 의한 景祐 3년에 실시한 국민 개병주의 군제편성 내용은

---

30) 『長編』 卷 140, 慶曆三年 四月 癸卯條
31) 『西夏紀事本末』 卷 10, 元昊僭逆

「其部族 一家號一帳 小族數百帳 大者千餘帳 故制年登十五爲丁 每有 戰鬪隨族之 大小出丁助陳」이라고 하여 一家를 一帳이라 하여 군제를 편성하고 십오 세 이상인 자는 丁으로 삼고 있다. 『同上書』에

元昊 立制 率二丁 取正軍一人 每負擔一人 爲一抄 負擔者 隨軍雜役也

라 하여 正軍과 雜役軍을 구분하여 조직하고 있고, 이어서

得漢人勇者爲前軍 號撞令郞 若脆怯無他技者 令往守肅州 或遷河畏□作

이라 하여 漢人勇者를 전군에 편성하고 그들의 전투력을 이용하고 있다. 이렇게 조직된 서하의 총 병수를 元昊시대 이전과 비교하여 보면 서하기 卷 6에 隆平集을 인용하여, 元昊 이전의 西夏軍數를 다음과 같이 말하고 있다.

「隆平集云 趙德明時 兵十萬而已」라고 德明시대의 병수를 십만이라고 말하고 있다. 그것이 景祐 4년(1037)에는 삼십만으로 증가하고 있고[32] 그 후에 다시 증가하였으니 宋史 「夏國傳」上의 기록에 보면,

合國內諸州計之 總兵五十餘萬 別立擒生軍十萬 興靈之兵 精練者又二 萬五千 別副以兵七萬爲資贍 號御圍內六班

이라 하여 총 병은 50여 만이고 별도로 금생군이 10만이 있고 靈州와 興州에 2만5천의 정병이 있었으며, 또 7만의 資贍軍이 있었다. 이것은 德明代의 10만 군에 비하면 실로 막대한 수가 아닐 수 없다. 이상과 같은 제도의 개혁과 국방력 증강의 경제적 기초가 된 것은 德明 대에

---

32) 『長編』 卷 120, 景祐四年 十二月 癸未條.

계속된 평화로 인하여 송에서 가져간 歲賜에 의한 것이니, 康定 원년 (1040) 2월에 知延州 范雍은 서하의 국세를 평하여,

西土 三十年 聚畜 國家所賜財貨 與當時 固不相侔[33]

라고 말하고 있으며,

寶元 2년(1039) 秋九月 太子中允 集賢院 富弼은 서하의 侵宋과 칭제 가 돌발사가 아닌 장기간에 의한 것이라고 말하고, 이러한 西夏의 침 입 준비에 대하여 下等의 대책을 강구함이 없이 계속해서 무마책을 취한 것이 「養成深患」하게 된 원인임을 말하여 宋의 무마책의 졸열함 을 지적하고 있고[34] 韓琦도 宋의 이러한 무마책을 비평하여

臣竊以 昊賦 包藏逆志 積有數年 朝廷待之 不疑 養成兇愿[35]

이라고 말하고 있음을 살펴볼 때 송조에서 취한 明道 원년에서 寶元 원년에 걸친 撫摩政策은 종래에 계속되어 오던 宋·西夏관계가 그대 로 유지될 것으로 간주하고 또 서하의 국력을 크게 문제시 아니 한 데서 취해진 것이며 이것이 寶元 원년에 서하의 反宋 칭제에 의하여 새로운 형태로 對西夏 정책이 변천되었으니 韓琦 등이 주장한 對西夏 積極攻策이 그것이다.

---

33) 『長編』 卷 126, 康定年元 二月 己酉條.
34) 『同上書』 卷 124, 寶元 二年 秋九月.
35) 『韓魏公集』 卷 11, 家傳.

3. 攻 策

宋은 종래와 같은 종속관계가 撫摩策에 의하여 유지될 것으로 간주한 바와는 달리 서하의 反宋 칭제에 대한 새로운 대책이 강구되었다.

寶元 원년 12월 鄜延路에서 들어온 元昊 반란의 급보와 이듬해 정월에 서하의 칭제 표문에 접하여 호시를 금하고 6월에는 元昊에게 제수한 관작을 삭탈함과 아울러 양국의 국교가 단절되었다.

康定 원년(1040) 정월에는 서하의 계속적인 침입과 송군의 패주로 대서하 「攻守策」이 논의되었다. 이에 대한 조신의 의견은 陝西路를 포기하고, 潼關의 방비를 강화하여 서하를 수비하자는 주장과 토벌을 취하자는 積極攻策이 상주되었다. 康定 원년 春正月 延州의 대패에 대해 參知政事 宋庠이 주장한 동관 설비에 의한 수비론은 많은 반대에 부딪쳐 실현되지 못하고 3월에는 다시 陝西 攻守策을 논의하게 되었다.[36] 그중에 知制誥 韓琦가 陝西經略安撫使로 임명되어 서하와의 전장을 시찰한 후에 주장한 적극적인 공책이 채택되었다.[37]

종래의 撫摩策을 버리고 적극적인 공책을 취한 배경은 무엇인가?

그것은 지금까지 서하와의 대전에서 宋軍이 패한 원인이 수비지역 2천여 리나 되는 광대한 陝西四路를 군세를 분산하여 방어한 결과라고 주장하여 「分兵守備」보다는 군세를 집결하여 서하를 공토함이 가하다고 하였다.

康定 원년 5월에 陝西馬步軍 都摠管 겸 經略安撫招討使 夏竦은 서하와의 용병 이래 宋軍이 계속해서 수비만을 취한 것을 가리켜,

---

36) 『宋史』卷 10, 仁宗本紀 康定元年 三月 丙辰條 및 「長編」卷 126 康定元年 三月「詔大臣條陝西攻守策」.

37) 『皇宋十朝綱要』卷 5, 康定元年 十二月乙巳條 및 『長編』卷 129, 康定元年 十二月 乙巳條 '上與兩府大臣 共議 始用 韓琦等 所劃攻策也'.

「古之用兵 皆擇其精銳 先當失石 謂之 握奇跳蕩 是爲奇兵 其次 疲軟
則以守城壁 近年之弊 强弱兼用 强爲弱 累戰多無攻」[38]

이라고 하여 서하와의 용병의 폐를 「累戰多無攻」이라고 지적하고 있다.
韓琦도 分兵守備의 폐를 지적하여,

陝西四路之兵 雖不爲少 卽綠屯列城寨勢分力弱 故賦始犯延安 生擒二
將屠掠無數 者 蓋劉平 石元孫 聚一路之兵 拒之 纔及九刊而已 去歲秋末
復有 鎭戎之敗 劉繼 宗等 分兵禦捍 不滿萬人比 援兵至則 賦已捷歸 是
則 彼勢常專 我力常散[39]

이라고 말하여 분병수비는 서하군이 전집하여 침입하는 데 반하여 아
군은 병력이 常散한다고 논하고 이어서,

屯二十萬 重兵 只守界壕 不敢與敵 中夏之弱 自古未有 又未聞 臣僚堅
執守議 以爲必勝之術者

라고 하여 20만은 중병으로서 수비만을 유지하고 攻討하지 않음이 필
승의 책이라고 할 수 없다고 강조하고 있다. 따라서 韓琦가 주장하고
있는 이상과 같은 攻策은 서하가 군세를 집결하여 침입하여 오는데
송에서는 군원을 분산하여 방어함으로써 초래되는 종래의 결함을 시
정하려는 데 있다. 둘째로 攻策의 배경은 서하의 침입에 대한 계속적
인 수비는 陝西路가 전장화하여 농토가 황폐하고 농민의 생활이 극도
로 곤란하여 그로 말미암아 군비의 조달이 곤란하므로 장기전을 취하
는 것보다는 攻策을 취하여 서하의 위세를 꺾고 전쟁을 조속히 종결

---

38)『文莊集』卷 14, 進策「陳邊事十策」.
39)『韓魏公集』卷 11, 家傳 및『長編』卷 131, 慶曆元年 二月 丙戌條.

하려는 데 있다.

韓琦는 당시 陝西지방의 농민의 곤궁함을 설명하는 가운데,

> 臣近過□乾涇渭等州 所至人戶 經臣有狀 稱爲不在科率 乞行減放 內蕃
> 原縣郭下紗絹 行人十餘家 每家配借錢 七十貫文 哀訴求免 國用削弱 以
> 至於此 綠轉運司 計無 所出40)

이라고 섬서민의 곤궁함을 말하고 이런 실정하에서 轉運使가 戰費의
조달을 감당할 수 없어 장기전의 불가함을 말하고 있다. 그 위에 수세
에 의한 전패가 장병의 사기에 미치는 영향을 염려하여 속전을 주장
하고 攻策을 주장하고 있으니,

> 臣恐 春失數寨 秋陷數堡 邊障日虛 士氣 日喪賦志乘此 則有吞陝之心
> 加以興師以來 科斂萬計 民已大困 配率不止 師老思歸 及期無代 無慮至
> 此 臣難進言 乞斷在不疑 克日降旨 則庶事易辦便可進兵41)

이라고 攻策을 주장하고 있다. 韓琦가 攻策을 주장하고 있는 또 다른
이유는 서하병력의 과소평가하고 있는 데 기인한다.

慶曆 원년(1041) 春正月에 陝西經略安撫招討使 夏竦은 서하의 사정
을 논하여,

> 西界 春暖 馬瘦 人饑 易爲誅討 及可擾其耕種之務 與臣前所陳 攻策
> 竝同42)

---

40) 『韓魏公集』 卷 11, 家傳.
41) 『同上書』 및 『長編』 卷 131, 慶曆元年 二月 丙戌條
42) 『長編』 卷 130, 慶曆元年 春正月戊辰條

이라고 하여 이절적으로 춘절에 攻討함이 옳다고 주장하였으며, 韓琦
는 서하의 兵勢를 가리켜,

昊賦 據數州之地 精兵不出四五萬餘 皆老弱婦女 擧族」[43]

이라고 가볍게 평하여 攻策의 용이함을 주장하였다.

이상과 같은 세 가지 배경을 가지고 경력 원년 이월에 環慶路 馬步
軍 副總管 任福의 지휘하에 실시된 攻策이 渭州 好水川의 대전에서
元昊의 십만 정병에게 참패[44]하여 성공되지 못하였다. 이 好水川의
대전은 宋의 對西夏 정책에서 전환점을 가져온 계기가 되었으니 서하
에 대한 보다 진중한 정책을 취하게 된 것이 그것이다.

이상의 對西夏 攻策을 평가하여 보면 첫째는 서하의 군세 면에서
둘째는 송군의 전투 능력 면에서 고찰할 때 그것은 무모한 대서하 정
책이라 할 수 있다.

앞에서 본 바와 같이 景祐 4년에 서하의 총 병이 30여 만이었고 그
후에 다시 총병력 50여 만으로 증가하였으며, 慶曆 원년 渭州好水川의
大戰 때에 好水川 입구에서 송군을 대기하고 있던 서하의 정병이 10
만[45]이었다는 사실을 미루어 볼 때, 韓琦가 말한 「昊賊精兵 不出四五
萬餘」라고 한 數는 과소평가한 것이고, 또 그들의 질을 「皆老弱婦女 擧

---

43) 『同上書』 卷 131, 慶曆元年 二月 丙戌條 및 『韓魏公集』 卷 11, 家傳 및
    『宋史』 卷 312, 列傳 第70 韓琦에는 '元昊 雖傾國入寇衆 不過四五萬'이라고
    되어 있다.

44) 『涑水記聞』 卷 12, 慶曆元年 二月十二日(前略) '福興英珪律簡 禹亨 肅傳
    皆死於賦 指揮使將佐 死者十五人 軍員二百七十一人 士卒 六千七百餘人 亡
    馬 一千三百匹殺虜民 五千九百餘口 熟戶一千四百餘口 焚二千二百六帳'이
    라고 敗戰을 말하고 있으며 『宋史』 卷 325, 「列傳」 第八十四 任福 및 『西
    夏紀事本末』 卷 13, '奴水之敗'에도 同等함.

45) 『宋史』 「夏國傳」上

族」이라고 말한 것은 서하의 군세를 잘못 판단한 것이다. 寶元 2년 5
월에 夏竦은 서하국세를 繼遷대와 德明 元昊의 시대를 다음과 같이
비교하고 있다.

> 德明 元昊 久相繼襲貿易 華戎捃剝財用 拓地千餘里 積貨數十年 較之
> 繼遷勢已相萬 其于忘作名器 僭製車輿 誇咤旃廬跳梁沙幕 亦有日矣」46)

라고 말하고 있으며, 韓琦 자신도 元昊代의 西夏國力을 평하여,

> 臣竊以昊賊(中略) 金甲馬雄盛 金帛富饒 誘納亡命之徒 助成狡計 與賊
> 遷跳梁之日事勢其實百倍47)

라고 하여 서하의 국력이 繼遷대에 비하면 백배나 된다고 과대히 평
하고 있다. 또 康定 원년에 延安에 침입한 서하의 兵員을 삼십만48)이
라고 한 것을 미루어 생각할 때 韓琦의 이상과 같은 서하병력에 관한
과소평가는 그들의 積極攻策을 실천하기 위한 의식적인 과소평가가
아닌가 한다.

　다음에 서하에 비하여 재력이나 兵數에 우월49)하면서도 屢戰 屢敗
의 역경을 만회하려는 攻策은 당시 송군이 지니고 있던 전투능력 면
에서 평가할 때 수행하기 곤란한 것으로 생각된다. 왜냐하면, 眞宗의

---

46) 『文莊集』 卷 14, 進策 '陳邊事十策'
47) 『韓魏公集』 卷 10, 家傳.
48) 『同上書』 同卷 및 『長編』 卷 126, 康定元年 三月.
49) 『長編』 卷 146, 慶曆四年 二月 丙辰條 崇政殿說書 趙師民은 宋과 西夏의
　　國力을 다음과 같이 比較하고 있다. 「羌賊 所盜陝右數州於本路十二分之二
　　校其人衆七八分之一 雖兼戎狄 亦不過 五六分之一 窮塞之地土至薄 校其財
　　力 二十分之一」.

景德 원년(1004)에 거란과의 澶州의 맹약이 성립된 이래로 송군의 훈련은 소홀함을 면치 못하였으니, 宋代 禁軍의 훈련 상태를 보면,

> 禁軍 月奉五百以上 皆日習武技 三百以下 或給役 或習技[50]

라고 있으나 실제에 있어서 군사훈련은 잘 실행되지 못하였음을 고찰할 수가 있으니 景祐 二年(1035) 二月 知制誥 李淑은 「時政十議」를 논하는 가운데,

> 方今 繼承平之治 兵革不用三十年矣 遂使連營之士 不聞鉦鼓之聲」[51]

이라고 하여 화평의 계속으로 兵革을 30년이나 단행하지 않아 마침내 鉦鼓之聲을 들어 볼 수 없게 軍訓이 두절되었다고 말하고 있다. 康定 원년(1040) 秋七月 鄜延鈐轄 張亢의 상주에 의하면,

> 國家 承平日久 失於訓練 今每指揮 藝精者 不過百餘人 其餘皆疲弱 不
> 可用[52]

이라고 하여 장기간의 훈련의 상실로 인하여 一指揮에 精兵이 100여 인에 불과하다고 지적하였다. 宋代의 군사편제는 一指揮의 인원이 400여인데 그중에 정병이 불과 백여 인이고 나머지 모두 疲弱하여 전투에 사용할 수 없다고 한 것을 볼 때 군사 훈련상태가 솔홀함을 짐작할 수 있다. 張亢은 또한 步兵弩手의 훈련 부족 상태를 다음과 같이

---

50) 『宋史』 卷 195, 兵志 148, 「訓練之制」 및 『文獻通考』 卷 157, 兵考九 「教
閱」.
51) 『長編』 卷 114, 景祐元年 二月 乙未條
52) 『同上書』 卷 128, 康定元年 秋七月 癸亥條

구체적으로 설명하고 있다.

> 且官軍 所恃者 步人弩手爾 臣知渭州日見 廣勇指揮弩手 三百五十人
> 其弩力及一石二斗者 才九十餘枝 其餘止及七八斗止 欲閱習時易爲力爾
> 臣以跳鐙弩 試之 皆不能張 閱習十餘日 僅得百餘人 又敎以小坐法 亦十
> 餘日又敎以帶甲法 五日 餘人始能服熟[53]

이라고 훈련실태를 설명하고 있다. 步軍, 弩手의 기본 전법인 小坐法
과 帶甲法을 재교육하여야 가용할 수 있을 정도니 당시의 군훈의 해
이함을 알 수가 있다. 步軍과 함께 중요한 방비력을 지니고 있는 騎兵
의 실태에 관하여도 明道 二年(1033) 六月 右司諫 范仲淹은 다음과 같
이 논하고 있다.

> 騎兵之費 錢糧芻粟衣練之類 每一指揮歲數萬緡 其間老弱者 尙難於乘
> 跨況戰鬪乎」[54]

라 하여 騎兵이 乘跨도 곤란한 정도니 하물며 전투에 사용할 수 있겠
는가라고 기병의 실전능력을 평하고 있다. 이러한 훈련 부족으로 인한
송군의 전투력의 저하와 함께 군기의 문란이 또한 실전능력을 저해하
고 있다.

宋代는 국초 이래 사회 정책상 强盜者 중에서 小壯하고 武勇한 자
를 뽑아서 금군에 편입시켰고 다수 饑民의 구제책으로 그들을 또한
군에 편입하였다. 그리하여 군대는 마치 유랑민의 집단소와 같은 상태
였으며[55] 이러한 소질이 저하한 자가 군기를 문란하게 하여 전투력이

---

53) 『同上書』 同卷.
54) 『同上書』 卷 113, 明道二年 六月 甲申條.

상실되었다.

　康定 원년 팔월 陝西經略安撫使 韓琦는 將·士의 유대 관계를 설명
하여,

　　　將未知士之勇怯 士未服將之威惠 以是 數致敗衄56)

이라고 장사와 사졸이 상호 이해 없음을 말하고 그것이 敗戰의 원인
이라고 하였다. 이러한 將·士관계는 군율을 해이하게 하여 군율을 위
반한 병졸이 蕃部로 도망하고 서하가 도망병을 그들의 전위대로 삼기
도 하고57) 혹은 번족들이 이런 도망병을 체포하여 송에 厚賞을 요구
하고 있으니58) 군율의 해이함59)을 짐작할 수 있다. 이러한 훈련상태
와 군기의 문란과 함께 국가가 그들에게 지급하는 급여 또한 좋지 못
하였다. 景祐 원년의 下卒에게 준 급식상태를 보면

　　　天下之大在兵 兵之下者 負飢寒 而騎者不敢役 郡守縣令 藏否無別冗食60)

이라고 하여 군의 하급자의 생활이 飢寒을 면치 못하고 있음을 말하고
있다. 다음에는 전투수행에 중요한 역할을 하는 兵器의 제조 상태를 보
면, 天聖 四年(1026)에는 지금까지 諸路에서 제작한 병기 수량의 반액
을 감축하였는데61) 集賢校理 歐陽修는 제조된 병기의 질을 평하여,

---

55) 松井等, 「宋代ニ 於ケル 兵制ト 社會政策」, 『東亞經濟硏究』 第四卷 二號, 1920年, p.19~32 參照.
56) 『韓魏公集』 卷 11, 家傳 및 『長編』 卷 128, 康定元年 八月 癸巳條
57) 『宋史』 「夏國傳」 上
58) 『長編』 卷 104, 天聖四年 冬十月 己亥條 및 『同書』 同卷 十二月 甲戌條
59) 『廿二史箚記』 卷 25, 「宋軍律之弛」 參照.
60) 『長編』 卷 115, 景祐元年 十二月 癸未條
61) 『同上書』 卷 104, 天聖四年 十一月 乙丑條

諸路州郡 分造器械 數不少矣(中略) 然而 鐵刀不剛 筋膠不固 長短大
小多不中度 造作之所 但務充數 而速了 不計所用之 不堪經曆官可 又無
檢責此有器械之虛名 而 無器之實用也[62]

라고 兵器의 질이 조잡함을 논하고 있으며

　慶曆 元年 5월에 太常丞直集賢院簽書 陝西 經略安撫判官 田況은

工作器用 中國之所長 非外蕃可及 今賊甲 皆冷鍛 而成堅滑光瑩 非勁
弩可入 自京齎去衣甲 皆軟不足當失石 以朝廷之事力 國之伎巧 及不如一
小羌乎 由彼專而精 我漫而略 故也」[63]

라고 宋과 西夏의 병기의 질을 비교하고 宋이 西夏에 떨어지는 것은
제조하는 데 있어 漫略하기 때문이라고 지적하고 있다.

　이상에서 보아온 훈련의 부족 군율의 해이, 그리고 병기의 조잡함을
가지고는 효과적인 전투력을 발휘할 수 없으니, 慶曆 元年 六月에 陝
西體量安撫使 王堯臣은 陝西四路의 屯兵 20만 중에서 전투에 가용할
수 있는 자는 겨우 10여만에 불과하다[64]라고 陝西四路의 宋軍의 실전
능력을 평하였고 宋史의 兵志에도,

咸平以後 承平旣久 武備漸寶 仁宗之世 西兵招剌太多 將驕 士惰[65]

이라고 宋軍의 질을 평하고 있다.

　이렇게 훈련 부족하고 군기가 문란하며 병기의 질이 조잡한 당시의

---

62) 『歐陽文忠公全集』 卷 46, 居士集四十六.
63) 『長編』 卷 132, 慶曆元年 五月 甲戌條
64) 『同上書』 同卷 慶曆元年 六月 己亥條
65) 『宋史』 卷 187, 志 第一百四十 禁軍上 및 『文獻通考』 卷 150, 兵考四.

군사 상태로서 對西夏攻策을 취한 것은 무모한 정책이라고 평가할 수 있다.

韓琦도 好水川 대전의 실패 후에는 對西夏攻策의 불가함을 인식하여 守備策을 주장하고 있음[66]을 살펴볼 때 그가 취한 攻策은 당시에 있어 타당한 對西夏 정책이라고 할 수 없다. 이리하여 서하에 대한 적극 攻策보다는 守策으로 서하의 침입을 방어하게 되었다.

4. 守備策

對西夏 적극 攻策이 慶曆 원년 二月 渭州 好水川대전의 참패로 단시일에 효과를 거두려는 攻策은 보다 진중한 守備策으로 전환되고 그리하여 장기전으로 서하의 침입을 수비하게 되었다. 好水川전 이전에도 攻策의 무모함을 지적하고 守策을 주장한 바 있었으나 서하의 군세에 대한 확실한 평가를 하지 못한 데서 攻策을 취하였다.

그러면 攻策보다는 守備策이 對西夏 방비에 중요한 대책으로 주장된 여러 요인을 찾아보면, 장기간의 평화로 군사훈련이 부족한 송군을 가지고 지역적으로 地險하고 軍隊가 精强한 서하에로 攻討함은 무모한 것이라고 말하고 있다.

龍圖直學士 范仲淹은 일찍부터 對西夏 攻策에 회의적인 태도를 취하고 守備策을 역설하고 있으니, 康定 원년 팔월에

　　不量賊衆而出戰 以官爲先後 取敗之道也[67]

---

66)『涑水記聞』卷 12, 慶曆三年 十二月 八日.

67)『長編』卷 128, 康定元年 八月 庚戌條 및『宋史』卷 314,「列傳」第73 范仲淹「仲淹曰 將不擇人 以官爲先後 取敗之道也」.

라 하여 서하의 군세를 헤아리지 아니하고 攻策을 취함이 敗因이라고 주장하고 있으며, 慶曆 원년에 仁宗이 韓琦의 攻策에 대한 范仲淹의 의견을 물었을 때 그는 攻策의 불리함을 상주하여

> 臣與琦等 皆一心 非有怯弱(中略)況橫山蕃部 散居巖谷 亦多說堡 控扼險處入界 兵少則難遣 多則難進 未見其利[68]

라 하여 西夏 지세의 험난을 들어 攻策의 불리함을 논하고 있다.

경력 원년 w월 섬서 經略安撫判官 田況은 攻策의 불가함을 설명하여,

> 計者以爲 賊常倂力以來 我常分兵以禦 衆寡不賊 多貽敗衄 今若全師大擧必有成功 此思之 未熟也[69]

라고 그 이유를 다음과 같이 설명하고 있으니

> 今徒知大衆 可以威敵而不思 將師之材否 此禍大者也 兩路 八十餘萬人庸將驅之 若爲舒卷 賊若據險設伏 橄截衝擊首尾前後 勢不相援 則奔潰可憂

라 하여 80만 대병을 이끌 장수가 없음을 들어 공책을 반대하고 있다.

다음에 守備策을 취한 다른 이유는 서하의 지세가 험난하고 멀리 떨어져 보급 운반이 곤란하다는 사실이다. 知永興軍 夏竦은,

> 若分兵 深入 糗糧不支 師行賊境 利於速戰 儻進則賊避其鋒 退則敵躡其後 老師費糧 洵可虞也[70]

---

68) 『長編』卷 128..
69) 『同上書』卷 131, 慶曆元年 二月 丙戌條
70) 『文莊集』卷 14, 進策.

라고 서하에 深入할 때 兵糧의 지급곤란을 논하고 있으며 好水川의
대전시

士馬乏食已三日[71]

이라는 사실을 보면 군의 보급이 용이하지 못하였음을 알 수 있다.
　慶曆 4년(1044) 5월에 知制誥 田況도 輸送의 고난을 다음과 같이 말
하고 있다. 즉,

自西事以來 鄜延一路 猶若輸運之患 卞咸在鄜州 欲圖速効 自鄜城 坊
州置兵車運糧 至延州 二年之內 兵夫役死東殍及逃亡 九百餘人 凡費糧七
萬餘石 錢萬有餘萬 才得糧二十二萬石 道路吁嗟 謂之地獄[72]

이라고 서하와의 개전 이래 鄜延一路의 군량 수송의 곤란함을 논하고
있다. 鄜延鈐割 張亢은 이상과 같은 군량과 馬草의 운반의 곤란을 해
결하는 방안으로서,

可令 步人負十日糧 又給米一升爲湯飲馬軍給所粟草五分 賊界草地 亦
可牛資 放牧 新粟兼減 輓運之半」[73]

이라고 군량과 마초의 운송방법을 논하고 있지만 노약하고 훈련 부족
한 將兵이 십일 糧을 負하고 精强한 서하 군과 효과적인 전쟁을 수행
하기란 곤란한 것이다. 知延州 范雍은, 康定 元年 2月에

71) 『宋史』卷 325, 「列傳」第 84 任福.
72) 『長編』卷 150, 慶曆四年 五月 甲申條
73) 『同上書』卷 128, 康定元年 秋七月 癸亥條 및 慶曆元年 冬十月己卯 條「陝
　　西調發隨軍糧草 而民甚若之 自今軍士出征 竝今給糧隨身」.

太宗朝 繼遷猶是新集烏合之衆 命李繼隆等 五路進兵 亦無功而還 況今
倚契丹爲援 呑幷西土 三十年聚畜 國家所賜財貨 與當時 固不相侔[74]

라고 서하세력의 강대함을 들어 攻策의 불가함을 말하고 있으며, 陝西都
轉運使 范仲淹도 송군 자체의 방비가 소홀하고 정병이 없는데 攻策을 취
한다는 것은 국가의 안위에 직결된다고 하여 攻策을 반대하고 있으니,

今邊城之備 十有五七 關中之備 十無二三 臣恐承平歲久 無宿將精兵
一旦 興深之謀 國之安危 未可知也[75]

라고 하였다. 그리하여 좀 더 진중하게 대서하 정책을 수행할 것을 역
설하고 있다.
　그러면 당시 조신들이 주장한 對西夏 守策의 내용을 살펴본다.
　慶曆 2년 10월 御史中丞 賈昌朝는 「邊備尤切者 六事」를 논하고 있
으니,

一曰馭將師 二曰復土兵 三曰訓營卒 四曰制戎狄 五曰緩蕃部 六曰明
探候」[76]

라고 변비의 중요사를 들고 있고, 慶曆 4년 5월에 范仲淹과 韓琦는
「御敵四策」을 논하고 있다. 즉,

其一曰(前略)「宜選將 練兵以攻守爲實務」(下略)
其二曰(前略)「久守之計 則莫如蓋土兵」

---

74) 『同上書』 卷 126, 康定元年 二月 己酉條.
75) 『同上書』 卷 127, 康定元年 五月 甲戌條.
76) 『玉海』 卷 25 地理 議邊 및 『長編』 卷 138, 慶曆二年 冬十月 戊辰條.

其三曰(前略)「用山界蕃部」(下略)

이라는 3항을 들어 對西夏 守策을 수행할 것을 논하고 있다. 이 외에
도 서하 수비의 효과적인 대책을 주상하고 있으니

　　慶曆 元年 5月에 陝西經略判官 田況의 「上兵策十四事」[77]
　　慶曆 3年에 諫官 歐陽修의 「進劄狀 七首」[78]
　　慶曆4四年 2月에 崇政殿說書 趙師民의 「請陳十五事」[79]
　　慶曆4四年 6月 樞密副使 富弼의 「河北守禦十二策」[80]

등에서 서하 및 거란에 대한 守策의 효과적인 방비론을 주장하고 있
다. 이들이 주장하는 대서하 守備策 중에서 중요하게 역설하고 있는
바는 다음 3항이다. 첫째 「修完成寨」, 둘째 「用土兵」, 셋째 「撫蕃部」이
다. 이와 같은 3항이 對西夏 守備策에 극력 주장된 내용을 그것이 서
하의 방비에 유효하게 사용되었는가를 검토하여 본다.
　　첫째로 서하의 침입에 대하여 宋軍의 효과적인 수비를 위한 변방의
요지는 어느 곳인가. 武經總要 前集 卷 十八 上「邊方」에 의하면 당시
서하와의 대전에 중요한 전장이던 陝西四路[81]의 지형 및 西羌 제족들
과의 관계를 살펴보면

---

77)『玉海』卷 25 地理 議邊 및『長編』卷 132, 慶曆元年 五月 甲戌條
78) 歐陽修,『文忠公全集』99, 諫院進劄狀七首 慶曆三年.
79)『長編』卷 146, 慶曆四年 二月 丙辰條
80)『玉海』25 地理 議邊 및『長編』卷 150, 慶曆四年 六月 戊午條
81)『宋史』卷 87, 地理志 第四十 陝西에 「陝西路 慶曆元年 分陝西沿邊」爲秦
　　鳳涇原 環慶 鄜延四路」라고 있음.
　　宮崎市定,「西夏の興起と靑白鹽問題」, p.26에 ‘宋의 地方制度는 가장 큰 區
　　域으로 路가 있으나 路에는 長官이 없고 財政上의 路와 兵制上의 路는 다
　　르다. 財政上에는 陝西一路가 轉運使에 監督되나 兵制上에는 四路에 나누
　　어 經路安撫使에 지휘된다’ 라고 四路를 說明하고 있다.

陝西路 西接羌戎 東界潼陝 南連巴漢 北際朔方

이라고 地界를 서술하고 이어서,

自安定北地上郡 皆逼近戎狄 歷代 未嘗去戰之地 則氐羌雜處 武威以西
北皆匈奴接境 故防秋乘塞嚴兵置戍 竝列雄鎭以講武 爲朝廷之西屛

이라고 陝西路를 설명하고 있다. 『宋史』 地理志 「陝西」에 의하면,

其民 慕農桑 好稼穡 鄠杜南山 土地膏沃 二渠灌漑 兼有其利 大抵 夸
尙氣勢 多游俠輕薄之風 甚者 好鬪輕死 被邊之地以鞍馬射獵爲事

라고 陝西지방의 생활 풍습을 설명하고 있다. 諫官 張方平은 陝西 四
路가 대서하 수비에 차지하는 중요성을 논하여

今 鄜延 環慶 涇原 諸路 國家控制西郵置兵之根本也 形勢影援 足相首
尾綠邊城壘於兹倚重[82]

이라고 陝西 諸路가 서하 방비의 요지임을 설명하고 있다. 그런데 四
路 중에서 우선적으로 방비를 강화해야 할 곳은 鄜延路이다. 이에 대
해, 陝西 安撫使 韓琦는 그 원인을,

鄜延 旣不能守 則延州城寒 非朝廷之有也 況鄜延一帶 係昊賊 納款之
時出入道路 山川險易 盡會涉歷而復呎尺寧夏 便於巢穴 臣竊慮出其不意
再來奔突 故禦悍之備 宜以鄜延爲先 鄜延若有重兵 必無深入之犯 其次則
環州最逼賊境[83]

---

82) 『樂全集』 卷 19, 論事 平戎十策.
83) 『韓魏公集』 卷 10, 家傳.

鄜延路의 방비를 먼저 강화해야 하는 이유를 서하가 과거에 宋과
교섭할 때 이 방면으로 출입하였기 때문에 이 지방의 지리를 잘 알고
있으므로 침입 때에도 이용할 것이며, 鄜延路는 서하의 근거지인 寧夏
가 尺咫에 있으므로 서하의 군사력 동원이 용역하여 대거 침입하므로
이곳의 방비를 강화해야 한다고 하였다. 知延州 范雍은 鄜延路 중에서
도 가장 요지는 麟州와 附州 그리고 그와 連해 있는 延州라고 주장하
고 있다.[84] 그러므로 西夏와의 지형적인 위치[85]로 보더라도 鄜延路의
수비강화가 우선적으로 되어야 한다는 의견은 타당한 것이며, 서하와
의 개전 이래 서하의 침입이 대부분 鄜延路이고 그 다음이 環慶路임
을 고찰하면 鄜延路 방비의 중요성을 알 수가 있다.

다음에 대서하 방비를 위하여 배치된 군사는 얼마나 禁軍 40여만
을 증군하게 된 원인을 살펴보자. 『文獻通考』에 당시 禁軍의 配兵을
보면

康定初 趙元昊反 是時 禁兵 多戍陝西」[86]

라 하여 禁兵[87]이 陝西 지방에 다수가 주둔하였음을 알 수 있다.

康定 원년 秋7月 鄜延鈐轄 張亢의 상소에 의하면 鄜延路에는 精兵
이 6·7만 涇原路에는 정병이 5만 弓箭手가 2만 人이 배치되고 있
다.[88] 또 慶曆 원년 6월에 陝西體量安撫使 王堯臣의 상소에 의하면
陝西 四路의 屯兵은 총 20만으로 鄜延路에는 6만8천, 環慶路에는 5만,

---

84) 『武經總要前集』 卷 18, 邊防.
85) 小笠原正治, 「宋代弓箭手의 硏究」,『東洋史學論集』 第二, 1954年, p.186. 陝西
    河東要圖參照.
86) 『文獻通考』 卷 155, 兵考七 禁衛兵.
87) 『宋史』 卷 187, 兵志 140 禁軍上「天子之衛 以守京師 備征伐曰禁軍」.
88) 『長編』 卷 128, 康定元年 秋七月 癸亥條

涇原路에는 7만, 秦鳳路에 2만 7천여의 精兵이 주둔하고 있다. 이 중에서 可用者는 10만 여에 불과하다고 말하고 있다.[89] 20만 가용병력을 방어지역 2천여 里에 분산시키면 每城寨에 4·5천 명에 미달되어 수적으로 서하의 수만 정병에 대비하기 어려운 형편이므로 여기에서 단행된 것이 新兵의 증가이다.

북송조는 초기 이후 계속하여 병원이 증가[90]되고 仁宗代에 와서 가장 많은 증가를 나타내었다.

慶曆 연간(서기 1041~1048)에 총 병수는 125만 9천이고 그중에 禁軍과 馬步軍은 82만 6천 명이다.[91] 이것을 서하와의 개전 이전인 眞宗의 天禧 연간(1017~1021)의 총 병 91만 2천에 비하면 총 병적의 증가는 34만 7천이 증가하였고, 禁軍 馬步軍에 39만 4천이 증원된 것이다. 이상과 같은 대병의 증가는 대부분이 서하 군세에 대한 정확한 평가 보다 진중한 守備策을 취하게 되는 慶曆 원년 2월 이래의 사실로서, 三司使 張方平은 慶曆 2년 6월에서 慶曆 7년 6월까지 5년간에 걸쳐 증가된 禁軍의 총수를 8백 6십여 指揮 총 40여만 人[92]이라고 하였다.[93]

『宋史』의 兵志 禁軍上에도,

> 慶曆之兵 西師後 增置之數也

---

89) 『同上書』卷 132, 慶曆元年五月 甲戌條
90) 『宋史』卷 187, 兵志一百四十 禁軍上 및 『文獻通考』卷 第24 國用 「開寶之籍 總三十七萬八千 而禁軍馬步 十九萬三千 至道之籍 總六十六萬六千 而禁軍馬步 三十五萬八千 天禧之籍 總九十一萬二千 而禁軍馬步 四十三萬二千」으로 增加하고 있다.
91) 『同上兩書』同兩卷.
92) 『樂全集』卷 18, '內外增置禁軍 約四十二萬餘人'.
93) 『長編』卷 161, 慶曆七年 十二月 庚午條.

라 하여 慶曆 연간에 증가된 40여 만의 수는 서하에 대한 수비를 위해 증가되었음을 말하고 있다. 5년간에 禁軍 40여만을 증가하여 서하를 방비하였음을 볼 때, 對西夏 정책에 얼마나 고심하였는가를 살필 수 있다. 그위에 新兵의 증가는 急募되었으며, 따라서 훈련은 제대로 실시되지 못하였을 것으로 생각된다.

『文獻通考』卷 152 兵考4에 의한 군원의 모집 실태를 보면,

> 仁宗時 元昊反 西邊用師多 募禁軍 吏以所募 多寡 爲賞罰格 諸軍子弟
> 悉聽隷籍 禁軍額員 多選本城補塡 故慶曆中 內外 禁廂軍 總一百二十五
> 萬 視祖宗時爲最多

라고 하여 兵員의 모집 숫자에 따라 관리의 상벌이 결정되고[94] 심지어는 강도, 惡賊者 중에서 40 미만인 壯健한 자를 禁軍에 예속시키고 있다.[95]

集賢校理 歐陽修는

> 關西用兵五年矣 點兵不絶 諸路之民 半爲兵矣[96]

라고 새로 모집된 병의 전투능력을 평하여,

> 其間 老弱病患 短小怯懦者 不可勝數 是有點兵之虛名 而無得之實數也
> 新集之兵 所在敎習追呼 上下民不安居 主敎者非將領之村 所敎者 無旗鼓
> 之節 往來州縣 愁 (一作怨)嘆嗷嗷 旣多 是老病小怯之人 又無訓育精練
> 之法 此有敎之虛名 而無訓兵 之實藝(一作敎)也[97]

---

94) 『同上書』卷 135, 慶曆 二年正月 壬戌條 '分遣內臣 往河北 壬戌兵 及萬人 者 賞之'.
95) 『同上書』卷 127, 康定元年 四月 壬子條
96) 『歐陽文忠公全集』46 居士集四十六 및 『長編』卷 136, 慶曆二年 五月 甲寅條

라고 新兵 훈련상태를 지적하고 이어서,

今 沿邊之兵 不下七八十萬 可謂多矣 然訓練不精 又有老弱虛數 則十
人不當一人 是七八萬之兵 不當七十萬人之用[98]

이라고 兵員의 多함에 비하여 그들의 전투능력이 부족함을 논하고 있
다. 수비지역 2천여 里의 광대한 陝西 四路의 방비를 위해서 兵員의
부족함을 보충하려고 새로 모집한 이상과 같은 禁軍은 급모되어 훈련
이 부족한 위에 변지의 지리에 어둡고 기후에 익숙지 못하여 서하의
방비에는 큰 효과를 거두지 못하였다. 여기에서 土兵을 적극적으로 이
용하는 守備策이 수립되었다.
　토병을 대서하 수비에 적극 이용하자고 하는 데 관해서 고찰하여
보자. 土兵이란 지방민을 모집하여 조직한 鄕兵[99]을 지칭하는 것이다.
田況은 土兵의 정의를

蕃落 廣銳 振武 保捷 皆是土兵[100]

이라고 말하고 있으며, 『宋史』의 兵志 鄕兵에 의하면

鄕兵者 選自戶籍 或土民應慕 在所團結訓練 以爲防守之兵也

97) 『同上兩書』 兩卷.
98) 『同上兩書』 兩卷.
99) 小笠原正治, 「宋代弓箭手の硏究」, p.178에서 宋代 民兵의 性格에 대하여
　　'宋代의 民兵(鄕兵)을 大槪 徵兵型 自衛團型 屯田型의 三種'으로 分類하고
　　있다.
100) 『長編』 卷 132, 慶曆元年 五月 甲戌條.

이라고 鄕兵을 土兵으로 정의하고 있는데 여기에서 말하는 土兵이란
陝西路의 지방병(鄕兵)인 保毅, 强人, 砦戶, 義勇, 弓箭手, 護砦를 말
하는 것이다. 『宋史』의 兵志 鄕兵에 의하면 宋代에는 각지에 명칭이
상이한 鄕兵이 있는데 陝西路와 河北路의 土兵인 鄕兵이 가장 용감하
여 이들의 이용을 적극 권장하고 있다.

> 康定初 趙元昊反 是時 禁兵多戍陝西 竝邊土兵 雖不及等 然驍勇善戰
> 京師所遣戍者 雖稱魁頭大率 不能辛苦 而摧鋒陷陳 非其所長 故議者 欲
> 益募土兵 爲就糧[101]

이라고 하여 禁軍이 陝西지방의 전투를 효과적으로 수행하지 못하는
반면 地方土兵은 善戰을 하기 때문에 土兵을 증익하게 된 것이다.
　土兵을 증가하여 서하의 방비에 이용하자는 주장은 먼저 그들의 전
투 능력 면에서, 그리고 그들에게 지급되는 군비 면에서 고려된 것이
다. 陝西馬步軍都摠管 夏竦은 土兵의 전투력이 官兵보다 우수하고 그
원인을

> 一則勁悍便習 各護鄕土 人自爲戰 二則識山川道路 堪耐飢寒[102]

이라 하였다. 이러한 土兵을 陝西와 河東지방에서 5·7만을 모집하여
鄜延環慶涇原三路의 요지에다 分屯시켜 서하를 수비하면 宋軍의 사기
가 진장될 것이라고 하였다. 慶曆 원년에 田況의 주장에도 蕃落, 廣銳
振武, 保捷은 土兵으로서 그들은 武藝가 精强하여 서하와의 전투 시에
는 恒帝 전위병으로 용맹을 떨치고 전공을 세운다[103]고 하였다. 이러

---

101) 『宋史』 卷 187, 兵志140 禁軍上
102) 『文莊集』 卷 14 陳邊事十策 및 『長編』 卷 125, 寶元二年 閏十二月.

한 土兵의 전투력의 뛰어남은 康定 원년 夏四月에 거란에 사신으로
갔다 온 知制誥 王拱辰의 報告 중에

> 見河北 父老者 皆云 契丹不畏官軍 而畏土丁 蓋天資勇悍 鄕關之人 自
> 爲戰不費糧廩 坐得勁兵 宜速加招募 而訓練之104)

라고 土兵의 우수함이 거란에까지 알려지고 있어 그들을 이용하자고
주장하고 있다.

이렇게 하여 모집한 지방 土兵(鄕兵)의 수는 慶曆 초에 河北路에 18
만 9천 30 人, 河東路에는 총 7만 7천 79 人, 陝西路에는 삼정 중에서
일정을 취하여 鄕弓手로 삼고, 保捷 185 지휘를 편성하여 서하의 방비
에 충당하였다.105)

다음에 土兵을 대서하 방비에 이용하자는 것은 그들에게 지급되는
군비가 禁軍의 삼분지일에 불과하다는 것이다.

景祐 2년 5월 三司使 程琳은

> 其住營一兵之費 可給屯駐三兵 昔養萬兵者 今三萬兵矣 計騎兵 一指揮
> 所給歲約費 緡錢 四萬三千 步兵 所給 歲約費緡錢 三萬二千 誠願罷河北
> 陝西募住營兵 勿復增置106)

住營兵이 주둔병의 삼배에 해당하는 군비가 소요된다고 말하여 住
營兵의 증군을 금할 것을 상소하고 있다.

治平 사년 春正月 翰林學士承旨 張方平은 慶曆 이년 유월에서 慶曆

---

103) 『長編』 卷 132, 慶曆元年 五月 甲戌條
104) 『同上書』 卷 127, 康定元年 夏四月 己巳條
105) 『宋史』 卷 190, 兵志 1437 鄕兵.
106) 『宋史』 卷 194, 兵志 147 「廩祿之制」 및 『長編』 卷114, 景祐元年五月乙丑條

칠년 유월까지 증가된 禁軍 사십만의 군비를 다음과 같이 계산[107]하
고 있다.

略計 中等禁軍一卒 歲給約五十 千十萬人 歲費 五百萬緡 臣前在三司
勘會 慶曆 五年 禁軍之數 比景祐以前 增置八百六十餘指揮 四十餘萬人
是歲增費二千萬也[108]

中等 禁軍 一卒에 一歲에 약 五十緡을 지급하여 사십여만 증군에
대한 一個年의 비용을 二千萬緡으로 계산하고 있다. 이러한 禁軍의 군
비에 비하면 土兵의 군비는 禁兵 하급자에 불급하는 형편이다. 『宋史』
의 兵志 「廩給之制」에 의하면

諸軍 自一千至三百 凡五等 廂兵 閱教者 有月俸錢 自一千至三百 凡三
等下等者 給漿菜錢 或食鹽而己

라고 하였다.

土兵 基如請給 甚微 不及 東軍之下者 振武料錢 五百而五十爲折支 積
數月一 支[109]

土兵의 급여는 미미하여 東軍의 하급자에 불급하는 정도로 土兵의
일종인 振武의 料錢은 5백에서 50까지로 折支하고 그것도 수개월간
積하였다가 지급한다고 하였다.

---

107) 曾我部靜雄,「宋代の財政大觀」,『東亞經濟研究』第十四卷 四號,1930年, p.15
~27參照.
108)『長編』卷 209, 治平四年 春正月 丙午條
109)『同上書』卷 132, 慶曆元年 五月 甲戌條

若 月添土兵 請給事恐難行 請遇特支 比常優加其數 或別定南郊賞例
以激其心 別 其立功必不在東軍之後矣110)

　土兵에게도 관병과 같이 南郊賞費를 주어 그들의 마음을 격려하면
그들의 전공은 관병에 못지않을 것이라고 하였다.
　국방과 국가재정과는 상호 밀접한 관계를 가진 것으로 군비를 최소
한으로 줄이고 방비를 충실하게 하기 위한 방법으로 논의된 것이 土
兵의 이용론으로 서하의 방비를 위해서 總兵 일백이십오만 구천 명의
禁軍과 廂軍을 유지하기 위해서는 막대한 군비의 지출이 있고, 그러한
군비의 지출로는 장기전으로 守策을 취하기란 곤란한 것이다. 范仲淹
은 대병과 군비와의 관계를

陝西 久屯大兵 供費殫竭 減兵則守備不足 不減則物力已困111)

이라고 상호관계를 논하고

久守之計 須用土兵 各諳山川 多習戰鬪 比之東兵 戰守功倍112)

라고 하여 久守之計로는 土兵을 이용해야 한다고 하였다. 셋째로 土兵
과 함께 서하의 방비에 중요한 구실을 한 것이 蕃部諸族을 招致하여
구성한 蕃兵이다. 이러한 蕃兵을 대서하 수비에 적극 이용한 사실을
살펴본다. 蕃兵의 정의를 보면

---

110) 『同上書』 同卷.
111) 『范文正公政府奏議』 卷下 邊事 陝西守策.
112) 『同上書』 同卷.

　西北邊 皆有蕃兵 蕃兵者 塞下內屬諸部 團結以爲 蕃籬之兵也 羌戎種
落不相統一 保塞者 謂之 熟戶 餘謂之 生戶113)

라 하여 塞下에 예속된 여러 부족을 단결하여 변방의 울타리가 되는
것이라고 정의를 하고 있는데, 羌戎 중에도 塞를 보존하고 있는 자를
熟戶 그 나머지를 生戶라고 하였다. 熟戶는 生戶보다 좀 더 중국화한
黨項部族으로 州治의 성내에 거주하고 농경생활을 하였으며, 교외에는
黨項蕃部의 족장들이 방목을 주로 하여 생활하고 있었는데 이를 生戶
라고 하였다.114)

　陝西 四路에 예속되어 있었던 蕃兵은　鄜延路에는 延州 保安軍계에
環慶路에는 環州 및 慶州계에 涇原路에는 原州와 渭州 및 鎭戎軍에
그리고 秦鳳路에는 秦州와 鳳州의 州界에 각각 예속되어 宋軍의 지배
를 받았다.115)

　『武經總要前集』卷 18「邊防」에 의한 蕃兵 및 蕃戶의 수를 보면,

　　環慶路에는 二百四十七族 總四萬 四千人
　　涇原路에는 一百七十七族 一萬三千三百四十一人
　　秦鳳路에는 一百十七族 總三萬五千六百人

陝西 四路의 熟戶와 生戶를 모두 합하면 총 607족 15만 5천6백 인이
고 馬가 3만 4천3백疋이었다.

　송과 서하와의 중간지대에 잡거하고 있던 이러한 번부의 熟戶와 生
戶가 서하의 수비에 효과적인 구실을 보면, 范仲淹은

---

113)『宋史』卷 190, 兵志第一百四十三鄕兵.
114) 宮崎市定,「西夏의 興起와 靑白鹽問題」, p.25 參照.
115) 小笠原正治,「宋代弓箭手의 硏究」, p.190~191 參照.

熟戶 戀土田 護老弱牛羊 遇賊力戰 可以藩蔽漢戶 而不可倚爲正兵[116]

이라고 熟戶의 활약을 설명하고 서하의 침입 때 藩戶인 熟戶로서 漢
戶를 護蔽하고 正兵에 不可倚이라 하여 藩戶 이용을 주장하며,

大率 蕃情點詐强凌弱 常有以制之 服則從可用 如倚爲正兵[117]

이라 하였다. 蕃部諸族의 이러한 활약은 宋軍 측에서만 이용한 것은
아니었다. 서하도 송에 침입할 때에는 이 藩族을 그들의 전위대로 이
용하고 있었으니, 范仲淹은

元昊巢穴 實在河外 河外之兵 懦而罕戰 惟橫山 一帶蕃部 東至麟府 西至
原渭二千 餘里 人馬精勁 慣習戰鬪 與漢界相附 每大擧入寇 必爲前鋒[118]

서하가 橫山 일대의 蕃部를 宋에 대거 入寇時에 前鋒으로 삼았다고
하고 이어서,

故西戎 以山界蕃部爲强兵 漢家以山界屬戶 及弓箭手爲善戰 以此觀之
各以邊人爲强 理固明矣[119]

라고 蕃部諸族이 宋・西夏에 각기 이용되고 있음을 지적하고 이들을
적극 취하자고 다음과 같이 역설하고 있다.

---

116) 『宋史』 卷 191, 兵志 140 鄕兵 및 『長編』 卷 135, 慶曆二年 三月 丁丑條.
117) 『同上兩書』 同卷.
118) 『范文忠公政府奏議』 卷下 '陝西守策'.
119) 『同上書』 同卷.

(前略) 「觀 賊之隙 使三軍互掠於橫山 更進兵可就而城之 其山界 蕃部
去元昊 且遠求授不及(中略)元昊 若失橫山之勢 可謂斷其右臂矣[120]

橫山 일대의 蕃部를 취하면 이는 元昊의 右臂을 끊는 것이라고 하였다.

慶曆 원년 6월에 陝西體量安撫使 王堯臣의 상소에 의하면 서하가
宋의 방비요지를 공격하여 올 때, 산천도로의 지세를 숙지하고 침입하
여 오는데 그것은 熟戶가 그들의 嚮導 구실을 하기 때문이라고 주장
하고 있다.

따라서 이들 蕃部 제족은 송·서하에 대한 향배가 불상하였으니,
『涑水記聞』 卷 9 慶曆 2년 春條에 의하면

范文正公 巡邊至爲環慶經略使 環州屬羌 多懷二心 密與元昊通 公以世
衡 素得屬羌心而靑澗城已完 及奏徙世衡 知環州以鎭撫之

環州의 蕃族이 宋·西夏쪽으로의 向背에 二心을 품고 있는 것을 당
시 여러 족에게 인망이 있던 秋世衡을 知環州에 임명하여 그들을 진
무하였다고 한다.

宋에 예속되었던 이를 蕃兵과 熟戶가 서하에로 도망하는 이유에 대
해서 韓琦는,

自環慶 抵於涇原沿邊 熟戶數踰十萬 自來 以官軍勢弱 不能保全 皆有
去就之意[121]

이라고 주장하고

---

120) 『同上書』同卷.
121) 『韓魏公集』卷 11, 家傳.

綠邊博糴 配率之苦[122]

가 또한 그들을 서하에로 도망하게 한다고 설명하고 있다.

　이들 熟戶가 宋을 버리고 서하로 도망하면 서하의 군세가 강성하고 또 그들이 서하의 嚮導구실을 하는 이외에도 宋에게 주는 영향은 컸으니 韓琦는

　　熟戶 皆與賊合 沿邊寨 數百里外 田野一空 惟存孤壘則歲計糧草 何得 而出[123]

라 하여 熟戶가 서하와 합세하면 沿邊寨의 수백 里 외의 전야가 空하여 糧草의 급여가 곤란하다고 말하였다.

　그래서 이들을 적극적으로 초무하였다. 寶元 2년 10월에는 서하의 防禦使 囉埋를 右班殿直으로 하고 그의 자 日威를 本族의 군주로 삼았는데 이것은 囉埋가 그 부하 蕃兵을 이끌고 내항하였기 때문이다.[124]

　庚定 원년 10월에는 陝西經略使에게 宋人을 서하 地界에 밀입시켜 蕃漢族의 족장에게 諭하여 그 부족을 引率하여 내항하는 자는 「不次遷擢」할 것을 권유하고 있으며[125] 慶曆 원년 5월에는 蕃族의 招致를 더 강화하여 諸路에 招撫蕃落司를 설치하여 知州 通判 혹은 兵官이 그 직을 겸하여 적극 번족을 초치하였다.[126] 내항자 중 다시 서하에로 도망갈 염려가 있거나 無親屬者는 內地의 京西 州郡에 이송하여 閑田을 주어 생활하게 하였다.[127]

---

122) 『長編』卷 122, 寶元 二年 三月 甲辰條
123) 『同上書』卷 133, 慶曆 元年 九月 西十條 및 『韓魏公集』卷 11, 家傳.
124) 『長編』卷 123, 寶元二年 冬十月 辛酉.
125) 『同上書』卷 129, 康定元年 十月 丁未條
126) 『同上書』卷 132, 慶曆元年 五月 乙酉條

이렇게 招撫한 번족의 군제편성과 봉급[128]을 보면 추장은 戎秩이라 하고 그들의 관직은 공적에 따라 결정되고 세습되었으며, 蕃部의 大首領을 都軍主 百帳 이하의 部隊首領을 副軍主 副都虞候 指揮使 副兵馬使 등의 명칭이 있고, 별도로 유공자는 刺史 諸衛將軍 諸司使 副使 承制崇班 供奉官 殿侍 등에 보하였다. 봉록은 그 본족의 巡檢은 정원과 같이 刺史 諸衛將軍은 蕃官과 같은 녹을 주어 초무하여 서하 수비에 이용하였다.

이런 번족의 이용과 함께 토번족의 후손인 唃厮囉를 적극 招撫하여 이들로 하여금 후방에서 서하를 견제하게 하는 「以戎制戎」의 정책을 취하였으니, 서하가 宋의 내부에 깊이 침입하지 못한 것은 후면에 있었던 토번족의 세력을 宋이 잘 이용한 때문이다.[129]

중원에 군림하고 있었던 宋이 서북방의 소국 서하에 대한 이와 같은 소극적인 守策을 취한 것은 당시 宋이 처해 있었던 내외 사정으로 고찰하여 볼 때 불가피한 정책이었다.

王般山도 그의 「宋論」에서 韓琦의 攻策과 范仲淹의 守策을 비교하여,

　　(前略) 此范公之略 所繇愈於韓公者 遠也[130]

라고 말하고 이어,

　　(前略) 范之決於議撫者 度彼 度此 得下策以自全者也[131]

---

127) 『同上書』 同卷 慶曆元年 秋七月 乙亥條 및 慶曆二年 春正月 壬戌條.
128) 小笠原正治, 「宋代 弓箭手의 硏究」, p.192 參照.
129) 中島敏 「西羌族을 에워싼 宋・夏의 抗爭」, p.472~478 參照.
130) 『宋論』 第4卷, 仁宗.
131) 『同上書』 同卷.

라 하여 范仲淹의 議撫策은 여러 가지 사정을 살펴서 결의한 것으로
下策으로 스스로 보전한 것이라고 평하고,

乃以其時 度其勢 要之後效 守之從免於危込 二公謀異 而范公之策 愈也[132]

라고 하여 서하의 침입에서 危込을 면할 수 있음은 范公의 守策이 韓
公의 攻策보다 愈하기 때문이라고 평하고 있다.

이상 宋朝의 對西夏守備策은 소극적이기는 하였으나 宋軍의 전투능
력으로는 地險한 서하를 적극 공토하기는 곤란한 것이므로 陝西 四路
의 수비요지를 강화하고 40여만의 禁軍을 증강하였으며 土兵 및 蕃兵
을 이용하여 서하의 침입을 방어하는 데 주력하였다. 이와 같은 守備
策이 서하에게 장기전을 수행할 수 없는 경제적 파탄을 가져오게 하
여 화의를 성립시키게 된 것이다. 다음에는 宋朝의 對西夏 和議政策을
살펴본다.

5. 和議政策

宋과 西夏와의 7년 전쟁을 歲賜에 의하여 종결시키고 화의를 성립
하게 되는 배경은 여러 각도에서 살필 수 있다. 宋과 西夏의 화의 성
립 배경을 살펴보자.

송조로서는 처음부터 서하와의 전쟁은 원한 바가 아니고 따라서 화
의성립에 대한 태도는 매우 적극적이었다. 전쟁을 위한 뚜렷한 명분이
없는 위에 三司使 張方平의 말과 같이 개전이전에 비하여 每歲에 二

---

132) 『同上書』同卷.

千萬緡이나 되는 많은 군비가 서하방어에 충당되었다. 諫官 蔡襄의 주장을 보면

　　自西陲用兵以來 內則帑藏空虛 外則民財殫竭 民間十室九空 嗟怨嗷嗷[133]

라고 할 만큼 서하와의 전쟁이 국가재정과 국민생활에 미친 영향은 컸다. 따라서

　　公卿忻忻 日望和平[134]

의 상태가 되었다.

　仁宗도 화평에 대해서는 적극적이었으니 慶曆 元年 知諫院 張方平이

　　今邊事之費 歲課千萬 用兵以來 係累殺戮 不帝十萬人 故自故以來 論
　　邊事者 莫不 以和戎爲利 征戎爲害 蓋深念此也 願陛下 延召二府大臣 商
　　愚計而施行之[135]

라고 화평을 주장한 데 대하여,

　　上喜曰 是吾心也[136]

이라고 찬성을 표시하고 있다. 이러한 화의에 대한 적극성은 거란으로

---

133)『長編』卷 140, 慶曆三年 春正月 및『同書』慶曆三年 十一月 辛巳曺 諫
　　官 孫甫言 및 慶曆四年 六月 丁未條 諫官 餘請言.
134)『同上書』卷 139, 慶曆三年 春正月 丙申條 王堯臣言.
135)『同上書』卷 134, 慶曆元年 冬十月 壬寅條
136)『同上書』同卷.

하여금 송·서하의 화의성립에 적극적인 斡旋을 하게 하였다.

그러나 화의에 대한 宋朝의 이와 같은 적극적인 태도도 서하의 稱帝가 철회되지 않는 한 성립될 수 없는 것이다. 서하가 칭제를 철회하고 화의성립에 임하게 된 원인을 살펴 보면, 일찍이 德明에게 宋에 臣事를 諫하고 스스로 국호를 大夏라 하고 칭제와 건원을 하여 대제국건설의 雄圖를 지니고 있던 元昊가 그러한 뜻을 굽히고 화의를 성립시킨 배경은 여러 가지 면에서 고찰할 수 있다.

첫째는 宋과의 대전에서 상실한 兵員의 보충곤란을 들 수가 있다. 『宋史』의 「夏國傳」上에 의하면

元昊 雖數勝 然死亡創痍相半 人困於點集

이라고 하여 宋과의 전쟁에서 元昊가 승리를 했으나 그가 입은 兵員의 부상과 사망이 宋과 상반하고 그로 말미암아 兵員의 點集이 곤란함을 설명하고 있다. 서하의 본거지인 河西의 諸州는 「地廣民稀」한 곳으로 兵員의 充用은 용이한 일이 아니며 앞에서 살핀 바와 같이 침송을 위하여 징발된 오십여만의 대병은 국민개병주의에 의하여 조직된 것으로 이러한 서하 군이 송과의 대전에서 다수의 사상자를 내어 그것을 보충할 兵員이 없어 화의를 하게 된 것이다.

둘째로 화의성립에 임하게 된 배경은 경제적 어려움을 들 수 있다. 다년간의 전쟁으로 다수의 전비가 소모되었고 또 송과의 국교의 단절로 남방물자가 서하에 유입되지 아니하여 물자의 곤핍을 초래하고 그로 인하여 국민생활이 곤란하게 된 것이다.

慶曆 元年 10月 知諫院 張方平은 서하의 사정을 설명하여

> 絶其俸賜 禁諸關市 今賊中 尺布可直數百 以此揣情 安得不困 夫夷狄
> 得志則驕 困則卑順[137]

이라고 하였다. 慶曆 3년 2월에 樞密直學士 右諫議大夫인 韓琦와 范仲
淹은 서하의 화의교섭의 저의를 다음과 같이 설명하고 있다.

> 元昊則悖慢侮 常大爲邊患 以累世姦雄之志 而屢戰屢勝 未有挫屈 何故
> 今元昊 知衆之病 聞下之怨 乃求息肩養銳 以逞凶志 非心服中國 而來也[138]

西夏의 화의 교섭이 서하 국민의 피폐와 원성에 있는 것이지 중국에
순복하려는 것이 아니라고 화의 원인을 말하고 있으며 慶曆 3년 10월
에 艱苦나 孫甫는 서하에 사신으로 갔다 온 張子奭의 見聞을 인용하
여 서하와의 急和를 할 필요가 없다고 말하고 그 원인이 서하가 곤궁
하기 때문에 자연히 화의를 교섭하여 올 것이라고 주장하고 있다.[139]
 이상은 서하가 화의를 교섭하여 온 배경이 德明 이래로 계속된 평
화로 증가되었던 서하의 부력이 송과의 장기간에 걸친 전쟁으로 재정
이 파탄되고 백성의 생활이 곤궁하여 화의를 교섭하게 된 것으로 그
것은 서하의 국내사정이 악화된 데 기인하는 것이다. 韓琦도 서하의
화의 의도를

> 求通順 實圖休息. 所屈者 虛稱[140]

이라고 하여 通順은 서하의 경제적 곤궁을 구해 보려고 휴식을 기도

---

137) 『同上書』.
138) 『同上書』 卷 139, 慶曆三年 二月 乙卯條
139) 『同上書』 卷 145, 慶曆三年 十一月 辛卯條 '元昊國中 頗甚窮蹙'
140) 『韓魏公集』 卷12, 家傳 및 『長編』 卷 149, 慶曆四年 五月 壬戌條

하는 것이지 송에게 굴하려는 것이 아니라고 말하고 있다.

셋째로 서하의 화의교섭의 배경은 대외적으로 거란의 對宋 태도의 돌변과 관련하여 생각할 수 있다. 서하는 거란을 움직여 對宋 전쟁을 유리한 방향으로 전개시켜 그들이 처음에 기도한 데로 칭제화의를 성립시키려 하였다. 그리하여 宋과 개전하기 이전에도 거란과의 친선을 강화하고 침송 후에도 거란의 환심을 사는 데 노력하였다.

『遼史』 興宗本紀에 의하면

重熙十年 九月 夏國 獻宋俘以石勇砦[141]

이라는 기록이 있고 慶曆 元年 (重熙 12년) 5월에는

宥州兵馬龐籍 使珪年族單主阿克阿 入西京界伺事 密香言 元昊以所掠
綠邊人馬 送契丹 請助兵入漢界[142]

이라고 하여 宋과의 전쟁에서 얻은 人馬를 거란에 보내어 거란의 환심을 사고 거란으로 하여금 宋에 침입하는 병을 동원할 것을 요청하고 있다. 지금까지 宋·西夏의 전쟁을 관망하던 거란은 慶曆 원년 12월에 宋을 伐할와 같은 결의하고 제도에 명하여 전쟁 준비를 실시하고[143] 이듬해 正月에는 翰林學士 劉六符를 宋에 파견하여 晉陽과 瓦橋以南의 十縣을 요구함과 아울러 「興師伐夏」, 「兵戍增益」을 문책하고 있으며[144] 同年 5월에는 幽州에 대병을 집결하여 침송을 단행할 순간에

---

141) 『遼史』 卷 19, 本紀 興宗二.
142) 『長編』 卷 136, 慶曆二年 五月 癸亥條.
143) 『遼史』 卷 19, 興宗 重熙十年 十二月 丁酉條
144) 『同上書』 同卷, 重熙十一年 春正月 戊申條

이르렀다. 이와 같은 위급한 문제를 해결한 것이 知制誥 富弼이었다.

『涑水記聞』卷 10日에 의하면 당시 富弼이 거란에 제시한 조건은 세 가지였다. 즉,

> 富公之使北也 朝廷以三書與之 其一 增物二十萬 其一增十萬 其一以公
> 主妻梁王 從與虜約日 能爲我令元昊 稱臣納款我 歲增二十萬物 不能者
> 歲增十萬物 虜曰 元昊稱臣納款 我頤指之勞耳 汝當以二十萬與我 然當謂
> 之獻

거란이 元昊의 稱臣을 알선하는 조건으로 20만 세폐의 증여가 결정되고 전연의 맹약시의 30만 세폐와 함께 每歲에 50만의 세폐를 거란에 주기로 하고 重熙 11년 9월에 화약이 다시 성립되었다. 이 20만 增幣를 주는 조건으로 제시한 서하와의 화의 알선을 실행하기 위하여 거란은 위협적인 對宋태도를 변경하고, 重熙 12년 春正月에 知析津府事 耶律敵烈과 樞密院都承旨 王惟吉을 서하에 파견하여 宋과의 칭신화의를 권유하였으며[145] 同年 2월에는 耶律敵列이 돌아와 元昊가 罷兵할 것을 약속하였다고 보고하고 있다.

그러나 서하는 거란의 이와 같은 태도의 변화를 돌이키려고 同年사월에는 다시 거란에 사신을 파견하여 馬駝를 헌납하였고, 동년 7월에는 또 宋을 伐할 것을 요청하였는데 거란은 서하의 이러한 伐宋 요청을 거절하였다. 이러한 거란의 태도는 20만 增幣에 연유한 것으로 서하도 거란을 이용하여 對宋 전쟁을 유리하게 하려 하였으나 거란의 태도의 변화로 宋과 화의를 맺게 이른 것이다.

이러한 배경으로 성립된 宋·西夏의 화의교섭의 내용을 살펴본다.

양국 간에 다년간에 걸친 화의교섭을 크게 삼분하여 고찰할 수가

---

145) 『同上書』 同卷, 重熙十二年 春正月 辛未條

있으니, 제1단계가 寶元 원년에서 慶曆 2년에 걸쳐 누차 서하 편에서 교섭하여 온 「稱帝和議」이다. 이것은 서하가 칭제와 건원을 그대로 가지고 宋과 동등한 국제관계를 유지하려는 것으로 이는 李元昊가 일찍부터 꿈꾸고 있던 宿望으로 송조에서는 도저히 용납할 수 없는 것이다.

다음 제2단계가 慶曆 3년 정월에서 7월에 걸쳐 교섭된 「兀卒和議」이다. 이것은 서하가 칭제는 철회하였으나 稱臣 納款은 하지 않는 것이다.

제3단계가 「稱臣和議」로서 慶曆 3년 12월에 교섭되어 이듬해 慶曆 4년 4월에 체결된 것으로 寶元 원년 이전의 양국관계로 환원하되 더 많은 歲賜를 얻어가는 화의이다.

서하의 칭제와 建元은 사상최초의 사실로서 이에 대한 宋朝의 반응은 매우 강경한 것이었다. 서하는 反宋稱帝 이래 누차의 「稱帝和議」를 교섭하여 왔고 그러한 화의교섭은 宋과의 대전에서 승리를 거둔 직후에 항시 교섭하여 왔는데 宋에서는

> 元昊 背惠以來 屢求歸附 然其慾 綏我師 專爲譎詐 是以拒 而弗授[146]

이라고 서하가 대전 승리 후에 교섭하여 오는 화의의 저의를 경고하고 있다.

서하와의 화의교섭에 있어 가장 문제가 되고 있는 칭제의 철회가 송조에 중대한 화의조건으로 지배된 원인을 보면 서하는 累世에 걸쳐 송조의 작명을 받은 小戎으로서 칭제를 하여 동등한 국제관계를 유지한다는 것은 용납될 수 없다는 것이다.

---

146)『長編』卷 134, 慶曆元年 十一月 丙寅條

慶曆 원년 춘정월에 서하는 歸塞門砦主 高延德을 陝西安撫使 范仲淹에 보내어 화의를 교섭하여 왔을 때 이에 대한 회답에서 范仲淹은 서하의 칭제불가를 다음과 같이 말하고 있다.

> (前略) 大王 世居西土 衣冠言語 皆從本國之俗 何獨名稱與天子侔 儗名豈正而言豈順乎 漢唐故事 單于可汗 皆極尊之稱 大王北朝爲比 且北朝稱其來久矣 與國家爲兄弟之邦 非蕃屛可方也 大王世受 天子建國封王之大恩 如諸蕃有叛朝廷者 大王當率國人以伐之 則世世有功 乃欲抗北朝之稱帝乎(中略)大王 夫思之甚也[147]

라고 稱帝 불가를 논하고 이어서,

> 大王 果然愛民爲意者言 當時之事由衆請 莫遇以此 謝于天子 必當王爵 承先大王 保國庇民之志 天下熟 不稱大王之賢 一也(中略)所謂 漢唐單于可汗之稱 於本國言 語爲便 亦不失其貴 二也[148]

라고 稱帝 철회를 요구하고 있다. 이에 대한 서하의 답서는 「書辭益慢」하여 26紙의 回書 중에서 「不可以聞者」가 20紙나 되어 仲淹도 그 書를 모두 불태워 버리고 조정에 보고하지도 아니하였다[149]고 하는데 이것으로 미루어 생각할 때 서하 또한 宋의 칭제 철회 요구를 완강하게 거부하고 있음을 알 수 있다. 宋이 칭제 철회를 요구한 또 다른 이유는 대거란 관계에서 고찰할 수가 있다.

慶曆 3년 4월에 資政殿學士 富弼은

---

147) 『同上書』卷130, 慶曆元年 春正月.
148) 『同上書』同卷.
149) 『同上書』同卷, 慶曆元年 夏四月 癸未條.

若契丹謂中國 旣不能臣元昊 則豈肯受制於我 必將以此 遣使來 未知以
何辭答之 若契丹謂元昊 本稱於兩朝 今旣於南朝不稱臣 漸爲敵國 則以爲
獨尊矣 異日 稱緣邊隙 復有所求 未知以何術 拒之[150]

라고 하여 서하의 송조에 대한 不稱臣은 대거란 외교관계에 있어서
지금까지 양국 간에 유지된 형제관계를 무너뜨리고 거란이 獨尊할 위
험성이 있음을 경고하여 「稱帝和議」 불가를 논하고 있다.

송조의 이러한 칭제철회의 요구와 서하가 칭제를 고집하여 화의를
교섭하려는 다년간의 양국관계에 결정적인 전환점을 가져오게 한 것
이 거란의 태도의 변화이다. 그리하여 서하는 칭제를 철회함과 동시에
반거란의 태도를 취하였고[151] 宋에게 「兀卒和議」를 교섭하여 왔다.
이것은 重熙 십이년(慶曆 3년) 춘정월에 거란이 서하에게 송과의 화의
를 체결하기를 권유하는 때로부터 서하가 同年 칠월에 거란에게 재차
伐宋을 청하였다가 거절당한 기간 중에 교섭된 것이다.

『皇宋十朝綱要』卷 5 慶曆 三年 正月 癸巳條에 의하면,

鄜延路奏 元昊遣其臣 賀從勗上書 自稱男邦泥定國兀卒郞霄 相父南朝
皇帝 請通和 朝廷以其名分 未正 遣著作佐郞 邵良佐 與從勗 俱至其國
更議之

이라고 하여 元昊가 그 臣 賀從勗을 파견하고 자칭 男邦泥定國 兀卒
郞霄(「長編」에는 曩霄)라는 칭호로 화의를 교섭하여 왔다. 宋에서는
서하의 이러한 「兀卒」명칭이 미정하여 邵良佐를 從勗과 함께 서하에
파견하여 화의를 의논하게 하였다. 邵良佐가 서하에 간 시기와 그가

---

150) 『同上書』卷 140, 慶曆三年 乙亥條.
151) 『遼史』卷 19, 重熙十二年 十月 壬子條 및 『宋史』 「夏國傳」下.

서하에 제시한 화의조건에 관해서는 「長編」卷 140 慶曆 三年 夏四月
癸卯條에

　　　著作佐郎答書 保安軍判官 邵良佐 假著作郎使夏州(下略)

이라는 기록이 있고『宋史』卷 11 仁宗本紀 慶曆 三年 夏四月 癸卯條에

　　　遣保安軍判官邵良佐 使元昊

라는 기록을 보건대 邵良佐가 서하 간 것은 慶曆 3년 夏 4月이다.
　이때 邵良佐가 서하에 제시한 화의조건을 보면『同上書』同卷에,

　　　遣保安軍判官 邵良佐 使元昊 許封册爲夏國主 歲賜 絹十萬匹 茶三萬斤

이라 하여 서하가 夏國主에 봉책되는 것을 허락하면 歲賜로 絹 10만
필, 차 3만 근을 賜할 것을 제시하였다. 이것은 德明代의 6만 歲賜에
비하면 두배 정도에 해당하는 다액이다. 그러나 서하는 이에 응하지
아니하고 7월에 呂尼如定(宋史 夏國傳에는 呂定聿捨)을 파견하였으니,
『長編』卷 142 慶曆 三年 七月 乙酉條에

　　　元昊復遣 呂尼如定 與舍僚體旺約特和爾 與邵良佐 俱來 所請要凡十一
　　事 其欲稱男 而不爲臣 猶執前議也

이라고 하여 전에 사용하던 「兀卒」의 명칭을 그대로 사용하고 있으며
「凡十一事」를 所請하고 있다. 이 「十一事」의 요청이 여하한 것이었는
지 알 수 없으나 宋이 제시한 13만 歲賜보다는 훨씬 많은 것을 요구

하였을 것이다. 그리고 이 慶曆 3년 정월에서 7월에 걸쳐 서하가 취한
「兀卒和議」의 고집에는 거란의 「伐宋」여부가 중요한 역할을 하였으나
同年 7월에 거란이 서하의 伐宋 요구를 거부할 때까지 「兀卒」명칭을
굽히지 아니한 것으로 알 수 있다.

   이 「兀卒和議」에 대해서는 당시 송조에서는 찬반양론이 있었다.

   時二府以宿兵已久 姑欲得之 (中略) 宰相晏洙曰 衆議已同(下略)[152]

이라 하여 兩府에서는 이 兀卒和議에 찬성을 表하였고, 翰林侍讀學士
右司郎中 楊偕도

   時元昊乞和而不稱臣 偕以謂 連年出師 國力日蹙 宜權許之 徐圖誅滅
   之計[153]

이라고 찬성을 말하였다. 이에 대하여 樞密副使 韓琦 諫官 王素 歐陽
修 蔡襄等이 반대를 하고 있다. 歐陽修는 그 반대이유를

   蕃語兀卒 華彦吾祖也[154]

라고 兀卒을 풀이하고

   如可汗號議者 以爲改吾祖爲兀卒 特以侮玩朝廷[155]

---

152) 『長編』 卷 142, 慶曆三年 七月 癸巳條.
153) 『同上書』 同卷, 慶曆三年 八月 壬戌條.
154) 『歐陽文忠公全集』 卷 99, 奏議三.
155) 『宋史』「夏國傳」 下, 및 『同上書』 同卷.

I. 北宋 仁宗朝 西夏 政策의 변천에 관하여 | *237*

라 하여 兀卒의 칭호는 조정을 侮玩하려는 것이라고 하였다. 이어서

> 夫吾者我也 祖者俗謂翁也 今匹夫臣庶尙不肯妄呼人爲父 若欲許其稱此
> 號 則今後 詔書 順呼吾祖 是欲使朝廷呼蕃賊爲我翁矣 不知何人 敢開此
> 口 (中略) 賊稱吾祖 必欲令其稱臣 然後請和 此乃國家大計156)

이라고 「兀卒和議」가 불가함을 논박하고 있다. 韓琦도

> 無約 而請和者 謀也157)

라고 칭신의 약속 없는 서하의 청화를 경고하고 있다. 송조의 이와 같
은 兀卒和議 반대에 부딪친 서하는 慶曆 3년 12월에 張延壽를 파견하
여 「兀卒」을 버리고 칭신화의를 교섭하여 왔으니,

> 元昊所求 諸事 中朝皆未之許 又遣延壽持書 至中國議 雖肯上表稱臣
> 而書中年用 甲子 國號止易一字 仍欲通市靑鹽及自貿易 又乞增歲賜 至三
> 十萬宋帝仍令 任顗押伴體折之158)

라 하였는데 歲賜 30만의 요구와 그 위에 靑鹽의 무역을 주장하여 稱
臣화의를 교섭하고 있음을 알 수 있다. 이 숫자는 앞서 邵良佐가 제시
한 13만에 비하면 실로 2배에 해당하고 거란에게 전연의 맹약 시에
세폐로 주었던 수와 동일하다. 이것이 결국 25만 5천159)의 數로 감축

---

156) 『歐陽文忠公全集』 卷 99, 奏議三.
157) 『宋史』 卷 112, 列傳第七十一 韓琦.
158) 『長編』 卷 145, 慶曆三年 十二月 丙申條.
159) 二十五萬五千의 歲賜의 內容은 『長編』 卷 151, 慶曆四年 十月 己丑條에
    「歲賜絹十三萬匹 銀五萬兩 茶二萬斤 乾元節 祝賀回賜 絹一萬匹 銀一萬兩
    茶五千斤 仲冬 銀絹各五千 夏王誕生日 銀器二千兩 細衣一千匹 雜帛二千

되기는 하였으나 宋이 제시한 13만에 비하면 배에 가까운 수로 慶曆
4년 5월에 서하의 誓表가 宋에 도달되고 12월에 元昊를 夏國主에 책
봉하여 7년 전쟁의 종결을 지었다.

　그런데 歲賜에 의한 서하의 稱臣和順이 宋의 입장에서 근본적인 문
제의 해결이라고 볼 수 없다.

　서하의 稱臣화의는 서하국 내의 경제적 궁핍과 兵員의 부족에서 초
래된 것으로 25만 5천이란 막대한 歲賜가 서하의 경제력을 증강시켜
국내사정이 안정되면 對宋 태도를 번복할 가능성을 내포한 誓定的인
휴전에 불과하다.

　樞密副使 韓琦는

　　若使其歲享金繒 及和市之利 國內充寶 一旦 我之邊備小弛 則必有窺圖
　　闗補之心 此臣所謂 後必大憂者[160]

이라고 西夏와의 화의성립에 회의를 표명하고 있음은 사태를 정당하게
본 것이다. 慶曆 8년에 元昊가 불의로 卒하여[161] 邊患은 없었으나 그후
仁宗 말 神宗代에도 서하문제는 宋의 중요한 邊患으로 등장하고 있음
을 고려하면 韓琦의 주장은 틀린 것이 아니라고 보겠다.

　다음 歲賜면에서 화의성립을 평가하여 보면 25만 5천의 歲賜는 과
거의 예로 볼 때 많은 액수로 德明代의 四倍餘에 해당되는 것이다. 그
러나 연간 2천만緡 이상이 소요되는 군사비에 비교하면 문제도 안 되
는 적은 액수이다.

匹 正月元旦回賜 銀絹茶 各五千宛」이것을 合하면 二十五萬五千兩匹斤이
　　된다. 宮崎市定,「西夏の興起と靑白鹽問題」, p.33의 (註3) 參照.
160)『韓魏公集』卷 12, 家傳 및『長編』卷 154, 慶曆五年 春正月 丙子條
161)『涑水記聞』卷 11, 및『歐陽文忠公全集』卷 127, 歸田錄 卷第二.

稱臣화의에 대하여서도 여러 가지 반대의견이 있고 그러한 반대도 타당한 근거가 있는 것이지만 당시의 국가 재정과 사회적인 면에서 살펴볼 때 화의를 성립시키지 않을 수 없었다고 생각된다.

6. 맺는말

이상에서 중국 역사상 획기적인 사실로 생각되는 李元昊의 反宋稱帝 및 대송침략에 관한 송조의 정책을 단계적으로 검토하고 그러한 정책이 변천된 실상을 살펴보았다.

李元昊의 대송 침입이 남방물자를 탐하여 취해진 「抄掠行爲」라고 주장한 종래의 논의에 대하여 시각을 바꾸어서 그의 반송칭제 및 침송은 宋의 羈縻에서 벗어나 宋과 동등한 국제지위를 수립하고 대제국 건설의 야망을 달성하기 위하여 취해진 확고한 정책이라고 보았다. 그것은 李元昊가 침송 이전에 행한 여러 제도 개혁의 동기 및 송에 대한 칭제 이유에서 잘 살필 수 있었다. 이러한 元昊의 침송에 대하여 송조에서는 하등의 대책을 강구함이 없이 시종 撫摩정책을 쓴 것은 올바른 國策이라 아니할 수 없다. 변방을 담당하고 있던 몇몇 책임자를 제외하고는 西夏의 국력이나 李元昊의 침송 준비에 관해서는 너무나 어두웠고 따라서 西夏의 세력을 과소평가하였다. 이러한 서하 국력에 대한 과소평가는 대서하 정책에 여러 가지 차질을 가져온 계기가 되었고 慶曆 원년에까지 지속되었다.

다음에 서하의 反宋 칭제 이후에 취한 대서하 적극 攻策은 지금까지 수세로서 연전연패한 宋의 국가적 위신을 회복하고 分兵守備의 어려움을 극복하며 막대한 군사비 지출에 원인한 국가재정의 파탄을 구해 보려는 노력이었다. 이것은 거란과의 澶淵의 맹약 이래 해이해진 군사력으로서는 수행하기 곤란한 정책으로서 慶曆 원년 好水川의 대전에 실패한 것을 계기로 하여 對西夏 攻策은 守備策을 취하는 방향으로 바뀌게 되었다. 繼遷代나 德明의 시대에 비하면 국력이나 군사력에서 우세한 서하를 적극적으로 攻討하는 것은 宋軍의 전투력의 저하와 군의 보급을 운송하는 어려움으로 인하여 실패하였고 서하가 침입하여 오는 변방의 요지를 강화하고 禁軍 40여만을 증가하였으며 土兵과 蕃部의 諸族을 이용하는 진중한 守策을 취하고 장기전으로 서하에게 경제적 타격을 가하게 되었다. 그리하여 서하는 송과의 동등한 국제지위를 수립하기 위해 주장한 장기간에 걸친 「稱帝和議」를 굽히고 「兀卒和議」를 취함으로써 대송관계에 있어 德明代의 君臣관계를 면하려 하였으나 「兀卒和議」도 송에서 용납되지 아니하여 결국 德明代에 비하면 四倍나 되는 歲賜를 취하고 稱臣을 함으로써 「稱臣和議」가 성립되고 7년 전쟁을 끝마치게 되었다.

이상이 본고에서 서술한 개략을 요약한 것이거니와 북송의 전성기로 간주되는 仁宗朝에 있어서 대서하 정책에서 주목되는 사실은 대부분의 중요한 문제의 제기는 서하가 하였다는 사실이다. 侵宋準備, 建元, 稱帝, 그리고 침입과 화의의 제안 등 이러한 중요한 사건이 서하에 의하여 제기되었으며 송에서는 그러한 문제가 제기된 후에야 그에 대한 정책이 논의되었다는 것이다. 그러므로 송·서하 간의 주요 문제의 주도적 역할은 서하가 하였다고 볼 수 있고 宋은 시종 수세를 취하고 있음을 살필 수 있다. 따라서 서하가 그의 경제적인 곤궁으로 인하여 「稱臣和議」를 성립하였으나 이러한 화의는 그 대가로 받아간 다액의 歲賜에 의하여 장차 서하의 경제가 호전될 경우에 다시 邊患을 유발할 위험성을 내포하고 있는 誓定的인 휴전에 불과하며 따라서 송·서하 간에 놓여 있는 문제의 근본을 해결하였다고 생각할 수 없다.

송·서하의 7년 전쟁이 송조 사회 전반에 미친 영향은 매우 복잡한 것이며 서하의 침입이 가져온 정치, 경제, 사회 전반에 걸친 보다 구체적인 영향에 관한 연구가 가해져야 할 것이며 그러한 연구는 종합적으로 대서하 정책이 검토되어야 할 줄 믿는다. 또한 화의가 성립된 후에 서하에게 준 25만 5천의 歲賜가 서하 경제에 미친 영향도 고찰되어야 할 것이다. 서하의 침입이 송조 사회 전반에 미친 영향의 큰 것에 비하면 이 방면에 관한 연구가 너무 희소함을 느낀다. 이 방면에 관한 연구는 북송 仁宗朝 및 그 이후에 오는 사회적인 움직임과 서로 밀접한 관계를 가지고 진행되어 나가는 것이므로 서하 침입이 송조에 가져다준 정치 경제, 사회 전반에 관한 연구는 앞으로 계속되어야 할 것이다.

끝으로 본고의 사료를 涉獵함에 있어서 청인 戴錫章氏가 편술한 「西夏紀」에 힘입은 바 많음을 부기하여 둔다.

(역사교육연구회, 『역사교육』제8집, 1964. 8.)

Ⅱ. 宋·西夏貿易考

1. 머리말

唐代로부터 발전한[1] 黨項族이 五代를 거쳐 북송 仁宗朝의 寶元 원
년(1038)에 黨項 여러 부족을 통일하여 西夏國을 건설하였다.[2]

西夏의 건국의 역사상 의의는 서하 자체에 있어서 사상 최초의 국
가건설이라는 점으로 볼 때에 중요하지만 宋朝의 입장에서도 여러 가
지 중대한 문제를 내포하고 있다.

西夏가 건국하게 되는 데에는 여러 가지 원인이 있을 것이나 그 원
인 가운데에서도 중요한 것으로 서하 국력의 증대, 다시 말하면 경제
적 발전을 꼽을 수 있다. 이러한 경제력의 증대는 어떻게 이루어진 것
인가는 문제를 생각지 않을 수 없다.

몽골이나 중앙아시아에 산재하는 대다수의 유목 민족들에게 기본생
업(목축업)에다 푸라스 第二生業(타 경제지역과의 교섭)이 그 국력발
전의 중요한 요소가 되는 것인바[3] 서하의 국력발전에 있어서도 타
경제지역과의 활발한 교섭을 전개하였을 것이니 그 가장 중요한 교섭
상대가 남방의 宋이었다.

여기에서 西夏의 경제적 발전 과정에 중요성을 가지고 있는 北宋과
경제적 교섭을 무역이라고 하는 면을 통하여 살펴봄으로써 西夏의 국

---

1) 岡崎精郎, 「唐代に於ける黨項の發展」, 『東方史論叢』第 1, pp.57~129 參照.
2) 宮崎市定, 「西夏の興起と靑白鹽問題」, 『東亞經濟史硏究』卷 18~2號, pp.22~
   37 參照.
3) 松田壽男, 「古代天山の歷史地理學的硏究」, pp.16~18. p.247. 同, 「遊牧民の
   歷史」所收「沙漠の國の發展」, pp.33~44 및 金在滿 「契丹絲考」, 『歷史敎育
   』第 7 輯, p.63 參照.

가건설의 기초를 이루는 경제력의 증대를 구명해 보고 나아가 西夏가 건국한 후에도 양국의 무역이 서하의 경제에 미친 영향을 살펴 보겠다.

宋・夏의 무역은 대부분의 국가 간에 있어서와 같이 양국의 정치적 관계와 밀접한 관련을 지니면서 전개되었고 또 무역의 종류도 公的으로 행하여진 朝貢貿易과 榷場貿易이 있으며 그 외에 사사로이 행하여진 密貿易이 있었다.

宋・夏의 정치관계의 전개는 서하의 對宋태도 의하여 좌우되었고 송은 서하의 反宋침입에 대하여 항상 무역을 단절함으로써 경제적으로 西夏를 압박하려 하였다. 그러므로 宋・夏의 무역은 서하에 있어서는 경제적 의의가 큰 데 대하여 宋은 이를 정치적으로 이용하면서 對西夏 교섭을 추진하였으니 여기에 宋・夏 양국 간에 행하여진 무역의 특성이 있다고 하겠다.

2. 貿易의 연혁

宋・西夏 양국의 무역은 두 나라의 정치적인 관계와 밀접하게 얽히어 내려갔다. 양국의 정치 경제적 관계는 서하의 反宋침입과 이에 대한 송조의 경제적 裁制로서의 무역의 단절, 그다음에 서하의 굴복과 무역의 재개, 이러한 관계가 반복되면서 진전되었으니 西夏史上 宋의 경제적 裁制에 끝까지 버티고 경제적 자립을 유지하면서 정치적인 독립을 취한 시기는 宋은 유목국가로서의 西夏의 경제적 약점을 정치적으로 이용하면서 북송 일대에 걸쳐 대체로 고식적인 羈縻政策을 취하였다. 서하가 정치적으로 독립국가의 체제를 갖추었음에도 불구하고 경제적으로 宋에 의지하였던 것은 유목국가로서의 서하가 지닌 경제적인 한계성이며 이러한 경제적 조건을 宋은 정치적으로 이용하면서 양국의 무역을 續斷하여 나아갔다.

宋初에 아직 독립 국가를 형성하지 못한 서하의 족장들은 宋朝의 羈縻政策에 순응하여 공순한 태도를 취하고 太祖의 北漢정벌에 戰馬를 공납하였고 특히 太平興國 7년(982)에 李繼捧은 서하의 요지인 夏, 銀, 綏, 宥의 四州를 들어 宋에 귀순하였다. 그러나 이에 대해 그의 族弟되는 李繼遷은 夏州의 동북방 삼백리 지점인 斤澤에 웅거하여 주변 여러 부족을 규합하여 宋에 대항하여 오니 宋은 이에 대한 경제적 裁制로 西夏와의 무역을 금하고 西夏産 靑白鹽輸入을 엄금하였다. 이 靑白鹽의 禁輸 조처는 西夏뿐 아니라 宋·夏의 중간지대에 산재하고 있던 諸藩部를 경제적으로 곤궁하게 하는 데 효과를 거두었으나 그 반면에 지금까지 親宋的인 태도를 취하고 있던 이들 藩族을 자극하여 그들을 西夏측에 가담하게 하는 역효과를 초래하고 그들을 민족적으로 단결케 하여 西夏의 국가적 통일을 촉진하는 동기가 되었다.[4]

李繼遷의 反宋태도는 그 후 계속되어 咸平 5년(1002)에 당시의 국제적 교통도시인 靈州를 함락하여 宋에 커다란 위협을 가하였다. 李繼遷의 靈州 함락으로 인하여 당구트족은 동서교통의 要道인 河西回廊地帶를 석권하여 동서교역의 중개국가로 활약하고 동서교통상에도 불멸의 光芒을 주었다.[5]

이와 같은 李繼遷의 反宋 침입으로 인하여 양국의 정치관계는 두절되었고 宋은 李繼遷의 무역 요구에 응하지 아니하니 繼遷代의 宋夏의 무역은 밀무역을 제하고는 행하여지지 못하였다.

景德 원년(1004), 李繼遷에 이어 왕위에 오른 李德明은 宋에 대하여 적극적인 평화주의정책을 취하면서 親宋에 노력하였으며 그 결과 德明 일대(1004~1032) 약 30년간은 사상 가장 장기적인 정치적 평화가 유지

---

4) 宮崎市定, 「前揭論文」 參照.
5) 長澤和俊, 「西夏の河西進出と東西交通」, 『東方學』 26輯, p.56 參照.

되었고 그에 따라서 양국의 경제적 교섭도 매우 활발하였으며 그 결과
西夏경제의 비약적인 발전을 이룩하게 되었다. 이러한 德明시대의 경제
적 발전을 토대로 明道 원년(1032)에 왕위에 오른 李元昊는 寶元 원년
(1038)에 大夏國을 건설하고 反宋稱帝와 아울러 宋의 변경을 대거침입
하여 소위 七年戰爭을 시작하니 宋은 李元昊의 反宋침입에 대하여 여러
가지 대책을 강구하면서 국력을 傾注하여 방비에 주력하였다.6)

이리하여 양국의 무역 또한 단절되었으니 宋은 元昊의 침입에 대하
여 먼저 歲賜와 朝貢을 絶하고 다음으로 権場을 폐쇄하여 互市를 금
하고 사무역도 엄금하였다. 칠년에 걸친 전쟁은 宋에 미친 여러 가지
의 영향이 컸으며7) 서하에도 막대한 피해를 주었으니 德明 이래 宋
과의 경제적 교섭으로 이룩된 경제력은 소모되고 그 위에 宋과의 무
역단절로 인한 경제적 곤궁은 마침내 慶曆 4년(1044)에 화의가 성립
되고 서하의 요구에 응하여 同 5년에 조공 무역이 개설되었으며 6년
에는 다시 権場이 열리어 権場貿易이 재개되었다.8) 그 후 慶曆 8년에
李元昊의 變死로 그 子 諒祚가 嗣位하고 諒祚일대(1048~1067)에는
두 나라 관계가 매우 복잡하게 얽히어 서하의 변경침입이 계속되니
嘉祐 2년(1057) 秋八月에 陝西 和市를 금하고 다시 同年 11월에 河西
방면의 和市를 禁絶하였다.9) 이러한 和市의 금절은 嘉祐 8年 11월에

---

6) 拙稿, 「北宋仁宋朝에 있어서 對西夏政策의 變遷에 關하여」, 『歷史敎育』 第8
   輯, pp.77~121 參照.
7) 岡崎精郎, 「前揭論文」 補註 (2) 및 p.59에서 '寶元 元年에 李元昊의 叛은 宋
   朝財政史에 一時期를 劃하였다고 이야기되고 그것은 또 王安石의 新法出現
   의 遠因을 이룬다고 하는 說도 있다'고 하였는데 李元昊의 叛亂이 宋에 준
   影響에 대하여는 稿를 달리하여 具體的으로 究明해 볼까 한다.
8) 『文獻通考』 卷 20 市舶互市 및 『宋史』 卷 186 食貨志 第 139 食貨下(以下
   『宋史食貨志』라고 略함) 互市舶法.
9) 『西夏書事』 卷 19.

잠시 해금되었으나[10] 治平 원년(1064)으로부터 시작되는 西夏의 재침입으로 폐쇄되고[11] 治平 三年 11월에는 歲賜를 絶하고 和市를 罷하였다.[12] 이듬해 治平 4年 8월에 和市를 復하였으나[13] 熙寧 3년(1070)에 河東 陝西民의 對西夏 互市를 금하고 국교를 단절하며[14] 歲賜와 和市를 엄금하였다.[15] 그 후 熙寧 5년에 歲賜는 許하였으나[16] 権場은 許하지 아니하고 또 이 해에 王韶의 熙河路 설치와 서하 토벌로, 그리고 熙寧 9년에서 元豊 연간에 걸친 서하의 대거침입으로, 兩國의 공무역은 단절되었다. 그러나 이러한 전쟁하에서도 歲賜는 계속된 것 같고 서하의 사신도 來宋한 것으로 보아 완전한 국교의 단절은 아니며 또 밀무역은 매우 성행되었다. 그 후 元祐 6년 9월에 다시 歲賜와 和市를 금하고 있는데[17] 이 이전에 和市와 歲賜가 행하여 졌으나 그 정확한 연대는 알 수 없으며 歲賜는 歲賜如舊[18]라는 말로 보아 북송 말까지 續繼된 듯하다.

3. 貿易의 종류

① 朝貢무역

古來로 中原을 중심으로 그 주변제국이 조공이란 특수형식을 가지

---

10) 『同上書』卷 20.
11) 『宋史』卷 485, 列傳 第244 夏國上.
12) 『宋史』卷 312, 列傳 第71, 韓琦.
13) 『宋史』卷 14, 本紀 第14 (以下『宋史』,「本紀」라 略함) 神宗 治平 4年 8月 戊午條.
14) 『同上書』熙寧 3年 冬10月 幸酉條.
15) 『續資治通鑑長編』(以下『長編』이라 略함) 卷 215.
16) 『同上書』卷 237, 및 『西夏書事』卷 23.
17) 『長編』卷 479, 元祐六年 九月條.
18) 『宋史』「夏國傳」下, 元符元年 12月條.

고 중원 국가와 긴밀한 상호관계를 갖고 내려왔으니 이러한 관계는 宋代에 있어서도 별다를 바는 없다. 그런데 宋代의 대외관계의 특성은 澶淵의 盟約 이래 북방의 거란과 남방의 宋을 주축으로 하는 대등한 국제관계가 성립되고[19] 그 동서에 고려와 서하가 이 양국과 조공관계를 취하면서 교섭하였다는 사실이다.

朝貢이란 중국식 정치이념에서 출발한 무역의 형태로서 고대 중국의 정치적 이상의 王道사상에서 나온 대외정책의 일형식이지만[20] 朝貢은 결코 片務的인 것이 아니고 一方의 공납에 대해서 賜與란 명목으로 공납에 상당한 보상을 하는 것이 조공의 본질이었다. 따라서 조공은 쌍무적인 경제 관계라는 데서 국가와 국가 사이에 행하여진 관무역의 성격을 지니는 것으로[21] 조공관계란 경제적 관계 이외에도 여러 가지 관계가 있는 것으로서[22] 조공무역은 조공관계에 있어서의 경제적 관계라 할 수 있겠다. 宋·夏의 조공무역을 살피는 데 있어서는 使臣의 왕래와 貢賜品目, 使臣의 來往路, 그리고 夏使의 상업 활동 등 이러한 방향으로 살펴볼까 한다.

그러면 먼저 양국 사신의 내왕과 貢賜品目을 정리하여 보면 다음 표와 같다.

---

19) 秋貞實造, 「澶淵の盟約と其の史的 意義」, 『史林』 第20卷 1, 2, 4, 號, p.1, 361, 825. 參照.

20) 金庠基, 「古代의 貿易形態와 羅末의 海上發展에 對하여」, 『東方文化交流史論攷』., p.3 參照.

21) 金聖七, 「燕行小攷」, 『歷史學報』 第12號 p.75 參照.

22) 全海宗, 「韓中朝貢關係考」, 『東洋史學研究』 第1 輯, pp.14~15에서 (典型的) 朝貢關係를 A. 經濟的 關係 B. 儀禮的 關係 C. 軍事的 關係 D. 政治的 關係로 나누고 準朝貢關係를 E. 政治的 關係 F. 經濟的 關係 G. 文化的 關係로 나누고 (典型的) 朝貢關係의 A. 經濟的 關係를 다시 a. 朝貢 b. 請求 c. 特殊貢物 d. 賜物 e. 蠲免으로 細分하고 있다.

使臣來往 및 貢賜物品表

年代	貢品	出典	年代	賜品	出典
建隆 初	馬 二百匹	宗史夏國傳			
乾德 元年 夏4月 甲辰	㸀牛一	宋史太祖本紀			
太平興國 7年 五月己酉	玉盤 金盤三	同上書	太平興國 7年	白金千兩 吊千匹 錢百萬	宋史太宗本紀
			端拱 元年 夏五月辛未	金器千兩 銀器萬兩 五州錢, 白㲲栗 氀衣玉帶 鞍馬 錦綵三千匹	宋史夏國傳 및 長編29.
淳化 2年	白鶻	宋史夏國傳	淳化 2年	銀器三千兩 錦袍 銀幣三千匹 副馬 百匹	宋史夏國傳
5年	馬 五十匹	同上書	5年3月	茶 百斤 上鹽 十石	宋史太宗本紀
7月己亥	良馬	長編 36		冠帶 器幣 銀器	同上書 및 長編36
11月庚戌	馬 駝 共百一十頭匹	同上書	11月庚戌	器幣 茶 樂 衣服	
至道 元年 春3月	良馬橐駝	宋史夏國傳	咸平元年 3月 辛巳	錦袍 銀帶	宋史眞宗本紀 및 宋史夏國傳

年代	貢品	出典	年代	賜品	出典
景德2年 9月癸丑	遣使入貢	玉海 253 哭 長編 61			
12月	遣使來貢	長編 63			
同3年夏5月	貢 馬	同 63	景德 3年	襲衣 金帶 及 器幣	宋史夏國傳 哭 長編 64
6月	馬百五十匹	同上	秋 7月	襲衣 金帶 鞍馬 金萬兩 絹萬匹 錢一萬貫 茶一萬斤	長編 64
10月	貢馬土物	同 64	10月丁丑		同上書
11月	卿馬二十五匹 散馬 七百匹 駝馬 三百頭	同上書 哭 宋史夏國傳	4年 3月	襲衣 金帶 器幣	長編 67 哭 宋史律曆志
4年3月癸丑	馬五百橐駝二百	長編 65	冬 10月	新曆 及 冬服	宋史 夏國傳
6月	馬五百匹	同上書 哭 宋史夏國傳	大中祥符元年 冬 10月	遣使	
冬10月	遣使貢	宋史夏國傳 哭	4年夏4月	衣帶 鞍馬 器幣	同上書
大中祥符元年 冬10月	遣使獻	長編 67			
4年 2月	遣使貢	宋史夏國傳			
夏 4月	遣使貢	長編 75			
5年春正月	入 貢	同上書			
7年 2月	方 物	同上書 77			
		同上書82哭宋史夏國傳			

右（賜品）表

年代	賜品	出典
天聖2年正月	冬服	宋史康德輿傳 長編 109
8年冬12月	佛經一藏 賵絹 七百匹 布三百匹 上醞羊米麴	宋史夏國傳
明道元年		同上書 及 長編 115
景祐元年 冬 12月	佛經一藏	宋史仁宗本紀
慶曆 4年 冬10月庚寅	銀 絹 茶 絲 凡 二十五萬五千	同上書
慶曆 5年 冬10月辛未	曆	西夏紀 11
6年秋7月	遣使賀生日 絹一千匹 布五百端 羊 百口 麴米 各百石 酒百瓶 絹一千五百四餘	宋史夏國傳
8年 3月		
皇祐 4年 冬 10月	時服	宋史周永清傳

左（貢品）表

年代	貢品	出典
同9年夏5月	馬	長編 88
同 冬10月	馬 二十四匹	同上書
天聖8年 冬 12月	馬 七十匹	長編 109
景祐元年 12月	馬 五十匹	同上書 115
慶曆5年 2月 壬辰	來賀正旦	宋史仁宗本紀
慶曆5年 夏4月 辛卯	遣人來賀	宋史仁宗本紀
閏5月丙午 6年春正月	遣使來謝冊命 地圖入獻	同上書 西夏書事18
皇祐元年	馬駝共一百頭	歐陽文忠公集
至和2年春3月	遣 使	長編 179

年代	貢品	出典	年代	賜品	出典
夏 4月	遣使入貢	西夏書事19	至和2年春2月	大藏經	長編179
嘉祐元年 12月	遣匈馬駝	宋史夏國傳	夏4月	大藏經	西夏書事19
2年 6月 戊午	遣人來謝使弔祭	宋史仁宗本紀			
2年12月	馬　駝	西夏紀事本末			
4年12月	・馬　駝	同上書	嘉祐7年 夏4月 己丑	九經	宋史仁宗本紀
同7年春正月	馬　駝	西夏紀13	秋7月	生辰禮物	長編196
夏4月己丑	馬 五十匹	宋史夏國傳	8年 3月	遣留物	長編198
8年春正月	方　物	長編198	夏4月	九經及正義孟子醫書	同上書
治平元年	遣　使	宋史程裁傳			
2年春正月	遣使來賀正旦	長編204	治平4年2月	遣留物 冬服銀絹	宋史夏國傳
12月	使來遣賀正旦	西夏紀13	閏3月 甲申	絹五百匹 銀五百兩	宋史神宗本紀
4年閏3月 甲申	方　物	宋史英宗本紀			
4年 秋	遣　使	宋史夏國傳	熙寧2年2月	遣使	宋史夏國傳
熙寧元年 3月 庚辰	遣　使	宋史神宗本紀			
2年春正月	遣　使	宋史夏國傳			
熙寧 2年 10月 己未	遣　使	宋史神宗本紀			

年代	貢品	出典	年代	賜品	出典
3年 末	遺 使	書下書事22			
4年9月庚子	入 貢	宋史神宗本紀			
5年 8月	遺 使	長編 237			
12月	馬	宋史夏國傳			
8年春3月	遺 使	同上書			
元豐 6年 閏 6月	遺使來貢	同上書	元豐元年冬 10月	遺使 仲冬時服	長編 196
			3年 9月	生日體物仲冬時服	長編 308
秋 7月	遺使來謝恩	長編 337			
冬 10月	遺 使	長編 340			
7年11월甲辰	遺使來貢	宋史神宗本紀	8年 夏	神宗弔遺物 銀器一千五百兩 絹一千五百疋	宋史夏國傳 및 長編 357
8年秋7月	遺 使	宋史夏國傳			
冬 10月	遺 使	同上書	冬 10月	新曆	長編 360
12月丙寅	母遺留物 白駝	宋史哲宗本紀	冬 12月	遺使	宋史夏國傳
元祐元年 2月庚辰	入 貢	宋史哲宗本紀			
夏5月庚申	來 貢	同上書			
7月 庚午	遺 使	同上書			

年　代	貢　品	出　典	年　代	賜　品	出　典
冬 10月 壬辰	來告哀	同上書			
11月	馬駝	宋史夏國傳	元祐4年 夏6月	遺使 生日禮物及冬服	宋史夏國傳
4年 2月 乙卯	遺使	宋史哲宗本紀			
夏6月丁未	來貢	同上書			
12月	遺使	西夏紀 19			
5年春正月	馬駝共一百頭匹	同上書			
秋 7月	遺使	長編 445 및 西夏書事 28			
12月	遺使	長編 452			
同6年春正月	遺使	宋史夏國傳			
秋7月	遺使	同上書 및 長編 462			
8年 夏4月丁未朔	遺使	宋史哲宗本紀			
紹聖元年 正月 丙申	來貢	同上書			
2月	馬	宋史夏國傳	元符 2年 12月 庚子	銀器衣著 各 五百匹兩	長編 518
元符2年2月 申申	遺使	宋史哲宗本紀 및 長編 506			
夏4月	遺使	長編 508			

年代	貢品	出典
9月 庚子朔	夏人來	宋史哲宗本紀
冬10月	遣使	九朝編年備要
12月	遣使	宋史夏國傳
3年 秋9月	絹	同上書
10月乙未	入貢	宋史徽宗本紀
12月	御馬一十匹 馬二百匹 駝一百頭	西夏紀事本末
建中靖國 元年 5年	遺物助山陵	西夏書事31
崇寧 2年 12月	遣使	同上書
大觀元年 秋8月	遣使	同上卷 32
2年 冬 10月	遣使	宋史徽宗本紀
3年	入貢	同上書
4年春 正月 丁卯	入貢	同上書
政和 元年	入貢	同上書
2年冬10月	遣使	西夏書事32
3年春3月	遣使	同上書
5年 冬 10月 戊午	入貢	宋史徽宗本紀

年代	賜品	出典
3年春正月	絹銀	西夏紀事本末
冬 10月	曆	同上書
同 12月	遣使	同上書

年代	賜品	年代	出典

年代	貢品	出典
6年12月	入貢	同上書 叟 西夏書事33
宣和元年 冬10月	遣使	宋史夏國傳
2年	入貢	宋史徽宗本紀
6年	入貢	同上書
7年	遣使	宋史夏國傳

이상의 貢賜物표에서 서하의 공물을 분류하여 보면

① 동물류로는 馬(良馬, 散馬, 御馬, 常馬)와 犛牛 駝 白鶻이 있고

② 귀금속류로는 옥반 금반이 있으며

③ 西夏의 토물(방물)[23]과

④ 국왕 왕후의 遺留物이 있다.

이러한 서하의 공납품[24]에 대하여 宋에서 賜與한 물품을 분류하여 보면

① 器幣類로 金器, 銀器, 五州錢, 銀錢.

② 의류로 襲衣, 옥대, 관대, 은대, 금대, 衣帶, 銀綵, 冬服, 錦袍, 絹, 布, 綵.

③ 동물류로 副馬, 鞍馬, 羊.

④ 식물류로 上醞米, 麫, 酒, 茶, 藥, 救荒糧穀.

⑤ 서적류로 新曆, 佛經, 九經及正義, 孟子, 醫書가 있다.

이상의 물품 중에 의류, 기폐, 식물류, 서적류는 서하가 가장 원하는 물품이었다. 또 德明 시대에는 歲賜로 銀帛緡錢四萬兩匹 茶 이만 근을 서하에 주었고[25] 7년 전쟁 후인 慶曆 4년의 화의가 성립된 후에는 25만 5천의 歲賜를 주었는데[26] 그 내역은 絹 13만匹, 銀 5만兩, 茶 2만斤, 乾元節 祝賀回賜에 絹 1만匹, 銀 1만兩, 茶 5천 斤, 仲冬에 銀絹

---

23) 『遼史』卷 115, 外國 西夏條에 西夏의 土物을 다음과 같이 記錄하고 있다. 大麥 華豆 靑稞 床子 右子 蔓 鹹地 蓬實 蓯蓉苗 小蕪 羺席 維草子 地黃 葉登 厖草沙 野非拒灰條 白蒿 鹹地 松實.

24) 西夏가 契丹에 進貢한 物品을 參考로 보면 契丹國志 卷 21 西夏國 貢進物 條에 細馬二十匹 羈馬二百匹 駝一百頭 綿綺三百疋 織成錦被褥五合 蓯蓉 石 井鹽各一千觔 沙抵皮一千帳 兎鶻五隻 犬子十隻으로서 宋에 貢納한 物品과 比較하면 動物類는 相似하나 綿綺를 契丹에 貢納한 것이 異彩롭다.

25) 『長編』卷 60, 景德 2年 6月 甲午條

26) 申採湜, 「上揭論文」, p.118 參照.

각각 5천, 夏王 탄생일에 銀器 2천兩, 細衣 천匹, 雜帛 2천 匹, 正旦에
回賜銀絹茶 각 5천宛으로 되어 있는데[27] 이 慶曆 4년의 歲賜는 중간
에 단절된 경우도 있었으나 북송 말까지 계속된 듯하다.

이상의 賜與物은 歲賜의 일부를 국경에까지 宋朝에서 운반하여 주
나 그 외의 물품은 夏使의 來宋 때나 宋使의 往夏 때에 賜與하는 경
우도 있다. 또 歲賜외의 賜與物은 西夏측에서 필요한 물품을 요구하는
경우와 宋측에서 임의로 주는 경우도 있다. 그리고 歲賜 시기도 夏王
생일 禮物 및 仲冬時服은 9월 11일 이후에 過界하고 銀絹은 9월 25일
부터 이듬해 6월에까지 歲賜畢하게 되는데 서하는 宋의 이와 같은 緩
移에 대하여 歲終有限을 청하나 宋은 이에 불응하였다[28].

다음에는 이와 같은 조공무역이 어떠한 통로를 통하여 행하여졌는
가 살펴볼까 한다.

貢賜品을 일종의 교역품으로 간주할 때 양국사신이 왕래한 貢奉賜
路도 일종의 무역로라 할 수 있으며 더욱이 서하는 동서교통로의 중
간에 위치하고 있었으므로 宋·夏의 무역로는 동서 교섭로로서도 중
요한 의의를 가지고 있는 것이다.

西夏의 對宋 교통의 중요 기점이 되는 夏州[29]는 오르도즈사막의 남
록에 위치하여 북송시대에 오르도즈사막으로 열린 현관과도 같은 곳
으로[30]

---

27) 『長編』 卷 152, 慶曆 4年 10月 己丑條
28) 『西夏書事』 卷 18.
29) 『同上書』 卷 1에 夏州地界를 다음과 같이 說明하고 있다. '明一統志謂 夏
  州卽 今寧夏衛 諸書俱沿其舊考 杜氏通典及 李氏元和郡通志 夏州 東至銀州
  一百八十里 東南至延州四百里 又續通典 綏州東北至夏州二百六十里 以地
  界接之 當在今楡林府界內',
  宮崎市定, 「前揭論文」 p.25에서 夏州를 지금의 綏遠省河套內의 西烏蘇河와
  合柳圖河間이라고 설명하고 있다.

靈州 橐駝口 夏州入中國要路 諸蕃由此 貢馬京師[31]

라 하여 서하뿐 아니라 諸蕃이 이곳을 경유하여 宋에 입공하는 요로
임을 기록하고 있다. 이 夏州를 출발하여 入宋하는 통로는 삼 방면이
있으니

夏州入中國有三路 一由綏州歷豊林縣葦子驛 入鄜延東北 一由夏州越五
百餘里 至蘆關出蕃界 入金明境爲延州正北 一從夏州經四百里至宥州 入
洪門由永安城歷萬安鎭 抵延州西北 此三處 皆土山柏林溪谷相接 經路仄
挾 駝馬不得竝行[32]

이라 하였으니 第一路는 綏州(陝西省綏德縣)에서 豊林縣의 葦子驛을
거쳐 鄜延路의 동북 방면으로 들어오는 것으로 그 里數는 삼백여
리[33]이며 第二路는 夏州에서 百餘里를 지나 蘆關(蘆子關)[34]에 이르
고 다시 蕃界[35]를 넘어 延州의 정북방 金明砦에 도달하고 第三路는
夏州를 출하여 사백여 里를 지나 宥州에 이르러 洪門에 입한 후 다시
永安城과 萬安鎭을 지나 延州의 서북방에 이르게 되는데 宥州에서 延
州까지는 삼백 리[36]이다. 이상의 삼로가 모두 송의 延州 방면으로 귀

---

30) 前田正名,「河西의 歷史地理學的研究」, p.441 參照.
31) 『西夏書事』 卷 4, 端拱 2 年 12 月條
32) 『同上書』 卷 5, 太平興國 7年 夏 5月條.
33) 『武經總要前集』 卷 18 邊防.
34) 『同上書』 同卷에 蘆子關을 '慶曆中 築東控城平川西黑水路入蘆子關 北自大
理河至橫山 最爲要害之制'라고 說明하고 있다.
35) 蕃部諸族을 生戶와 熟戶로 區分하고 있는데 『宋史』 卷 492,「蕃傳」에 '內
屬省謂之熟戶 餘謂之生戶'라고 있고 『長編』 卷 35, 淳化 5年 春正月條에
'接連漢界 入州城者 謂之熟戶 居深山僻遠 橫遇侵略者 謂之生戶'라고 하여
西夏建國以前의 黨項部族을 區分하고 있다.
36) 『武經總要前集』 卷 18 邊方.

착하고 있는데 延州의 地勢를 보면

> (前略) 其地 東至隰州三百七十里 西至慶州三百三十里 南至鄜州一百
> 四十里 北至保安軍一百五十里 又至大理河二百七十里 東北至綏州 西北
> 至宥州皆三百餘里 自綏宥靈夏以北 皆黨項所據[37]

라 하였으니 延州를 중심으로 西쪽에 慶州 북에 保安軍, 동북에 綏州
서북에 宥州가 있고 綏宥靈夏 이북에는 당항족의 本據가 있다고 설명
하고 있다. 그러므로 이상의 삼로를 통하여 夏使가 延州 방면으로 들
어왔는데 宋에서는 국책으로 延州 이외의 타 지역으로 夏使의 출입을
금하고 있으니

> 詔綠邊諸州 無得承接夏州章奏移牒 並今納於延州 其遺使往來 亦勿取
> 他州[38]

라고 하여 延州를 통한 宋夏의 사신내왕이 활발히 전개되었다. 康定
원년(1040)에 陝西安撫使인 韓琦도

> (前略) 鄜延一帶 係昊賦納款之時 出入路道 山川險易盡會沙歷 而復咫
> 尺寧夏 便於巢穴[39]

이라 하여 鄜延一帶가 西夏의 주요 출입로임을 指摘하고 있으며 知延
州范雍도

---

37) 『同上書』 同卷 鄜延丹防保安軍路條.
38) 『長編』 卷 64, 景德 3年 9月 己巳條
39) 『韓魏公集』 卷 10, 家傳.

自昊賦不臣 鄜延 環慶 涇原 三路 並近賦界 (中略) 河南麟府亦接連
延州最連要害 而賦所入路頗多40)

라고 하여 延州가 宋·夏 간에 출입의 요지임을 말하고 있다. 따라서
西夏의 對宋 입로는 夏州에서 三方面路를 통하여 延州 방면으로 들어
오는데 이렇게 입송한 夏使를 송은 都亭西驛41)에 夏使館을 두어 夏
使를 접대하였고 西夏는 綏州와 夏州에 館舍를 두어 宋使를 영접하
였다.42)

다음에는 夏使의 入宋 시기와 수 그리고 夏使의 在宋 상업 활동을
살펴보자.

唐·五代의 관례에 의하면 稱蕃의 제국 및 蕃鎭州軍은 천자에 대하
여 四節 (正旦 聖節 端午 冬至)의 進奉을 행하는 것이 통례였다. 西夏
는 每歲旦 聖節 冬至에 사신을 파견하고43) 비공식적으로는 수시로 遣
使하고 있으며 그 인원은 正使 副使 각 一人과 諸色隨行員이 다수 온
것 같은데44) 그 수는 양국의 교섭이 활발하여짐에 따라 증가경향을
보이고 있다. 즉,

增給保安軍公用錢 是軍極邊 以趙德明納款置權場 使人繼至 而所費不
充故也45)

라고 한 사실과

40) 『長編』 卷 125, 寶元 2年 閏 12月條
41) 曾我部靜雄,「宋代の驛傳郵舖」,『桑原博士還曆記念東洋史論叢』pp.797~798
   參照 및 『長編』, 卷 232, 熙寧 5年 夏 4月條
42) 『同上書』 卷 73, 大中祥符 8年 11月條
43) 『宋史』「夏國傳」上
44) 『宋會要』, 食貨 38, 互市 大中祥符 8年 11月條
45) 『長編』 卷 68, 大中祥符元年 夏 4月 甲寅條

帝曰臣僚言 趙德明進奉人使中 賣甘草蓯蓉甚多 人數比常年 亦倍[46]

라고 하여 使行貝의 증가를 알 수 있다. 이러한 현상은 李元昊시대에
도 계속되었다

初曩霄遣使甚少 中國以一班行待之 後使人漸衆 始命調士爲館伴 竝賜
御宴禮數過優 使益驕慢[47]

이라 하였으니 使人數가 중하고 그들에 대한 대우도 상당히 우대한
것임을 알 수가 있는데 양국 간에 평화가 유지되고 교섭이 활발해짐
에 따라 인수가 증가하고 內宋 횟수 또한 늘어나고 있다. 이에 대해
송에서는 夏使의 대우문제로 그들의 內宋을 억제하는 방책을 취하고
있다. 그러면 송의 夏使에 대한 대우책을 보자.
　李德明代의 초기에는

上又曰 如聞趙德明牙校 所過州軍犒設 而官吏頗輕待之 國家比念 遠人
豊給廚傳苟不接以禮 必生其慢心 可徧戒諭之[48]

라고 하여 夏使에 대한 대우가 매우 疎忽하였음을 알 수 있는데 7년
전쟁을 겪은 후에는 그 양상이 달라졌다. 즉,

(前略) 始命朝士爲館伴 竝賜御宴禮 數過優 使益驕慢[49]

---

46)『宋會要』, 食貨 38, 互市 大中祥符 8年 11月條
47)『西夏書事』, 卷 17, 慶曆 4年 12月條
48)『長編』卷 81, 大中祥符 6年 秋 7月 戊申條
49)『西夏書事』卷 17, 慶曆 4年 12月條

이라 있으니 慶曆 4년에 화의가 성립됨에 따라 夏使에 대한 지나친 우대로 그들이 점차교만하게 되었다고 하는데 이러한 송의 夏使 우대에 대하여 歐陽修도 그 부당함을 논박하고 있다.[50]

夏使에 대한 이와 같은 우대책은 시대가 내려감에 따라 변화하였고 또 국제정세의 변동에 따라 달라졌으니 송사의 예지에 夏使의 입조의식이 자세히 설명되고 있거니와[51] 蕃國使臣의 見辭에 있어서 동일인 경우에는 先夏使하였으니

如見儀 凡蕃使見辭同日者 先夏國 次高麗 次交阯 次海外蕃客 次諸蠻[52]

이라 하였다. 따라서 遼使를 제외하고 당시의 여러 외국의 사절에 대한 의례는 夏使가 먼저 견의를 취하고 다음 高麗 交阯 海外 蕃客 그리고 諸蠻의 순서로 되어 있는데 이는 타의 諸外國보다 夏使를 우대한 것이니

宋制 蕃使 同日見辭 先夏國 次高麗 次交阯 次海外諸蠻 所以優夏也[53]

이라고 한 것으로도 알 수가 있다. 이러한 의례적인 우대책은 북송 말까지 계속되었으니

政和中 升其使爲國信禮 在夏國上 與遼人 皆隷樞密院 改引伴押伴官爲接送館伴(下略)[54]

---

50) 『歐陽文忠公全集』 98, 奏議 論元昊來人 請不賜御筵箚子(慶曆 3年) 및 論元昊來人 不可令朝臣管件箚子.

51) 『宋史』 禮志 72, 賓禮 4, 夏國使副辭儀

52) 『同上書』 同卷.

53) 『西夏書事』, 卷 32 政和 2年 冬 10月條

54) 『宋史』 高麗傳.

이라고 한 기록으로 보아 정화 중55)에 이르러 高麗使가 夏國의 上에 升하기까지는 夏使가 麗使보다 우대되었고 정화 중에 麗使를 더 우대 하게 된 소이는 宋이 고려와 연합하여 북방의 遼를 견제하기 위한 적 극적인 親麗策56)을 쓴 데 기인하는 것이다.

다음 이러한 의례적인 우대와 함께 夏使에 대한 물질적인 대우를 살펴보면 中書舍人 蘇轍은

(前略) 旣通和市 復許入貢 使者一至 賜予不貨販易而 歸獲利無算57)

이라고 하여 夏使의 獲利가 無算이라고 말하고 이어

每一使至賜予貿易 無盧得絹五萬餘匹 歸鬻之其民 匹五六千 民大悅 一 使獲率不下三十萬緡58)

一使가 入京하여 賜與貿易으로 絹 오만여필을 득하니 이를 西夏에 귀하여 鬻할 때 서하의 正當價 오육천文으로 환산하면 삼십만 緡의 거리를 所獲하게 된다고 주장하고 있으니 夏使에 대한 물질적 우대를 짐작할 수가 있다.

다음에는 夏使가 宋에 입경한 후 在宋其間의 무역활동을 살펴보자. 司馬光은 서하의 遣使稱臣奉貢하는 原因에 대해

一則 利於每歲所賜金帛二十餘萬
二則 利於入京興販貿易
三則 欲使朝廷不爲之備也59)

---

55) 『西夏書事』 卷 32에는 政和 2年으로 되어 있다.
56) 金庠基, 「麗宋貿易小考」, 『東方文化交流史論攷』, p.52. 參照.
57) 『長編』 卷 404, 元祐 2年 8月條
58) 『同上書』 卷 405, 元祐 2年 9月 丁巳條

라고 하여 20여만의 歲賜와 함께 사신의 入京무역의 이를 말하고 있다. 이 夏使의 무역활동에는 공납품에 해당되는 賜與品과, 使臣 개인에게 지급되는 물품, 그리고 이 지급된 물품을 서하에서 보다 필요로 하는 물품과의 교환, 그리고 使臣 개인이 宋에서 필요로 하는 여러 물품을 西夏에서 挾帶하고 入宋하여 교역하는 경우 등이 있다. 공적인 貢賜무역은 國信物의 贈答物品이 직접 매매의 형식으로 교환되는 경우가 있으니 宋에서는 諸蕃의 진공물에 대하여 三司에서 그 물가를 정하여 그에 해당하는 賜與를 하였으니

> 詔諸蕃所進物 三司初佔例 不盡當價 必再佔增價 然後支賜 及馬價亦如
> 之其自今于初佔卽定實價 幷馬價亦以暗添錢 就作添賜[60]

라고 한 것으로 알 수 있고 또 가격의 평가에도 신중을 기하고 있다. 西夏의 進奉에 대해서는 특별한 賜與를 하는 경우가 있다.[61]

다음 夏使의 入宋무역활동을 보면 李德明은 일찍이 進奉사신이 赴京하여 西夏의 필수품을 구할 수 있도록 宋에 요구하였으며 宋은 이를 許하였는데[62] 夏使의 入宋무역활동으로서 그들의 挾帶物을 보면

> 帝曰臣僚言 趙德明進奉人使中 賣甘草蓯蓉甚多 人數比常年亦倍 乞行
> 止約及告示不賈[63]

라 하여 夏使의 휴대물로는 감초 蓯蓉 등이 많음을 알 수 있고 陝西

---

59) 『司馬文正公傳』家集 卷 35, 章奏 18
60) 『長編』卷 232, 熙寧 5年 夏 4月條
61) 『長編』卷 65, 景德 4年 3月條
62) 『同上書』同年月條
63) 『宋會要』食貨 38, 互市 大中祥符 8年 11月條

安撫副使 范仲淹의 말을 빌리면

> (前略) 此朝聘之使往來 如家牛馬駝羊之產 金銀繒帛之貸交 受其利不
> 可勝紀 塞坦之下 逾三十年 有耕無戰 禾黍雲合[64]

이라 하였으니 西夏產 家牛, 馬, 駝, 羊과 宋의 金銀繒帛과 교역하여
그들이 차지하는 利가 헤아릴 수 없다고 하였다. 좀 더 자세히 夏使의
무역활동을 보면

> 詔如聞 夏州進奉人 在道市物頻 或擾民 宜所在有司 嚴示約束[65]

이라 하여 夏使가 道中에서 市物하여 擾民하고 있으니 所在有司가 이
를 단속하도록 詔하고 있다. 즉,

> 鄜延路鈐轄 張繼能言 趙德明進奉人 挾帶私物 規免市征 望行條約 上
> 曰戎人遠來獲利 無幾第如舊制可也[66]

라고 하여 역시 夏使의 사무역을 말하고 있으며

> 夏國進奉使 入邊輒鬻其所乘馬 邊人以價值賤 爭市之 於是 使者帶馬日
> 多疆吏以聞 宋帝詔嚴其禁[67]

夏使가 마무역을 행하고 있음을 알 수 있는데 이상과 같은 進奉使

---

64) 『長編』卷130, 慶曆元年 春正月條
65) 『同上書』卷 77, 大中祥符 5年 2月條
66) 『同上書』卷 83, 大中祥符 7年 11月 乙未條
67) 『同上書』卷 84, 大中祥符 8年 5月條

人의 사무역 활동은 宋初로부터 행하여졌고 송에서는 그들의 이러한 私販을 금하는 방책을 썼으나 용이하게 근절되지 아니한 것 같고 때로는 관에서 收市를 하기도 하였다.

詔夏州進奉外 有以私物貿易久 而不售者自金官爲收市[68]

또 夏使의 상업 활동은 경사에서도 俸予를 청하고 이를 가지고 宋의 금수품을 매입하여 간리를 취하기도 하였으니

趙德明每遣使至京師 請俸予因市禁物 隱關算爲姦利 奎請留蜀道縑帛於
關中 轉致給之 遂絶其弊[69]

이라 한 것이 그것이다. 이러한 夏使의 교역활동으로 使臣 한사람의 宋으로부터 가져가는 물품의 수량은 絹 5만 필에 해당되고 이를 다시 서하의 匹當價 5·6천 문으로 환산하면 30만緡에 달하는 것으로서 夏使의 대송무역활동의 규모를 짐작할 수가 있는 것이다. 宋夏의 조공무역의 특성은 서하에 경제적 이익이 다대한 반면에 宋은 이를 對西夏 撫摩政策에 이용하는 정치적 의의가 컸으며 이와 같은 조공무역에 의하여 서하경제는 부강하여지고 이와 같은 경제적 부강은 李元昊시대의 서하건국의 바탕이 되고 나아가 對宋 침입의 禍因이 되었다고 할수 있다. 즉,

(前略) 又從德明納款後 來使蕃之人 入京師 賈販憧憧道路百貨所歸 獲
中國之制 充于窟穴 賦因其事力 乃興兵亂[70]

68) 『同上書』 卷 72, 大中祥符 2年 10月 庚戌條
69) 『同上書』 卷 97, 天禧 5年 秋 7月條
70) 『同上書』 卷139.

이라 한 사실로 알 수가 있다. 그러므로 조공무역이 서하경제상에 차지하는 위치는 매우 큰 것으로 그 영향에 대해서는 무역이 서하경제에 준 영향에서 재론하겠다.

② 榷場무역

中原 국가와 서북방의 塞外민족과는 옛부터 榷場을 통하여 互市를 행하였는데 대개는 서북방민족이 남방물대를 필요로 하여 榷場설치와 互市를 요구하였다. 北宋代에 있어서는 宋과 거란[71) 및 西夏와 그리고 南宋시대에는 南宋과 金이[72) 榷場무역을 하였다.

宋・夏의 榷場무역도 西夏의 요청에 따라 榷場을 설치하고 互市를 행하였다. 淳化 3年 夏 4月條에 보면

> 繼遷自婚契丹 歲時貢獻 悉取于蕃族 財用漸乏 時陝西尙嚴邊禁 磧外商旅 不通 繼遷上言 王子無外戎夷 莫非赤子 乞通互市以濟資用 宋帝詔從之[73)

라 하여 李繼遷의 호시 요구에 응하였다. 李繼遷의 反宋태도는 계속되었으므로 淳化 3년의 宋・夏의 호시가 실제로 실시되었으리라고는 생각하기 어렵고 다만 西夏의 요구에 응했을 뿐이 아닌가 생각된다. 宋과 西夏 간에 최초로 榷場을 열고 互市가 시작된 것은 李德明시대에 비롯되는 바로서

> 景德四年七月 鄜延鈐割 張崇貴言 趙德明牒準 詔於保安軍置榷場 望許 蕃民咸赴貿易 從之[74)

71) 秋貞實造,「前揭論文」, pp.825~826 參照.
72) 加藤繁,「宋と金國との 貿易に 就いて」,『支那經濟史考證』下, p.247 參照.
73)『西夏書事』卷 5.
74)『宋會要』食貨 38, 互市.

이라 하였으니 宋의 對西夏 権場 개설의 최초의 사실은 景德 4년 7
월[75]로서 德明의 요구에 응하여 延州의 북방 保安軍에 설치한 것이
다. 그런데 西夏는 對宋権場을 가능한 한 여러 곳에 설치하는 것을 원
하고 있으며 宋은 이러한 西夏의 요구에 제한을 가하려는 방책을 취
하였으니

> 趙德明於州西置権場 請行互市 上以延州已置 不許[76]

라고 한 사실과

> 築堡于右州濁輪谷 將建権場 詔綠邊司止之[77]

라고 있다. 그러나 宋의 이러한 権場의 制限政策은 계속적인 西夏의
增置要請과 평화의 계속으로 완화되어 天聖 4年 春 2月에 陜西의 保
安軍과 鎭戎軍 외에 幷代路에 権場설치를 許하게 되었다.[78]

　이상은 李德明시대의 権場이거니와 李元昊時代에는 宋·夏의 7년
전쟁 후 慶曆 4년에 西夏는 화의성립 조건으로 権場설치와 互市를 요
구하니 동 6년[79]에 保安軍과 鎭戎軍의 安平寨砦에 権場을 설치하였
다.[80] 그리고 同 7년 夏 4월에는 다시 銀星(一作葦星) 互市가 개설되
고 同 9월에는 西夏의 요청으로 保安軍権場을 順寧砦로 옮기었다.[81]

---

75) 『宋史』 食貨志 互市舶法에도 同一한 記事가 있다.
76) 『長編』 卷 67, 景德 4年 冬 10月 己未條
77) 『宋史』 「夏國傳」 上, 大中祥符 8年條
78) 『長編』 卷 104, 天聖 4年 春 2月條
79) 『宋史』 「仁宗本紀」에는 慶曆 4年 12月 辛亥條로 되어 있고 『西夏書事』 卷
　　18에는 慶曆 5年 2月條에 復互市라고 되어 있다.
80) 『文獻通考』 卷 20, 市舶互市 및 『宋史』 186 食貨志 139, 互市舶法.
81) 『長編』 卷 186.

그 후 熙寧 3년에는 王韶에 의하여 秦鳳路의 右渭砦에 市易을 개설하고 同 6년에는 蘭州에도 증치하였다.[82] 이와 같은 각장과 함께 熙河蘭, 湟, 慶, 渭, 延州에 각각 折博務를 설치하고[83] 官에서 商人에게 公據를 지급하여 무역하게 하였다.[84]

다음에는 서하 측 榷場을 살펴보자.

西夏는 동서교역상의 위치로 보아 그들의 榷場에서는 주변의 여러 蕃族과의 무역이 행하여졌는데 繼遷代의 무역장을 보면

赤沙川 橐駝口 兩路爲靈夏二天州 蕃族屯聚處 保吉各置會貿易以誘熟
戶 于是歸者日衆 中國禁止 不止[85]

이라 하여 靈州와 夏州는 蕃族의 거처로서 保吉(繼遷)은 이곳에 각각 무역소를 설치하고 熟戶를 유인하여 무역을 하였음을 알 수가 있다. 宋에서는 이를 금지하고 있으므로 宋과의 무역은 이루어지지 못하였으나 주변의 熟戶와는 활발히 무역을 하였던 것이다. 특히 靈州는 宋初의 국제적 교통도시로서 河西지역과 中原과의 밀접한 지역적 관련성을 지니고 있어서 서하는 이곳을 중심으로 동서무역에 크게 활약을 하였으며 또 동서교역의 중계국가로서의 서하는 자연 그 영내에 다수한 무역장을 설치하였으니[86] 秦州의 동북방 六盤山의 南麓에 위치한 渭州는 蕃漢諸族의 互市場으로 宋初로부터 교역이 성하였고 麟州부근

---

82) 『宋史』 卷 186 食貨志, 互市舶法.
83) 『同上書』 同卷.
84) 『西夏書事』 卷 19, 嘉祐 2年 冬 11月條.
85) 『同上書』 7, 咸平 5年 春正月條.
86) 松田壽男, 「東西交易上における居延についての考」, 『東方學論集』, pp.11~25, 藤枝晃, 「李繼遷の興起と東西交通」, 『田村博士頌壽記念 東洋史論集』, p.87 參照.

에서 環州, 原州부근에 걸쳐 사막의 南綠지방과 橫山의 北麓地인 夏州, 麟州, 宥州, 鹽州 등지에 権場이 列置되어 있었다.[87]

특히 서하의 주요 馬市場을 보면

自德明據河西 其收市唯麟府涇原儀渭秦階環岢嵐火山保安保德 具後止九場環慶延渭原秦階交州鎭戎軍[88]

이라 하여 德明은 일찍이 麟府, 涇, 原, 儀, 渭, 秦, 階, 環, 岢嵐 火山 保安 保德 등지에 馬市場을 두어 收市하였으나 후에는 廷州 慶州 延州 渭州 原州 秦州 階州 交州 鎭戎軍 등 9개 처에만 수시를 하였음을 알 수가 있다.

権場에서 교역된 물품을 보면

景德四年 夏州納款 於保安軍置権場 以繪帛羅綺 易羊馬牛駝玉氈毯甘草 以香藥甕漆器薑桂等物 易密臟鹿臍毛褐糯羊角麤砂砦胡莜蓉紅花翎毛 非官市者 聽與民交易[89]

이라 하였으니 송의 관매품으로는 繪帛羅綺等의 絹織物이 있고 이것과 교역한 서하의 代償品으로는 羊, 馬, 牛, 駝, 玉, 氈毯, 甘草가 있으며 다시 宋의 香藥甕漆器等物과 서하의 密臟, 鹿臍, 毛褐, 糯, 羊角, 麤砂, 砦胡, 莜蓉, 紅花毛等物과 교역되었다. 官에서 市하지 않은 것은 民으로 하여금 교역을 하게 하였다. 즉 관무역과 함께 민간무역이 権場에서 행하여졌음을 알 수 있다. 송의 교역품을 당시 河北지방의 諸

---

87) 前田正名,『前揭書』, pp.413~421 및 p.476 參照.
88)『玉海』卷 149, 兵制 馬政下.
89)『文獻通考』卷 20, 市舶互市 및 宋史 卷186 食貨志 互市舶法.

権場에서 거란과의 사이에 행하여진 무역품과 비교하여 보면[90] 宋의 繪帛, 香, 藥, 甕, 漆器等物은 對거란 교역품과도 동일하다.

서하에 있어서 가장 중요한 對宋 수입품으로는 繪帛羅綺이라 할 것이며 송의 香藥은 太平興國 7년에 해상의 舶載 가운데 玳瑁, 象牙, 犀角, 賓鐵, □皮, 珊瑚, 乳香의 八種을 禁権物(전매물)로 하고 이외의 三十七種의 藥物은 대개 관에서 매상하고 그 나머지는 상인의 取引에 맡기었는데[91] 香藥이란 如上의 물품―象牙, 犀角의 류도―籠하여 의미한 것으로[92] 정부가 浙江, 福建, 廣東 등의 연안의 여러 항구에서 전매한 香藥은 거란 및 서하에 轉運輦送하였던 것이다. 칠기는 宋代에 그 제작이 융창하였다 함은 널리 알려진 사실로서 對西夏 수출품의 중요 품목이었으며 薑桂(生薑)는

    方常旅不通也 甘草一兩爲一貫二百 而市亦無賣 如生薑陳皮之類 在北
    方亦皆闕[93]乏

이라 하여 南宋初에 남북방의 무역이 단절된 결과 북방에 있어서 남방의 생강, 진피 등의 물품이 수입되지 아니하여 결핍되었음을 말하고 있는데 이에 의하여 남방으로부터 権場을 통하여 생강이 서하 방면으로 수출되었음을 알 수 있다.

한편 西夏의 주요 교역품인 羊, 馬, 橐駝에 관하여 보면 경력 6년

---

90) 『宋史』 卷 186 食貨志 互市舶法에 對契丹 交易品을 다음 같이 記錄하고 있다.
太平興國 2年 (中略) 各置権務 輦香藥 犀象及茶與交易 (中略) 凡官鬻物如舊 而增繪帛漆器秔糯 所入者有銀錢布羊馬橐駝歲獲四十餘萬
91) 藤田豊八,「宋代の市舶司及び市舶條例」,『東洋學報』 第7卷, p.16 參照.
92) 加藤繁,「前揭論文」 p.265 參照.
93) 『{三朝北盟會編.』 卷 149 昭興元年 12月 8日條

12월 4일에 權三司使 張方平은 保安 鎭戎軍의 兩榷場에서 매년 羊 一
萬口와 牛 百頭를 博買하였다고 말하고 있고[94] 馬貿易도 그 규모가
큰 것으로 每歲에 2천 필을 售하였다고 하는데[95] 右司諫 范仲淹의 진
팔사에 의하면

> (前略) 五日 沿邊市馬 歲幾百萬緡 行之則絶戎人 行之則困中國 (中
> 略) 然西北戎馬不可不收[96]

라 하여 연변 市馬費가 한 해에 幾百萬緡에 달하여 宋의 국가재정에
상당한 중압을 주고 있음을 지적하고 있고, 그러나 서북 戎人과의 여
러 가지 관계로 馬를 수매치 않을 수 없음을 말하고 있는데 물론 范
仲淹이 말하는 幾百萬緡의 馬價가 전부 西夏에 대한 馬費라고 볼 수
는 없으나 河西 일대의 良馬가 西夏를 거쳐 다수 宋에 판매되었을 것
이며 李元昊도 그 부 德明의 馬絹교역을 반대한 바로도 알 수 있
다.[97] 그런데 西夏를 비롯한 諸蕃에 대한 馬價의 지불은 국초에 있어
서는 동전으로 하였으나 태평흥국 8년 이후 布帛茶及其他의 물품으로
하였음을 알 수 있는데 그 원인으로는

> 先是 以銅錢給諸蕃馬直 八年有司言 戎人得錢銷鑄馬器 乃以布帛茶及
> 他物易之[98]

---

94) 『宋會要』, 食貨 36, 榷易.
95) 『文獻通考』 卷 20, 市舶法 및 『玉海』 卷 149, 兵制 馬政下.
96) 『長編』 卷 112 明道 2年 6月條
97) 『西夏紀事本末』 卷 10 元昊僭逆
98) 『長編』 卷 24, 太平興國 8年 11月 壬申條 鹽鐵使王明上奏文, 『宋史』 卷
　　198 兵志 12 馬政, 宋會要 兵志 24, 『文獻通考』 卷 160 兵考12 馬政

이라 하였으니 동전을 銷鑄하여 器(兵器)를 만드는 때문이라고 말하고 있다. 따라서 馬무역에 있어서 그 對償品은 태평흥국 八年 이후에는 布帛, 茶 기타의 물품임을 알 수 있다.

다음 감초는 내몽고에서 산출된 것으로 남송 초에 북방무역이 막히어 서북으로부터 그 수입이 끊어짐에 따라 그 가격이 등귀하였음을 볼 때[99] 북송시대에는 서하로부터 감초의 수입이 많았음을 알 수 있다. 다음 주옥은 주로 回鶻에서 산출되고 回鶻상인이 이를 宋과 거란에 무역하려면 서하를 반드시 경유하는데 夏國에서 이를 약취한 듯하니

回鶻土産 珠玉爲最 帛有兜羅綿毛氈狨錦注絲綾斜褐 藥有腦肭臍硇砂 香有乳香安息篤 其人善造賓鐵刀鳥金銀器 或爲商販市于中國契丹諸處往 來必由夏界 夏國將吏率十中取一 擇其上品 賈人若之 後以羌惡雜貯毛連 中 然所征亦不貨[100]

라 하였다. 西夏가 그 지리적 이점을 이용하여 주옥과 기타의 물품들을 회골상인으로부터 그 상품을 취택하여 이를 宋에 販易한 것이다.

그런데 각장에서의 상인의 활동을 보면

宋制 官給商人 公據 方聽與夏國交易 私市者法無赦[101]

라 하여 官에서 상인에게 公據를 주어 夏菊과 교역게 하였으며 私市는 허락지 않았음을 알 수 있다.

99) 加藤繁, 「前揭論文」, p.269 參照.
100) 『長編』卷 134, 『宋史』卷 258, 列傳 17 曹琮.
101) 『西夏事書』卷 19, 嘉祐 2年 冬 11月條.

景德四年 夏州納款 於保安軍置榷場 （中略） 非官市者 聽與民交易102)

이라 하였으니 榷場에 있어서 官에서 사들인 물품을 다시 민간상인으로 하여금 교역하게 하였던 것이다. 또한 夏商의 무역활동을 보면

（前略） 西夏之官 稱大者姓嵬名 名聿正 其所貿易約八萬貫 安息香至金精石之類 以估價賤郤將廻 其餘□砂琥珀甘草之類 雖賤亦售盡置羅帛之舊價例太商 皆由所管內臣 竝行人擡壓例虧損 遠人其人至賀聖節 卽 不帶安息香之類 來只及六萬貫103)

이라 하여 西夏 상인의 활동의 규모가 컸음을 알 수 있다.

이상 榷場에서 거래된 양국의 교역상황의 개략을 살펴보았거니와 宋이 榷場貿易을 행한 원인은 정치적인 면이 강한 데 반하여 西夏는 경제적인 면이 크다고 할 것이며 수출입 면에서도 宋의 수출초과라고 할 수 있겠다.

③ 密貿易

宋·西夏 간에 국교가 열리었을 때에 행하여진 朝貢. 榷場貿易 이외에 국교의 開閉에 拘碍됨이 없이 사사로이 행하여진 것이 密貿易이다.

밀무역은 宋夏 간에 국교가 단절되어 공무역이 폐쇄되었을 경우에 더 성행하였으며 이로 인하여 서하에 대한 경제적 제재수단으로서 무역을 정치적으로 이용하려는 宋의 對西夏 무역정책에 차질을 가져오기까지 하였던 것이다. 밀무역을 살펴보는 데 있어서는 첫째 違禁物을 盜販하는 것, 둘째 지정된 장소 외에서 사무역하는 것, 셋째 국교가

102) 『文獻通考』 卷 20, 市舶互市.
103) 『西夏紀』 卷13, 嘉祐 7年 春正月條.

단절되어 양국의 무역을 엄금할 때 행하는 경우 등 3방면으로 생각할 수 있다.

宋代에는 서북방 변경에 綠邊安撫使 副使 都監을 두어 변방의 군사 행정을 관할하였거니와 그 위에 巡檢使를 파견하여 巡羅偵察하여 邊民의 위법행위를 단속하였는데 밀무역에 대한 團束策을 보면

> 詔河北軍民 有赴北界市糧及 不係禁物爲北界 所捕送者 竝決杖一百 釋之[104]

이라 하여 거란 밀무역에 관한 처벌을 강화하고 있는데 嘉祐 2년 동 11월에 밀무역을 행한 서하인을 捕하여 斬于犯所하는 극형에 처한 것을 알 수 있고[105] 북송 후기의 밀무역에 관한 벌과를 보면

> 熙寧九年 二月十六日 河北西路轉運使言 北界甚有人戶衷私興販 欲乞 自今後 應與化外人私相交易 若取與者幷引領人 皆配隣州本城 情重者配 千里 知情般載人隣州編官許人告捕 每名賞錢五十千 係巡察官員公人 仍 與折未獲彊盜一名卽犯人隨行 幷交易取與物過五十千者 盡給(因使交易準 此給賞) 有透漏官司及巡察人兩一百 兩透漏者 巡察官員奏裁 從之[106]

라 하였다. 이와 같은 밀무역에 대한 제재에도 불구하고 밀무역은 계속 행하여지고 그 위에 양국의 국교가 단절되는 경우에는 더욱 성하였고 시대가 내려감에 따라서 그 규모도 확대되었다. 즉,

---

104) 『長編』 卷 94, 天禧 3年 秋 7月條
105) 『同上書』 卷 191.
106) 『宋史』 卷 186, 食貨志 互市舶法 및 『文獻通考』 卷 20, 市舶互市.

河東綠邊安撫司言 麟府州民 多齎輕貸於夏州界 擅立榷場貿易望許人捕
捉立賞罰以懲觀之 上曰聞彼岐路難嶮 私相貿易 其數非多 宜令但準詔 量
加覺察可也[107]

라 하였으니 大中祥符 연간에 있어서 麟州 부주민이 국가에서 수출을
금지하고 있는 물품을 西夏에 사무역하고 있는데 그 수에 있어 그리
많지 아니함을 알 수 있다. 그런데 嘉祐 연간으로 내려가면

宋制官給商人 公據 方聽與夏國交易 私市者法無赦 後官吏 疎慢 法禁日
弛夏人與邊民 竊相貿易 日夕公行 故雖無歲遺之物 互市之利 有可枝梧[108]

라 하였다. 법금의 해이로 인하여 사무역이 공행되고 그 결과 서하에
대한 歲賜와 互市의 정략적인 의의가 枝梧하게 되었음을 지적하고 있
다. 熙寧 연간에 이르면 더욱 심하였으니,

詔近雖令陝西河東諸路 止絶蕃漢百姓 不得與西賦交易 （中略）昨於三
月中有大順城管下蕃部 數持生絹白布雜色羅錦被褥臘茶等物 至河界辣浪
和市復於地名黑山嶺與首領歲美泥咩七悖訛等 交易溥過靑鹽乳香羊 貸不
少 況近方令回使 議立和市 苟私販不絶[109]

이라 있다. 양국의 사무역의 현황을 설명하고 있으며 이때에 공무역이
단절되어 和市에 대한 논의를 진행하는 중에 이러한 密貿易의 不絶은
화의교섭에 적지 않은 지장을 주었다. 그리고 宋·夏의 밀무역에는 蕃
部諸族의 활동이 많았으니

---

107)『長編』卷 72, 大中祥符 2年 11月 乙卯條
108)『西夏書事』卷 19, 嘉祐 2年 冬 10月條
109)『同上書』卷 23 熙寧 4年 冬 10月條

自兵寇綏德後 綠邊和市久絶 而蕃族與陝西河東路 猶多私販[110]

이란 사실과

禁延州民 與夏州牙校互市 違禁物者 先是言事者言 夏州鬻馬於延州 所
得價直悉市物歸 蕃商多違禁者 載行條例 故也[111]

이란 사실이 그것이다. 이러한 밀무역은 북송 말까지 성행되었으니

左正言朱光庭言 累降指揮下陝西路經略司 禁止邊人不得與夏國私相交
易 訪聞私易 殊無畏憚 詔將官及城寨 使臣覺察 違者治之[112]

라고한 기록으로 알 수 있다.

다음에는 밀무역에 있어서 違禁物을 살펴보면,

西夏의 산물 중 宋이 가장 그 수입을 단속한 것이 소금이었고 西夏
는 이에 대해 對宋 소금수출을 적극 추진하였다. 宋初에 李繼遷의 반
란을 계기로 太宗의 淳化 2년에 靑白鹽수입의 금지를 단행하였는
데[113] 靑白鹽수입의 禁輸 動機로는 西夏를 경제적으로 곤궁케 하려는
것과 宋의 海鹽의 販路를 보호 확장하여 국고수입을 증가하려는 데
있었는데 이러한 禁輸政策은 西夏 및 蕃部諸族의 강력한 반대에 부딪
치어 淳化 4년 8월에 錢若水의 靑白鹽禁輸 반대론이 채택되어 잠시
해제를 보았으나 곧 禁輸政策으로 환원되고 이러한 禁輸政策은 북송
말까지 계속되었다. 西夏는 누차 해금을 요구하였으나 宋은 이에 응하

110) 『同上書』.
111) 『宋會要』食貨 38, 互市 元祐元年 3月條
112) 『宋會要』食貨 38, 互市 元祐元年 正月 22日條
113) 『宋史』卷 277, 鄭文寶傳 및 宋會要 卷23.

지 아니하였다. 소금이 西夏에 있어서 차지하는 경제적 효과를 보면

　　西羌部落種藝殊少　惟用池鹽與邊民交易穀麥　(中略)　銀河之止　千里不
　毛但以販青白鹽爲命114)

이리하여 청백염이 그들의 경제생활의 근간이 되고 있다고 하였고
이어

　　按青白鹽　爲西人生計之原　自保吉兵起　一再禁止　歷德明元昊遂失其利
　夏國緣是終臣　文寶之策　未爲過也115)

라 하여 西夏의 생계의 근원이 되는 소금수입을 금지한 鄭文寶의 정
책이 잘못이 아니고 그로 인하여 西夏가 臣宋하게 되었다고까지 말하
고 있다. 따라서 西夏는 이러한 소금을 공무역에서는 거래가 불가하므
로 자연 密貿易에 의하여 宋과 거래를 하였던 것이다. 西夏 소금은 가
격이 싸고 맛이 海鹽보다 좋아서 宋에서 환영되어 밀무역이 성하게
되었으니

　　蓋鹽中國之大利　又西戎之廉味勝　解池所出而出產無窮　旣開其禁則　流
　於民間無以隄防矣116)

이라 한 것으로 보아 西夏 소금이 密貿易될 수 있음을 알 수가 있다.
다음에 소금과 함께 乳香羊貸가 密貿易되었으니

---

114) 『西夏書事』卷 5, 淳化 4年 冬 10月條
115) 『同上書』.
116) 『宋史』卷 295, 孫甫傳.

> 詔近雖令陝西河東諸路 止絶蕃漢百姓 不得與西賦交易 （中略） 交易博
> 過靑鹽乳香羊貸不少[117]

라고 한 것으로 살필 수 있다. 서하의 소금과 교역된 물품으로는 宋의
수출금지품인 鐵錢이 교역되었다.[118]

이 철전과 함께 銅錢이 또한 많이 서하에로 유출되어 나갔다.

> 河東綠邊安撫司言 麟府州民 多齎輕貸於夏州界[119]

이라 하였다. 宋代에는 동전, 철전의 해외유출을 엄중히 단속하였으나
密貿에 의해 많이 西夏에 유출되었던 것이다. 이 외에 서하는 또 牛馬
를 몰고 와서 宋의 곡식과 密貿하였다.[120] 西夏는 대부분이 불모지로
서 宋의 곡식을 필요로 하였는데 특히 旱災가 들면 초목이 枯死하며
牛馬無所食[121]이라고 할 만큼 자주 기근이 드는데 이런 경우에는 宋
의 곡식이 많이 密貿易되었다. 宋은 무기와 서적의 일부도 금수하였는
데 무기는 중국의 전통적 관례에 따라서 금수하였다.[122] 서적은

> 詔民以書籍 赴沿邊榷場朴易者 自非九經書疏悉禁之 違者案罪 其書沒官[123]

이라 하였으니 九經書疏와 佛書[124] 이외는 금수한 것 같다.

---

117) 『宋會要』 食貨 38, 互市 熙寧 4年 10月 19日條
118) 『宋史』 卷 185, 食貨志 坑冶.
119) 『長編』 卷 72, 大中祥府 2年 11月 乙卯條
120) 『同上書』 卷 191, 嘉祐 2年 冬 11月條
121) 『西夏書事』 卷 7, 咸平 6年, 同書 卷 24 卷 31 卷 32.
122) 『宋會要輯稿』, 方域 214 西涼府, 景德 2年 3月條
123) 『宋會要』 食貨 38, 互市 景德 3年 9月條 同書 卷 289, 元豊元年 夏 4月
庚申條

또 西夏는 기근을 당하였을 때 그 자녀를 鬻하여 이를 극복하기도 하고 宋의 유민을 변방에서 誘略하여 蕃界에 팔기도 하였으니

> 詔如聞 邠寧涇原州流民 多往隴州故關山 及渭州外鎭戎軍 以來逐熟慮 無知者 誘略人口鬻於蕃界 宜令所在州縣 泊巡檢使臣 察覺之[125]

이라 한 것으로 알 수 있고

> 初中國沿邊軍民之逃者 必爲動戶(黨項之動戶) 畜牧 或以遣遠羌易羊馬[126]

라고 하였으니 黨項族이 漢人을 捕하여 서방의 吐蕃에 밀매하고 마필과 교역하였음을 알 수가 있다.

그런데 宋·夏의 밀무역에 있어서 크게 活躍한 번부로는 熟戶와 生戶가 있고[127] 이들은 양국의 정치 및 군사상에도 많은 영향을 주었다.

4. 貿易이 西夏經濟에 미친 影響

宋·夏의 무역이 西夏의 국가경제에 미친 영향을 살펴보자. 경제적 영향을 고찰함에는 첫째 무역의 진행과정에서 받는 서하의 혜택과, 둘째 단교가 되어 무역이 중단되었을 경우에 서하가 입는 영향의 두 방향에서 생각해 볼까 한다.

黃河의 상류 중원을 서북에 위치한 河西의 땅은 좁고도 긴 협장한

---

124) 『長編』 179, 至和 2年 春 2月條
125) 『同上書』 卷 92, 天禧 5年 12月 甲午條
126) 『西夏書事』 卷 10, 天禧 5年 4月 條註
127) 『宋會要』 食貨 38 互市, 熙寧 4年 11月 19日條

膏腴의 땅을 제외하면 대개가 磽确불모의 齒沙의 땅에 속한다. 賀蘭山
을 襟으로 하고 黃河를 帶로 하는 天險과 지리를 차지한 서하는 경제
적으로 특히 남방의 宋에 의존하지 않을 수 없는 위치에 놓여 있다.

> 國人賴以爲生者 河南膏腴之地 東則橫山 西則天都馬銜一帶 其餘多不
> 堪耕特[128]

이라고 西夏의 지세를 말하고 있으며

> 西夏風氣强梗 民多耐寒署 忽飢渴而性惡雨雪[129]

이라고 민족성과 풍토를 설명하고 있다. 이러한 西夏의 자연환경으로
인하여 西夏가 지니는 유목국가로서의 경제적 조건은 종래의 유목국
가들이 가지는 공통된 경제적 현상이다. 따라서 자신의 기본생업(목
축)에 타 경제지역과의 교섭이 불가피하게 되어 이것이 이들 유목국
가의 경제적 발전의 절대적 요소가 되는 것이다. 西夏에 있어서 타 경
제지역과의 교섭대상으로 가장 밀접한 관계를 지니는 것이 宋이며 서
하경제는 다분히 宋에 의존한 바가 있었는데 宋夏의 이와 같은 밀접
한 경제적 관계를 司馬光은

> (前略) 故其民嬰兒 而中國乳哺之矣[130]

이라 하였고 龐籍도

---

128) 『西夏書事』 卷 28, 元祐 3年 冬 10月條
129) 『宋史』 「夏國傳」 上
130) 『司馬文正公傳』 家集 卷 50, 章奏 33 論西夏箚子, 元祐元年 2月上

戒官吏曰 夏人仰吾和市 如嬰兒之望乳[131]

이라고 서하인의 對宋 和市를 설명하고 있으며 嘉祐 7년 秋 7월에 西夏에 간 宋使와 夏國영접관리의 대담 가운데도

迎者曰 二國之歡 有如魚水
宗道曰 然天朝水也 夏國魚也 水可無魚 魚不可水[132]

라고 하여 양국관계를 魚水에 비유하고 서하는 宋의 경제적 도움 없이는 존립할 수 없음을 말하여 양국관계의 밀접함을 지적하고 있다. 司馬光도 서하가 宋에 臣事하는 원인을 주로 경제적인 동기에 있다고 지적하였다. 즉,

一則 利於每歲所賜金帛二十餘萬
二則 利於入京販易
三則 欲使朝廷不爲之備[133]

이라 하였다. 양국의 이와 같은 경제적 유대관계를 夏王 李德明도 시인하고 있다.

吾久用兵 終無益 徒自疲耳 吾族三十年 衣錦綺 比聖宋天子恩 不可負也[134]

라고 말한 것으로 잘 표현되고 있거니와 서하가 사상 최초의 국가를

---

131) 『長編』 卷 185, 嘉祐元年 春 3月條.
132) 『同上書』 卷 196.
133) 『同上書』 卷 206, 治平 2年 12月 甲辰條
134) 『同上書』 卷 111, 明道元年 11月 壬辰條

건설하고 발전하게 되는 경제적 토대는 宋과의 밀접한 무역에 기인하는 것이다.

다시 말하면 李元昊가 주변 제 부족을 통합하여 寶元 元年에 西夏국을 건설하게 되는 경제력은 그 父 德明시대의 30년간에 걸친 親宋평화정책으로 宋과의 긴밀한 무역에서 쌓아 올린 경제력을 배경으로하였다고 주장하고 있다. 康定 元年 3월에 陝西 安撫使로 임명된 韓琦는 서하의 경제적 발전을 李繼遷시대와 비교하여

> 臣竊以昊父包藏逆志 積有數年 朝廷待之不疑 養成兇慝 今甲馬雄盛 金帛富饒 誘納亡命之徒 助成狡計 與父遷跳梁之日 事勢其實百倍 故敢驅脅醜類直擾延安破塞城號三十萬[135]

이라 하여 군사면과 경제면에서 비약적인 발전을 하였다고 있다. 西夏의 이러한 발전의 원인을 寶元 원년 12월 涇原秦路 安撫使로 임명된 夏竦의 말을 빌리면

> (前略) 德明元昊 久相繼襲貿易 華戎捃剝財用 拓地千餘里 積貸數十年 較之繼遷 勢已相萬[136]

이라 하여 장기간에 걸친 宋과의 무역으로 財用을 捃剝하고 수십 년간에 걸친 宋과의 무역상의 이득으로 元昊시대에 와서 서하의 세력이 繼遷代의 그것에 비하여 비약적인 발전을 이룩하게 되었다고 하였고 또

---

135) 『韓魏公集』 卷 10, 家傳
136) 『文莊集』 卷 14, 進策 陳邊事十策 및 『長編』 卷 123, 寶元 2年 6月 癸酉條

（前略）又從德明納款後 來使蕃漢之人 入京師賈販憧憧道路 百貨所歸 獲中國之利 充于窟穴 賦因其事力 乃興兵亂[137]

이라 하여 宋과의 무역에 의하여 서하가 경제적으로 부강하게 되고 그 결과 李元昊의 侵宋兵亂이 일어나게 되었다고 주장하였다. 또 陝西 安撫副使 范仲淹도

（前略）朝聘之使 往來如家牛馬駝羊之產 金銀繪帛之之貸 交受 基利 不可勝紀 寨垣之下 逾三十年 有耕無戰 禾黍雲合 甲冑塵委 養生葬死冬終天年 使蕃漢之民 爲堯舜之俗 此眞宗皇帝之至化[138]

라 하여 역시 장기간에 걸친 평화와 무역으로 西夏가 宋으로부터 취한 이득이 不可勝紀라고 말하고 있다. 그러면 宋에서 가져가는 교역품들이 西夏에 어느 정도의 경제적 가치를 가지고 있는 것인가를 살펴보자.

元祐 6년에 蘇轍과 呂大防의 對西夏 협상문제를 토의하는 가운데

蘇轍奏曰 近日邊奏稍頻 西人意在得二堡 今盛夏猶如此 入秋可虞 不若 早尙量了 當意與之 呂大防曰 此不可 國歌歲以二十五萬銀絹賜與 在夏國 當一百萬 豈可恣其侵侮 亦須威并行[139]

이라 하였으니 呂大防은 宋이 西夏에 준 25만의 歲賜가 서하에 있어서는 그 4배가 되는 100만의 경제적 가치에 해당된다고 주장하고 있다. 元祐 2년 蘇轍의 말을 빌리면 서하에서 絹一匹의 가격을 五六千

---

137) 『同上書』卷 139, 慶曆 3年條
138) 『同上書』卷 130, 慶曆 元年 春正月條
139) 『同上書』卷 479, 元祐 6年 5月 己未條

文[140]이라고 하였는데 宋에서는 熙寧 3년(1070) 御史 程顥의 말에 의하면 絹一匹에 一千文 이었고 그 후에 一千五百文으로 상승하였다고 하였는데[141] 그 후 元豊 연간(1078~1085)에 陝西지방의 四川產 絹一匹은 二千文이었고 河北 山東產 絹은 이보다 2, 3백 문이 高價였다고 있는데[142] 絹의 질을 상·중·하로 구분하면 각각 그 가격에 차가 있겠으나 가령 元豊 연간에 四川產絹價를 二千文匹當으로 한다면 서하의 匹當價 6千文과 비교할 때 4배에 해당되는 것으로 이는 앞서 말한 呂大防의 말과 거의 일치하는 것이다. 이러한 비교는 각 물품에 따라 차이가 있으므로 이로써 획일적으로 宋夏의 물가를 비교한다는 것은 무리한 일이겠으나 대략적으로 서하에 있어서 宋의 생필품은 宋國 내의 가격보다 훨씬 비싼 것은 확신할 수 있으며 絹價에는 4배의 차가 있는 것으로 생각하여도 무리는 아닐 것이다.[143]

따라서 西夏에서 宋의 생활 필수품은 상당한 가치를 지니고 있으며 이것이 국교의 중단으로 무역이 폐쇄되었을 때 西夏에 주는 영향은

(前略) 絶其俸賜 禁諸關市 今賊中 尺布可直數百 以此揣賊情 安得不
困夫夷狄得志則驕 困則卑順 (中略) 今賊非繼遷比也[144]

이라 하였으니 慶曆 연간에 宋夏의 칠년전쟁으로 무역이 단절된 결과 西夏에서 尺布의 가격이 수백 錢[145]이라 하였으니 西夏에서 絹價의

---

140) 『同上書』 卷 405, 元祐 2年 9月 丁巳條
141) 『宋會要』 食貨 38 和市, 熙寧 3年 正月 23日條
142) 『長編』 卷156, 元符 2年 閏 9月 癸酉條 原註
143) 日野開三郎, 「五代北宋の歲幣歲賜と財政」, 『東洋史學』 第6輯. p.23에서 '契
丹에 준 歲幣에 比하면 西夏에 준 歲賜가 西夏의 財政上에 歲幣以上의
重要한 意義를 지닌다' 라고 結論을 내리고 있다.
144) 『長編』 卷 134, 慶曆元年 冬 10月 壬寅條

尺布價를 3백으로 한다면 상당한 앙등이다. 무역의 중단이 西夏에 주는 영향은 시대에 따라 더 심각한 바가 있다. 즉,

> 西夏之臣宋也 歲賜和市 得利甚溥 每歲入貢使者至 宋賜與不貲販易 而歸獲利無算 軍興以來 旣絶歲賜 復禁和市 羌中窮困 一絹之直 至十餘千 橫山一帶 又爲宋沿邊 諸將攻討 皆棄而不敢耕 窮守沙漠 衣食倂竭 老幼窮餓不能自存 故復修貢請和[146)

라고 한 사실로 알 수가 있다. 따라서 宋·夏의 무역이 西夏의 경제에 절대적인 영향을 주고 있으며 무역을 중단하는 경우에 서하가 입는 해는 적지 않은 것으로 이러한 경제적 영향을 宋則에서는 역대에 걸쳐 정치적으로 이용하였다.

> 夏人 强則縱 困則服[147)

이라고 한 寶文閣待制 呂大忠의 말은 西夏의 對宋 태도의 경제적 일면을 잘 표현한 것이며 樞密副使 韓琦도 서하가 화의를 청하는 이유를

> (前略) 又久絶在邊和市 上下困乏 故暫就稱臣之虛名 而歲激二十萬之厚賂非爲得計邪 (中略) 若使其歲亭金繒及和市之利 國內充實 一旦我之邊 備少弛則 必有窮圖關輔之心[148)

이라고 말하여 西夏가 화의를 청하는 원인이 무역에 있음을 지적하고 있다.

---

145) 『樂全集』 卷 20, 論事에는 '今賊中 尺布直錢三數百'으로 되어 있다.
146) 『宋史』 「夏國傳」 上, 元豊 6年 閏月 및 『長編』 卷 335, 元豊 7年 11月條
147) 『西夏書事』 卷 29, 元祐 8年 3月條
148) 『長編』 卷 154, 慶曆 5年 春正月 丙子條 및 『韓魏公文集』 卷 12.

이상에서 宋·夏의 무역이 西夏에 준 영향의 대략을 살펴보았거니
와 송의 對西夏 무역은 서하에 지대한 영향을 주었으며 西夏의 對宋
臣事는 이러한 경제적 羈絆에서 벗어나지 못한 데서 성립된 것이니

其十世二百五十八年　雖嘗受封册于宋　宋亦稱有歲幣之賜　誓詔之答要
皆出於一時之言　其心未嘗有臣順之實世[149]

라고 한 것은 역대에 걸친 서하의 정치적 臣屬관계의 원인이 실제에
있어서는 歲賜를 비롯한 宋朝의 경제적 혜택에 기인하는 것으로 心服
이 아님을 주장하고 있다. 宋의 이러한 경제적 영향력이 없었다면
宋·夏의 관계는 정치 군사적으로 더욱 복잡한 방향으로 진행되었을
것임을 생각할 때 宋·西夏 간에 행하여진 무역이 서하경제에 준 영
향의 중대함을 알 수가 있다.

5. 맺는말

이상에서 宋·西夏 양국의 무역관계을 살펴보았다.

북송시대의 대외관계에 있어서 西夏의 宋朝에 대한 영향은 정치, 사
회, 경제, 군사 면에 중요한 의의를 지니고 있으며 이러한 西夏에 대한
대책은 宋朝에 있어서는 중요한 국책의 하나였다. 宋은 西夏에 대한 대
책의 중요한 방법으로서 무역을 정치적으로 이용한 것이었다. 그 반면
에 西夏는 宋과의 밀접한 경제적 교섭을 통하여 국력을 배양하고 그
결과 사상 최초의 西夏國의 건국을 달성하게 되었다. 宋夏의 무역은 宋
初로부터 시작되고 李德明시대에는 가장 활발하게 그리고 장기간 무역

---

149) 『宋史』「夏國傳」下.

이 전개되었고 이 德明시대의 무역교섭은 서하경제의 비약적인 발전을 이루는 동기가 되었으며 그 결과 李元昊시대에 들어와서 서하의 건국 이 성취되었다.

무역의 종류로는 公的인 면에서는 朝貢무역과 榷場무역이 있으며 사적인 것으로는 密貿易이 있었다. 공적인 무역은 양국의 정치적 관계 가 평화적인 때에 행하여졌으나 서하의 反宋侵入이 시작되면 송은 이 를 단절하여 서하를 경제적으로 압박하였다. 그러나 밀무역은 양국의 국교의 단절에 구애됨이 없이 행하여졌다. 따라서 양국의 공무역은 두 나라의 정치적인 사정과 밀접하게 관계를 가지면서 변천되어 나갔고 또 무역에 대한 두 나라의 입장도 상이하였다. 宋朝의 對西夏 무역은 정치적인 의의가 큰 데 반하여 西夏의 對宋무역은 경제적인 의의가 더 중요하였다.

西夏의 對宋태도는 德明일대를 제외하면 반복이 무상하였고 이러한 서하의 대송태도에 대하여 송조에서는 反宋시에는 무역을 단절하고 臣宋시에는 공무역을 속개함으로써 對西夏 무역을 정치적으로 이용하 였다. 또한 西夏가 놓여 있는 지리적인 위치는 경제적으로 자립하기에 는 여러 가지 곤란한 조건을 가지고 있었으므로 그들의 기본생업에다 타 지역과의 교섭을 통하여 존립할 수가 있었으니 그 교섭상대국으로 서는 남방의 宋이 중요한 대상이었다. 따라서 西夏의 對宋관계는 경제 적인 면에서 중요한 의의를 지니고 있으며 西夏의 臣宋의 중요한 원 인이 이와 같은 宋의 경제적 羈絆에서 벗어나지 못한 데 결정적 요인 이 있다고 하겠다.

(『歷史敎育』제7집, 1966)

|책 끝머리|

80년대 초에 『宋代官僚制硏究』를 단행본으로 출간한 이후 여러 곳에 흩어져 있는 글들을 묶어서 총서로 간행하게 되었음을 기쁘게 생각한다.

본서는 필자가 그 동안 여러 학술지에 발표한 논문을 모아서 엮어본 것이다. 학자에게는 좋은 논문을 발표하는 일은 무엇보다 중요한 일이다. 논문을 발표할 때의 가졌던 문제의식을 지금 와서 다시 검토해보니 부끄러운 점이 한 두 가지가 아니다. 시대가 많이 변하고 더욱이 韓·中관계가 개방된 현재의 학문적 환경을 생각하면 필자가 공부하던 당시는 마치 벽촌에서 호롱불을 앞에 놓고 독학을 하는 것에 비교가 되기도 한다. 이 책의 출판은 그 당시를 회상하고 그래도 同學들에게 약간의 보탬이 되리라는 기대감으로 선뜻 출판의 용기를 갖게 되었다. 同學여러분의 지도와 편달을 바라는 마음 간절하다.

본서를 출간함에는 많은 분의 도움을 받았다. 어려운 한국의 출판여건 속에 본서 간행을 선뜻 응해주신 한국학술정보의 채종준 사장님과 출판관계자 여러분들께 거듭 감사의 뜻을 표한다.

아울러 활판으로 발표되었던 논문을 컴퓨터 조판으로 깨끗이 재구성하는데 애써주신 부산 경성대학교의 대학원 학생과 학부 학생 여러분의 노고에 고마움을 표한다.

또한 본서 간행에는 경성대학교의 金俊權 교수의 헌신적인 노력이 없었다면 출간하기 어려웠다. 師弟의 돈독한 정을 이 책 출간에 다시 한 번 느끼면서 김준권 교수에게 감사를 전한다.

2007년 10월

九里 仁昌 서재에서

申 採 湜 씀.

|색 인|

• 저자 •

신채식   • 약 력 •
　　　　　서울대학교 사범대학 역사과졸업
　　　　　서울대학교 대학원 동양사학과 석사
　　　　　일본 東京대학교 대학원 연구
　　　　　동국대학교 대학원 문학박사
　　　　　공주대학교 교수
　　　　　성신여자대학교 교수, 대학원장
　　　　　단국대학교 초빙교수
　　　　　한국 동양사학회 회장

　　　　　• 주요논저 •
　　　　　「宋代文臣官僚의 陞進」
　　　　　『宋代官僚制硏究』(三英社)
　　　　　『文化史槪論』(法文社)
　　　　　『中國과 東아시아世界』(국학자료원)
　　　　　『東亞史上의 王權』(한울아카데미)
　　　　　외 다수

신채식 저작집 III
宋代對外關係史研究

• 초판 인쇄	2008년 1월 5일
• 초판 발행	2008년 1월 15일
• 지 은 이	신채식
• 펴 낸 이	채종준
• 펴 낸 곳	한국학술정보㈜
	경기도 파주시 교하읍 문발리 513-5
	파주출판문화정보산업단지
	전화 031) 908-3181(대표) · 팩스 031) 908-3189
	홈페이지 http://www.kstudy.com
	e-mail(출판사업부) publish@kstudy.com
• 등 록	제일산-115호.(2000. 6. 19)
• 가 격	29,000원

ISBN　978-89-534-7928-9 94910 (Paper Book)
　　　　978-89-534-7929-6 98910 (e-Book)
ISBN　978-89-534-7922-7 94910 (Paper Book set)
　　　　978-89-534-7923-4 98910 (e-Book set)